"新思想在浙江的萌发与实践"系列教材

编委会

主　编：任少波

编　委：(按姓氏笔画排序)

王永昌　　叶　松　　朱　慧　　朱世强

刘　亭　　刘同舫　　刘艳辉　　刘继荣

李小东　　张　彦　　张光新　　张丽娜

胡　坚　　胡　炜　　柏　浩　　夏群科

徐国斌　　郭文刚　　盛世豪　　傅方正

"新思想在浙江的萌发与实践"系列教材

主编 任少波

创新强省

浙江的探索与实践

Building
an Innovation-Intensive
Province

The Experience of
Zhejiang Province

魏 江 黄 灿 等著

ZHEJIANG UNIVERSITY PRESS
浙江大学出版社

序

　　浙江是中国革命红船起航地、改革开放先行地、习近平新时代中国特色社会主义思想重要萌发地。习近平同志在浙江工作期间,作出了"八八战略"重大决策部署,先后提出了"绿水青山就是金山银山""腾笼换鸟、凤凰涅槃"等科学论断,作出了平安浙江、法治浙江、数字浙江、文化大省、生态省建设、山海协作和加强党的执政能力建设等重要部署,推动浙江经济社会发展取得前所未有的巨大成就。2020年3月29日至4月1日,习近平总书记到浙江考察,提出浙江要坚持新发展理念,坚持以"八八战略"为统领,干在实处、走在前列、勇立潮头,努力成为新时代全面展示中国特色社会主义制度优越性的重要窗口。2021年6月,中共中央、国务院发布《关于支持浙江高质量发展建设共同富裕示范区的意见》,赋予浙江新的使命和任务。习近平新时代中国特色社会主义思想在浙江的萌发与实践开出了鲜艳的理论之花,结出了丰硕的实践之果,是一部中国特色社会主义理论的鲜活教科书。

　　走进新时代,高校在宣传阐释新思想、培养时代新人方面责无旁贷。浙江大学是一所在海内外具有较大影响力的综合型、研究型、创新型大学,同时也是中组部、教育部确定的首批全国干部教育培训基地。习近平同志曾18次莅临浙江大学指导,对学校改革发展作出了一系列重要指示。我们编写本系列教材,就是要充分发挥浙江"三个地"的政治优势,将新思想在浙江的萌发与实践作为开展干部培训的重要内容,作为介绍浙江努力打造新时代"重要窗口"的案例样本,作为浙江大学办学的重要特色,举全校之力高质量教育培训干部,高水平服务党和国家事业发展。同时,本系列教材也将作为高校思想政治理论课的重要教材,引导师生通过了解浙江改革发展历程,深切感悟新思想的理论穿透力和强大生命力,深入感知国情、省情和民情,让思想政治理论课更加鲜活,让新思想更加入脑入心,打造具有浙江大学特色的高水平干部培训和思想政治教育品牌。

实践是理论之源,理论是行动先导。作为改革开放先行地,浙江坚持"八八战略",一张蓝图绘到底,全面客观分析世情、国情和省情与浙江动态优势,扬长避短、取长补短走出了符合浙江实际的发展道路;作为乡村振兴探索的先行省份,浙江从"千村示范、万村整治"起步,以"山海协作"工程为重大载体,逐步破除城乡二元结构,有效整合工业化、城市化、农业农村现代化,统筹城乡发展,率先在全国走出一条以城带乡、以工促农、山海协作、城乡一体发展的道路;作为"绿水青山就是金山银山"理念的发源地和率先实践地,浙江省将生态建设摆到重要位置统筹谋划,不断强化环境治理和生态省建设,打造"美丽浙江",为"绿色浙江"的建设迈向更高水平、更高境界指明了前进方向和战略路径;作为经济转型发展的先进省份,浙江坚持以发展为第一要务,以创新为第一动力,通过"立足浙江发展浙江""跳出浙江发展浙江",在"腾笼换鸟"中"凤凰涅槃",由资源小省发展成为经济大省、开放大省。

在浙江工作期间,习近平同志怀着强烈的使命担当,提出加强党的建设"巩固八个方面的基础，增强八个方面的本领"的总体战略部署，从干部队伍和人才队伍建设、基层组织和党员队伍建设、党的作风建设与反腐败斗争等方面坚持和完善党的领导，有力推进了浙江党的建设走在前列、发展走在前列。在浙江工作期间，习近平同志以高度的文化自觉，坚定文化自信、致力文化自强，科学提炼了"求真务实、诚信和谐、开放图强"的"浙江精神"，对浙江文化建设作出了总体部署，为浙江文化改革发展指明了前进方向。在浙江工作期间，习近平同志积极推进平安浙江、法治浙江、文化大省建设。作为"平安中国"先行先试的省域样本，浙江被公认为全国最安全、社会公平指数最高的省份之一。在浙江工作期间，习近平同志着力于发展理念与发展实践的有机统一，着力于发展观对发展道路的方向引领，着力于浙江在区域发展中的主旨探索、主体依靠、关系处理及实践经验的总体把握，深刻思考了浙江发展的现实挑战、面临困境、发展目标、依靠动力和基本保障等一系列问题，在省域层面对新发展理念进行了思考与探索。

从"绿水青山就是金山银山"理念到"美丽中国"，从"千万工程"到"乡村振兴"，从"法治浙江"到"法治中国"，从"平安浙江"到"平安中国"，从"文化大省"到"文化强国"，从"数字浙江"到"数字中国"，从对内对外开放到双循环新格局……可以清晰地看到，习近平同志在浙江的重大战略布局、改革发展举措及创新实践经验，体现了新思想萌发与实践的重要历程。

浙江的探索与实践是对新思想鲜活、生动、具体的诠释，对党政干部培训和高校思想政治理论课教学而言，就是要不断推动新思想进学术、进学科、进课程、进培训、进读本，使新思想落地生根、入脑入心。本系列教材由浙江省有关领导干部、专家及浙江大学知名学者执笔，内容涵盖"八八战略"、新发展理念、"绿水青山就是金山银山"理念、乡村振兴、"千万工程"、"山海协作"、县域治理、"腾笼换鸟"、对内对外开放、党的建设、新时代"枫桥经验"、平安浙江、法治浙江、数字浙江、健康浙江、民营经济、精神引领、文化建设、创新强省等重要专题。浙江省以习近平新时代中国特色社会主义思想为指引，全面贯彻党中央各项决策部署，统筹推进"五位一体"总体布局，协调推进"四个全面"战略布局，坚持稳中求进工作总基调，坚持新发展理念，坚持以"八八战略"为统领，一张蓝图绘到底，为社会各界深入了解浙江改革开放和社会主义现代化建设的成功经验提供有益的参考。

本系列教材主要有以下特色：一是思想性。教材以习近平新时代中国特色社会主义思想为指导，通过新思想在浙江的萌发与实践展现党的创新理论的鲜活力量。二是历史性。教材编写涉及的主要时期为 2002 年到 2007 年，并作适当延伸或回顾，集中反映浙江坚持一张蓝图绘到底，在新思想指导下的新实践与取得的新成就。三是现实性。教材充分展现新思想萌发与实践过程中的历史发展、典型案例、现实场景，突出实践指导意义。四是实训性。教材主要面向干部和大学生，强调理论学习与能力提升相结合，使用较多案例及分析，注重示范推广性，配以思考题和拓展阅读，加强训练引导。

"何处潮偏盛？钱塘无与俦。"奔涌向前的时代巨澜正赋予浙江新的期望与使命。起航地、先行地、重要萌发地相互交汇在这片神奇的土地上，浙江为新时代新思想的萌发、形成和发展提供了丰富的实践土壤。全景式、立体式展示浙江的探索实践,科学全面总结浙江的经验,对于学深悟透党的创新理论,用习近平新时代中国特色社会主义思想武装全党、教育人民具有重大意义。让我们不负梦想、不负时代,坚定不移地推进"八八战略"再深化、改革开放再出发,为建设社会主义现代化强国、实现中华民族伟大复兴的中国梦作出更大贡献。

感谢专家王永昌教授、胡坚教授、盛世豪教授、刘亭教授、张彦教授、宋学印特聘研究员对本系列教材的指导和统稿,感谢浙江大学党委宣传部、浙江大学继续教育学院(全国干部教育培训浙江大学基地)、浙江省习近平新时代中国特色社会主义思想研究中心浙江大学研究基地、浙江大学中国特色社会主义研究中心、浙江大学马克思主义学院、浙江大学出版社对本系列教材的大力支持,感谢各位作者的辛勤付出。由于时间比较仓促,书中难免有不尽完善之处,敬请读者批评指正。

是为序。

"新思想在浙江的萌发与实践"

系列教材编委会

二〇二一年十二月

前　言

　　创新是引领发展的重要动力。2006 年 3 月,时任浙江省委书记习近平在浙江省自主创新大会上的讲话中提出,提高自主创新能力,推进创新型省份建设,用 15 年时间使浙江进入创新型省份行列的目标,全面开启了浙江建设创新型省份和科技强省的发展道路。

　　21 世纪以来,浙江进入了由投资驱动向创新驱动发展模式转变的重要时期。一方面,在资源要素紧缺、环境压力加大的现实背景下,主要依靠劳动力、资本、资源要素的低成本竞争与数量型扩张的产业和企业发展模式越来越难以为继。另一方面,企业比较依赖国外先进技术,许多科技创新陷入"引进—落后—再引进—再落后"的不良循环,缺乏自主知识产权和核心技术,始终处于国际产业分工和产品价值链的低端。为加快推进创新驱动发展模式转变,习近平同志在 2006 年全省创新大会上提出"加强科技进步和自主创新,是转变增长方式,破解资源环境约束,推动经济社会又快又好发展的根本之计",并作出了建设创新强省的重要部署。

　　近 20 年来,建设创新强省作为深入实施"八八战略"的重要组成部分,走过了从被动到主动、从点到面、从模仿创新到自主创新的演进道路,支撑浙江化解资源约束困境,促进产业转型升级,逐步实现科技助推全社会高质量发展。在创新强省建设过程中,浙江大胆开展理论创新、实践创新、制度创新、文化创新,以理论创新为指导,采用创新的体制机制与实践举措,激发企业创新活力、吸引培育创新人才、促进区域创新要素联动,弘扬发展创新文化,逐步探索出一条以自主创新引领社会高质量发展的实践道路。

本书结合理论与实践,阐述浙江建设创新强省的理论思想,回顾浙江省围绕区域创新体系、产业创新、企业创新、人才创新、科技创新五大领域实施的重要举措与典型案例。本书内容包括六个部分:第一,浙江创新强省战略源流,把握创新强省战略提出的时代背景、战略框架与总体思路;第二,建设开放型区域创新体系,介绍浙江建设区域创新生态与融入全球创新网络的实践探索;第三,创新驱动先进制造业发展,描绘从"制造"到"智造"的产业转型升级路径;第四,推进企业创新主体建设,推动企业自主创新能力提升;第五,创新人才建设理念在浙江的实践与经验;第六,科技创新推动高质量发展的浙江举措。

本书通过梳理总结浙江建设创新强省的经验、做法,展现习近平新时代中国特色社会主义思想在浙江的萌发与实践,以理论指导实践,以实践印证理论。2021年,浙江省进入推动共同富裕的新发展阶段,建设创新强省已成为提高发展质量效益,夯实共同富裕物质基础的重要抓手。本书向读者呈现浙江建设创新强省的生动实践,帮助读者全面把握新时代创新驱动发展战略的内涵。

编者
2022 年 2 月

目　录

要着力实施创新驱动发展战略,抓住了创新,就抓住了牵动经济社会发展全局的"牛鼻子"。抓创新就是抓发展,谋创新就是谋未来。我们必须把发展基点放在创新上,通过创新培育发展新动力、塑造更多发挥先发优势的引领型发展,做到人有我有、人有我强、人强我优。

——摘自习近平总书记 2016 年 1 月 18 日在省部级主要领导干部学习贯彻党的十八届五中全会精神专题研讨班开班式上的讲话①

第一章　创新强省的渊源

本章要点

1. 从最初破解经济社会发展的资源条件制约,到后来经济产业转型升级,再到以科技创新引领全社会高质量发展,浙江创新强省建设走过了从被动到主动、从点的突破到面的提升、从模仿创新到自主创新的演进之路。在将近 20 年的时间里,通过"腾笼换鸟"与"凤凰涅槃",切实转变经济发展方式,并以体制机制改革和治理模式变革为动力,浙江不断开创创新强省建设新局面。

2. 近年来,浙江强力推进高新技术企业发展,注重运用新技术新业态改造升级传统产业,以技术的群体性突破支撑引领新兴产业集群发展,着力打造高能级科技创新平台(如之江实验室),不断培育以高质量发展为典型特征的创新园区(如杭州城西科创大走

---

① 习近平在省部级主要领导干部学习贯彻十八届五中全会精神专题研讨班开班式上发表重要讲话[EB/OL].(2016-01-18)[2022-02-24]. https://news. 12371. cn/2016/01/18/VIDE1453117802712177. shtml.

廊),集聚效应明显,产业结构内部持续优化,创新发展的成色、动能不断得到强化,高质量创新引擎作用逐渐凸显。

3. 以 2020 年习近平总书记考察浙江并赋予浙江"努力成为新时代全面展示中国特色社会主义制度优越性的重要窗口"为新的历史起点,浙江正在全面实施人才强省、创新强省战略,大力建设具有影响力和吸引力的全球人才高地与全球创新策源地,以走在前列的精神全面展示中国特色社会主义制度优越性,引领省域高质量发展。

浙江陆域面积仅占全国的 1.1%,属于中国面积较小的省份之一,同时又是缺铁、少煤、无油的自然资源小省,能源自给率低。"七山一水二分田"是对浙江自然风貌的生动写照,指的是浙江山地占 74.63%,平坦地占 20.32%,水面占 5.05%。这就决定了浙江的发展,既不能走河南、黑龙江、吉林等省的农业大省之路,也不能走山西、贵州等传统资源大省之路,而只能做好产业经济效益这篇大文章。在有限的土地上讲究"亩均效益",利用好滨海优势强化对外开放,立足产业转型升级做好科技创新、产业创新、制度创新,就是浙江在长期发展过程中摸索出来的战略路径。如今的浙江,正大力打造高能级创新平台、汇聚全球创新创业人才、培育高水平创新主体、营造一流创新生态环境,创新强省展现出蓬勃生机。

第一节　浙江创新强省战略源流

创新是引领发展的第一动力,在现代化建设全局中处于核心地位。习近平总书记曾指出:"纵观人类发展历史,创新始终是一个国家、一个民族发展的重要力量,也始终是推动人类社会进步的重要力量。"①开拓创新是浙江发展的鲜明底色,这个"创新"包括社会治理创新、科技创新、产业创新、企业管理创新、区域协同创新等全域创新,以及潜藏在人民群众心中的创新意识和创新精神。党的十八大以来,习近平总书记围绕创新驱动发展战略,提出了一系列新思想、新论断,是实现"两个一百年"奋斗目标的根本遵循。而这些新思想、新论断,早在习近平同志在浙江工作期间,已经得以萌发和实践。

一、领航定向:创新强省战略重磅推出

如今的浙江是一片创新创业的沃土、热土,而这种创新创业的精神自古有之,有研究把这种历史渊源追溯到南宋时期的浙学传统。这种精神延续到改革开放之初,温州人以"改为天下先"的创新意识,在全国率先发展壮大个体、私营经济,进而形成早期的商品经济"温州模式"。总体看,创新的基因和所有制结构仍然影响着浙江经济社会发展的全局。

1. 创新驱动扬帆起航

浙江是中国革命红船的起航地、改革开放的先行地、习近平新时代中国特色社会主义思想的重要萌发地,也是奋力打造新时代全面展示中国特色社会主义制度优越性的"重要窗口"。习近平同志在浙江工作期间,作出了"八八战略"重大决策部署,先后提出了"绿水青山就是金山银山""腾笼换鸟、凤凰涅槃"等科学论断,作出了平安浙江、法治浙江、文化大省、生态强省建设、加强党的执政能力建设等重要部署,推动浙江经济社会发展取得了前所未有的进

---

① 习近平.为建设世界科技强国而奋斗:在全国科技创新大会、两院院士大会、中国科协第九次全国代表大会上的讲话[EB/OL].(2016-05-30)[2022-02-24].http://www.xinhuanet.com/politics/2016-05/31/c_1118965169.htm.

步。浙江从资源小省到经济大省、从计划经济到社会主义市场经济、从总体小康到提前全面小康，背后都是源于创新这个第一动力。近年来，创新在国家现代化发展全局中愈加重要，浙江聚焦民生福祉，大至"最多跑一次"改革推动政府服务模式思维变革，小至"城市数据大脑"促进城市管理方式、手段变化，创新活力竞相迸发，创新源泉正在充分涌流，拓展转型升级和创新发展空间，加快从要素驱动发展为主向创新驱动发展转变，创新正不断成为浙江发展最鲜明的时代特征。

2003年7月，浙江省委十一届四次全会首次提出"八八战略"，其中第八条明确把"科教兴省、人才强省"作为创新发展的根本要求，强调"进一步发挥浙江的人文优势，积极推进科教兴省、人才强省，加快建设文化大省"。2004年2月3日，习近平同志在全省民营经济大会上，强调创新发展的重要性和紧迫性，提出推动民营经济新飞跃，必须着力推进"五个转变"、实现"五个提高"，其中第一个转变和提高就是：从主要依靠先发性的机制优势，向主要依靠制度创新、科技创新和管理创新转变，提高民营经济的综合实力和国际竞争力。

2005年7月28日，在浙江省委十一届八次全会专题研究文化大省建设时，习近平同志强调，必须深刻认识科技进步和创新是经济社会发展的首要推动力量，进一步加快科技强省建设步伐，具体提出创新型省份的主要特征：科技综合实力和区域创新能力居于全国前列、科技对经济社会发展发挥关键性作用、高新技术产业成为主导产业、传统产业得到全面改造提升、创新创业环境优越、公众科学素养较高等。2006年3月，全省自主创新大会提出，要用15年时间建成创新型省份和科技强省，明确到2020年全省研发投入占全国生产总值的比重提高到 2.5％ 以上,科技进步贡献率达 65％ 以上,使浙江成为科技对经济社会发展具有决定性作用、高新技术产业成为主导产业、传统产业得到全面改造提升、创新创业环境优越、具有持续创新能力的创新型省份,成为科技综合实力、区域创新能力和公众科学素质居于全国前列的科技强省。随后,浙江省委、省政府正式印发《浙江省科技强省建设与“十一五”科学技术发展规划纲要》和《关于加快提高自主创新能力建设创新型省份和科技强省的若干意见》,明确了建设科技强省的目标任务和政策举措,提出到 2020 年基本建成科技综合实力、区域创新能力、公众科学素质居于全国前列的科技强省和具有持续创新能力的创新型省份的目标。

2021 年 1 月 20 日,全省科技工作会议明确:2020 年已实现习近平同志提出的“到 2020 年成为创新型省份,基本建成科技强省”的战略目标。同年 6 月 17 日至 18 日,浙江省委十四届七次全会深入学习贯彻习近平总书记考察浙江重要讲话精神,按照浙江省第十四次党代会部署,重新研究人才强省、创新强省工作。即在已实现习近平总书记当年提出的创新战略目标背景下,会议决定了最新的发展目标,即到 2035 年建成高水平创新型省份和科技强省,在世界创新版图中确立特色优势、跻身前列,为以人民为中心的高水平社会主义现代化建设奠定坚实基础。

2.夯创新之基浚富民之源

自主创新不但表现在加快工业转型、引进大院大所、攻克关键技术等方面,而且表现在推动制度突破、小微企业发展、市场环境营造等富民领域。2006 年 1 月 9 日至 10 日,习近平同志参加全国科学技术大会,并在小组会上作重要发言。会后,他在浙江省委常委扩大会议上传达全国科技大会精神,并亲自主持开展提高自主创新能力的专题研究,先后到杭州、湖州、宁波等地调研。2006年3月20日,浙江省委、省政府召开全省自主创新大会,对建设科技强省作出了一系列重要部署。在习近平同志的直接推动下,浙江组织实施了"八大科技创新工程"和26个重大科技专项。其中,"八大科技创新工程"涵盖:先进制造业、现代农业、生态省和循环经济、科技兴海、人口健康与公共安全、服务业、基础研究、软科学与哲学社会科学。"八大科技创新工程"既体现了以工业及先进制造业为重点,又体现了统筹兼顾,在体系上走在了全国前列。

2007年6月,浙江省第十二次党代会提出,坚定不移地走创业富民创新强省之路的总要求,并从理论创新、科技创新到体制创新、文化创新等方面明确了浙江省创新建设发展方向。会议提出,把解放思想、改革开放作为创业富民、创新强省的动力源泉,把转变经济发展方式作为创业富民、创新强省的主攻方向;把实现好、维护好、发展好人民群众的根本利益作为创业富民、创新强省的出发点和落脚点;把人力资源建设作为创业富民、创新强省的关键环节;把先进文化作为创业富民、创新强省的重要支撑。

以民为本,着眼百姓富裕,一直是浙江经济社会发展的根本点。所以,浙江的富主要体现在老百姓的富。2009年,人民生活方面全面小康实现程度为90.3%。浙江是全国率先进入人均GDP 3000美元发展时期的省份。根据对全省城乡住户的抽样调查数据,从2006年到2011年,全省城镇居民人均可支配收入增长70%,农村居民人均纯收入增长78%。温州市780万人口中,有40万个本土市场经济主体,另有175万人在全国各地创业,有60万人在海外创业,几乎每3个温州人中就有1个在自主创业。

浙江人民创新创业的激情飞扬喷涌，浙江富民强省结出了丰硕成果，交出了一份亮丽的答卷。2011 年，浙江 GDP 达到 3.2 万亿元，成为全国第四个突破 3 万亿元的省份，浙江成为突破工业化中期保持经济高增长的比较少见的一个经济体。全省进出口总额和出口总额分别突破 3000 亿美元和 2000 亿美元，城市化水平提高到 62.3%。[①] 在浙江，中小民营企业多，这在较深层面上说明了居民收入处于较高水平，如 2020 年全省 GDP 达 64613 亿元，人均 GDP 为 15877 美元，已经达到世界银行分类标准中的高收入经济体水平。

近年来，浙江省委、省政府审时度势作出了推进大平台、大产业、大项目、大企业"四大建设"的重大决策，全面拉动经济社会高质量发展；启动实施海洋经济发展示范区、舟山群岛新区、义乌国际贸易综合改革试点、温州市金融综合改革试验区等"四大国家战略举措"。在保持经济平稳较快发展的同时，转变经济发展方式取得了实质性的进展。九大战略性新兴产业有了一个良好的起步；14 个产业集聚区成为浙江发展的一道亮丽风景线；11 个重点制造业和 42 个传统产业集群转型升级迈出实质性的一步；以 10 个现代服务重点行业和十大农业主导产业为主体的现代服务业、现代农业都有了快速发展。

3.高新浙江技术先行

浙江把大力培育发展高新技术产业和战略性新兴产业作为转变经济发展方式的关键之举、作为科技创新的重中之重，大力推进"高新浙江"建设，为创新强省注入强大动力。到"十一五"末期，全

---

① 之江平.创业富民创新强省 浙江发展史上书写重重的一笔[EB/OL].(2012-06-12)[2022-02-24].https://zjnews.zjol.com.cn/system/2012/06/12/018571645.shtml.

省科技综合实力、区域创新能力和企业创新能力分别跃居全国第六位、第五位和第二位,专利申请量和授权量跃居全国第二位。在"十三五"初期(2016 年),浙江规模以上工业增加值中,高新技术产业、装备制造业和战略性新兴产业比重分别达到 40.1%、38.8%和 22.9%。

"高新浙江"的主体——高新企业,逐渐成为经济转型升级的主力军。自 20 世纪 90 年代以来,浙江高新技术企业从无到有、从少到多、从小到大。2011 年,全省共认定 4011 家国家重点扶持享受税收优惠的高新技术企业,居全国第四位。截至 2020 年,浙江累计认定的高新技术企业数量达 22151 家,同年期间认定的高新技术企业(新认定或重新认定)达 8535 家,超额完成了到 2020 年认定 1.5 万家高新技术企业的任务。[①]

"高新浙江"的核心是技术创新,以三个产业为例。一是汽车领域。浙江在电动汽车技术、自动变速箱设计制造技术、电动助力转向控制技术、发动机管理系统等关键技术方面取得重大突破。吉利汽车已经成为知名品牌汽车,万向纯电动汽车在上海世博会期间得到推广应用。二是生物医药领域。贝达药业有限公司研发的治疗非小细胞性肺癌的新药"盐酸埃克替尼",正式获得国家一类新药证书,成为我国自主研发的第一个 1.1 类抗癌靶向创新药物。三是电子信息领域。高性能 32 位嵌入式 CPU 研究取得重大进展,光纤光缆和移动通信产业发展水平处于全国先进行列。高新技术产值也实现飞速增长。2019 年,全省高新技术产业实现增加值 8804.85 亿元,同比增长 8.0%,增速高于规模以上工业

---

①　浙江省科技信息研究院,浙江省科技战略发展研究院.我院发布《2020 浙江省高新技术产业发展报告》和《2020 年度浙江省高新技术企业创新能力百强评价》[EB/OL].(2020-12-23)[2022-02-24].http://www.istiz.org.cn/portal/Detail.aspx? id=12233.

1.4%，占规模以上工业增加值的比重达 54.5%，对规模以上工业增加值增长的贡献率达 67.3%。高新技术产业研发费用达 1407.46 亿元，占规模以上工业研发费用的比重高达 82.9%，占营业收入的比重为 3.6%。2020 年 1—10 月，高新技术产业持续引领规模以上工业增长，全省高新技术产业增加值 7494.97 亿元，同比增长 8.4%，增速高于规模以上工业 4.5%，对规模以上工业增长的贡献率达 112.1%。①

在 2020 年浙江省高新技术企业创新能力百强和行业十强的企业中，2019 年主营业务收入总计 6313.7 亿元，同比增长 8.0%，共有上市公司 56 家，杭州和宁波两市就产生了 63 家百强企业，共有 13 家企业主营业务收入超百亿元。这些百强和行业十强企业都有着相似的特点：一是战略性新兴产业成为百强企业主阵地。其中，先进制造与新材料两大领域分别拥有百强企业 32 家和 28 家，相比于 2019 年增速明显。二是百强榜单更新率为历年最高，一些传统产业也相继上榜。2020 年，在 29 家新上榜百强企业中有 12 家来自新材料技术行业，而这 12 家企业又有一半来自宁波地区，宁波地区新材料技术行业呈加速发展态势。传统家具企业表现突出，如顾家、喜临门、圣奥 3 家家具企业，通过运用高新技术改造提升，成功入围百强榜单。三是百强企业创新能力虽稳步攀升，但行业间研发投入差距较大。百强企业共投入研发经费 500.7 亿元，研发经费占主营业务收入的比重为 7.9%，比高新企业平均水平高 2.5 个百分点，是规模以上工业企业的 3 倍多。研

---

① 浙江省科技信息研究院,浙江省科技战略发展研究院. 我院发布《2020 浙江省高新技术产业发展报告》和《2020 年度浙江省高新技术企业创新能力百强评价》[EB/OL].(2020-12-23)[2022-02-24]. http://www.istiz.org.cn/portal/Detail.aspx? id=12233.

发投入超过 10 亿元的企业有 7 家,全部来自杭州市,其中 6 家企业来自电子信息技术行业。百强中研发投入排名前 20 的企业占百强企业总研发投入的 75.7%,高新技术服务业的平均研发投入最高为 63.2 亿元,其次为电子信息技术行业,平均研发投入为 14.9 亿元。[①]

"高新浙江"主要载体——园区基地,展现了科技集群的聚变力量,高新园区建设不断取得突破。2010 年,绍兴省级高新技术产业园区成功升格为国家高新区,成为自杭州和宁波之后的第三家国家高新区。同时,温州、嘉兴、衢州、金华和德清等省级园区升格工作顺利推进。[②] 2014 年,浙江省政府印发文件,提出整合优化提升各类开发区,进而促进开发区"第二次创业",在创新驱动发展中发挥更大作用。

◆◆◆【案例 1-1】

习近平总书记视察过的海康威视为什么这么牛?

对于杭州海康威视数字技术股份有限公司的员工来说,2015 年 5 月 26 日是幸福的一天。这天,习近平总书记来到海康威视考察调研。总书记察看了他们的产品展示和研发中心,对他们拥有业内领先的自主核心技术表示肯定。

成立于 2001 年的海康威视,从 28 个人的创业团队发展成为 1.2 万人的高科技企业;从 500 万元注册资本到 2014 年实现营业收入 172.3 亿元,2003 年至 2014 年营业收入年复合增长率达 52%。

---

① 浙江省科技信息研究院,浙江省高新技术企业协会.2020 年度浙江省高新技术企业创新能力百强评价报告[N].浙江日报,2020-12-17(16).

② 浙江省科技厅."高新浙江":创新强省的重要引擎[J].今日科技,2012(4):15.

海康威视持续保持高增长的动力来自哪里?"海康威视的发展,靠的是人才,靠的是创新。"海康威视公司董事长陈宗年表示:"我们已经拥有业内领先的自主核心技术。下一步,我们要按照总书记的要求,不断增加创新研发投入,加强创新平台建设,培养创新人才队伍,促进创新链、产业链、市场需求有机衔接,争当创新驱动发展先行军。"

集聚人才 培养人才

当得知海康威视的技术团队平均年龄只有 28 岁,正着眼前沿开展未来技术研究后,习近平总书记十分高兴。他对围拢过来的科技人员说:"看到这么多年轻的面孔,我很欣慰。"

人才是海康威视发展最活跃的推动力。在海康威视 1.2 万名全球员工中,研发人员就有 5300 人,接近半数。2014 年,公司在培训上投入 600 多万元,培训总时长 9 万多小时。

在海康威视,有一个人才评鉴中心,专门针对核心人才、业务骨干进行评价,根据每个人才不同的情况开展一系列培训,这是一个为核心人才量身定制的成长计划。多层次、全方位的人才培养体系,使得海康威视的每个员工都能人尽其才,发挥最大作用。海康威视一贯注重员工的培训和职业规划工作,将培训工作作为公司长期战略的重要组成部分。通过综合平衡长期战略目标、年度发展计划、岗位职责和绩效改进的需要,以及员工自身能力差距和职业发展的需求,使员工的学习和发展既能促进海康威视整体目标的实现,又能满足员工个人能力和职业发展的需求,实现公司和个人的双赢。高端人才的高地已经在海康威视形成。2013 年,海康威视国家级博士后研究工作站获批,这是海康威视人才建设的又一里程碑。

依托产业　瞄准市场

在后台输入目标人物和车辆信息,数据库飞快地运转,很快出现犯罪嫌疑分子车辆和可疑人物出现的视频场景片段;车站码头的警察对可疑目标通过一台特殊相机进行拍照,后台数据库就会迅速扫描脸型并进行比对,如果是网上通缉犯就会立即显示相关匹配信息……这类以前只有影片中才有的场景,已经运用在今天的社会治安管理中。这背后,就是海康威视自主创新研发的一系列业内领先技术。

自主创新,要瞄准市场已有和潜在的需求。海康威视的成功就在于,把创新链、产业链和市场需求有机结合了起来。2012年,海康威视创造性地提出了iVM(智能可视化管理)新安防理念,通过技术、产品、行业需求三者有机融合,让用户感受到新安防的应用价值。2013年,海康威视提出HDIY理念,倡导定制高清。2014年,4K强势来袭,更清晰、更智能的监控4K化给用户带来极致体验。2015年,IP大时代到来,海康威视又一次站在安防变革的前沿。每一次,海康威视都能迅速抓住机会,研发出新产品,这些产品的市场反响良好。

靠着过硬的科技研发能力,海康威视走在了全球同行的前列。

"企业创新,要站在技术发展前沿布局未来。"自2013年起,海康威视就积极布局互联网视频业务市场,按照互联网业务体系的架构,已全面完成音视频软硬件技术、基于云计算大数据行业应用视频平台技术在互联网产品和平台上的移植,形成了涵盖消费电子产品、云平台、大数据应用、App应用以及智能分析等的研发和产品化能力,并在互联网业务运营、营销和品牌建设能力等方面积累了成功经验。

案例来源:袁华明.海康威视,为什么这么牛[N].钱江晚报,2015-06-01(2).

二、蓝图擘画:创新强省战略框架

创新包括理论创新、体制创新、科技创新、管理创新、文化创新、自主创新等各个方面。其中,理论创新是先导,体制创新是基础,管理创新是保障,文化创新是根本,科技创新是关键,自主创新是核心。各方面的创新都要为自主创新创造条件、开辟道路,要与自主创新相互结合、相互促进。

1.区域协同发展激发创新活力

缩小地区发展差距实现区域协调发展的根本途径是持续激发欠发达区域的创新驱动、创业活力,营造有利于先进地区激流勇进、欠发达地区奋勇争先及你追我赶的生动局面,这是自主创新在区域发展层面的表现。习近平同志在浙江工作期间,特别提出统筹区域发展是三个工程:山海协作、欠发达乡镇奔小康、百亿帮扶,成为推动区域协调发展的重要抓手。浙江不同区域差别很大,各个城市因区位条件、历史传统、经济基础不同,其发展模式也各有千秋。为此,浙江明确了"三带两区"的生产力布局总框架,确定了优化开发区、重点开发区和限制开发区的范围。

杭州作为国家历史文化名城和长江三角洲南翼中心城市,发挥着全省示范带动作用,发展围绕"经济强市、文化名城、旅游胜地、天堂硅谷"展开。近年来,杭州在数字经济引领方面走在全省甚至全国前列,并带动经济社会其他方面快速发展。宁波则利用其得天独厚的地理位置、港口资源实施了"以港兴市、以市促港"的发展战略。通过加快推进宁波—舟山港口一体化进程,发展运输、仓储、配送一体化的综合物流业,形成了以港口为中心,铁路、公路、空运、水运四路并进的现代化交通大格局。杭州、宁波、嘉兴、湖州、绍兴和舟山等环杭湾区利用其区位优势和扎实的产业基础与上海接轨,积极参与长三角地区的交流合作。温州、台州等地区民营经济发达,发挥"民营、民资、民力"的优势加快"引进来"与"走出去"步伐。金华等浙中地区发挥区域特色产业优势,如义乌的轻工业、永康的五金制造业、东阳的建筑业等,提升产业层次带动浙中地区发展。衢州、丽水等浙西南地区虽然经济实力较为薄弱,但依托其自然资源、旅游资源、劳动力资源发展旅游业、生产有机农产品等方式承接发达地区的经济辐射。

2.抓好创新主体激发企业活力

在市场经济条件下,企业直接面向市场,处在创新第一线,对市场需求最为敏感。只有充分发挥企业的创新主体作用,加快提升企业的自主创新能力,才能真正提高一个国家或地区的竞争力。可以说,充分发挥企业的创新能力、活力和主动性,是浙江经济产业快速发展的不二法门。为此,在建设创新型省份过程中,浙江着力推动企业成为技术创新的决策主体、投入主体、利益主体和风险承担主体,建立以企业为主体、以市场为导向、产学研相结合的开放型区域创新体系。

在政策上,浙江注重综合采用财政、税收、金融和采购政策,降低企业创新成本,引导企业加大创新投入,促进企业真正成为研发投入的主体、创新活动的主体和成果应用的主体。此外,浙江还出台了鼓励企业与高校、科研院所协同创新的各项政策,并通过区域科技创新服务中心等服务平台建设,支撑中小企业、块状经济和特色产业发展。浙江企业创新的主体地位在多年前都已经牢固确立:全省科技投入的95%由企业承担,90%的专利由企业持有,2014年度省级科学技术奖励获奖的291项科研成果中,由企业独立或参与完成的成果 195 项,占 67％,企业作为第一完成单位的成果 134 项,占 46％。①

3.集聚创新要素深化产学研合作

习近平同志在浙江工作期间,为全面推进"八八战略"落地,全面部署了以"五大百亿"工程为代表的一批大工程、大项目,为集聚优质创新要素提供了坚实的物质条件基础。其中,2003 年 6 月,浙江省人民政府印发的《浙江省"五大百亿"工程实施计划》中,明确"百亿科教文卫体建设"工程主要包括科技设施、教育设施等。科技设施包括高新技术研发中心、孵化器、网上技术市场、重点实验室、区域科技创新服务中心等科技创新体系建设,以及公共服务与技术支撑平台、基地创新体系和基地基础设施建设等杭州国家软件产业基地建设;教育设施包括杭州、宁波、温州三大高教园区建设。

2013 年,中共浙江省委十三届三次全会通过的《关于全面实施创新驱动发展战略　加快建设创新型省份的决定》,设计了集聚创新要求和推动产学研合作的政策体系。资金方面:全面落实企业研发费用,形成无形资产的按其成本 150％摊销、未形成无形资产的按研发费用 50％加计扣除的税收优惠,并拓展应用到中小企业购买技术和发明专利、企业在高校和科研机构设立实验室等费用支出领域。科技方面:积极推进企业、高校和科研院所紧密结合,以产权为纽带,以项目为依托,形成各方优势互补、共同发展、利益共享、风险共担的协同创新机制;以成套装备工业设计为突破口,联合建立研发机构、产业技术创新联盟、博士后工作站等技术创新组织,联合申报科技攻关项目和产业化项目,加强龙头企业与配套

---

① 阎逸,姚海滨.更好发挥企业在浙江省创新体系中的主体作用[J].决策咨询,2016(4):3,6.

企业的协同创新与协同制造。人才方面:重视继续教育对人才培养的作用,积极为企业创新培训人才。选聘优秀科技企业家、优秀技师担任"产业教授",积极推行产学研联合培养研究生的"双导师制"。高校方面:鼓励企业与国内外科技创新大院名校开展产学研合作,引进或共建创新载体,促进科技成果产业化。鼓励企业与高校、科研院所联合培养人才,加快完善促进高校、院所、事业单位青年科技人才向企业柔性流动的机制。

第二节　浙江创新强省困境化解

从资源小省发展为经济大省,浙江依靠的就是不断创新体制机制,不断创新发展思路和工作举措。但是,浙江也一直面临"成长的烦恼"和"先天的不足",尤其是原有优势正在减弱,新的矛盾又在产生。改革开放以来,浙江经济社会发展取得了巨大成就,综合实力显著增强,但总体而言,浙江的经济增长方式还没有摆脱高投入、高能耗、高排放的发展模式,由此带来土地、水资源、能源、原材料等供应紧张,多项环境指标超标。资源与环境、市场与效益的矛盾日益凸显,已经成为制约经济社会进一步发展的瓶颈。[①] 发展的诉求归结为一点就是经济增长方式需要从根本上转变。

一、摒弃"小富即安"思想,坚持与时俱进的浙江精神

2003 年,浙江已经进入了工业化中后期阶段,人均生产总值已达 4000 美元,经济总量和城乡居民收入水平都已居全国前列。浙江在创造丰厚物质成果的同时,也极易形成因循守旧、故步自封的

---

① 张彦,郑林红,谢鸣.习近平的创新思维方法在浙江的探索与实践[N].浙江日报,2021-03-25(3).

精神桎梏。满足于现状或小富即安,已成为进一步激发创新创业活力的潜在思想风险。习近平同志在全省自主创新大会上指出,建设创新型省份,需要敢于创新的精神和探路者直面荆棘的无畏勇气;要进一步丰富和发展浙江精神,与时俱进地培育和弘扬"求真务实,诚信和谐,开放图强"的精神,将传统文化的精神和现代文明相结合,博采众长,推陈出新,形成有浙江特色的创新文化。努力构建倡导创新价值体系,在全社会树立崇尚科学、求真务实的价值观念,使自主创新成为一种精神、一种品质、一种风尚,为自主创新奠定最广泛、最坚实的社会人文基础。

【案例 1-2】

与时俱进,引领浙江再创辉煌

1.发扬浙江精神的精髓,推进实施"十一五"发展规划

日本钢厂与国际矿石巨头联手,可以让宝钢进口的铁矿石价格上涨超过 70%。自 2006 年以来,日益显现的资源和能源紧缺现象,给浙江企业敲响了警钟。世界银行数据研究表明,一个国家或地区的人均 GDP 每增加 1 个百分点,基础设施总量将增加 1 个百分点,电力消耗将增加 1.5 个百分点。当时普遍观点认为,"十一五"时期,加快资源性产品价格的调整和改革,已是势所必然,而这就会导致生产要素成本的全面上升。

新的历史条件下推动浙江经济社会又快又好地发展,最主要的是要解决发展模式的创新问题,根本在于把全省经济社会发展切实转入全面、协调、可持续发展轨道。改革开放形成的"求真务实"精神,必须与时俱进,从而延续资源小省成就经济大省的传奇之路。

锚定 2006—2010 年时间区间的"十一五"规划,提出了需要处理

好以下几个关系:要正确处理好经济平稳较快增长与推进经济增长方式转变、加快建设社会主义新农村与继续推进城市化、发达地区加快发展与欠发达地区跨越式发展、加快经济发展与加快社会事业发展、内源发展与对外开放外向拓展、改革发展与和谐稳定等多项关系。与时俱进的浙江精神,就是站在这样的历史起点上,准确把握继承与发展、全面与重点、共性与个性的关系,做到民族精神与时代精神相统一,历史、现实和未来相衔接,实现主体与客体的互动。

2.化精神资源为物质优势,用浙江精神提升综合竞争力

奔腾向前的浙江经济快车到底还能开多久?不仅经济学者在思考这一问题,它更成了 2006 年那个时候省内众多决策部门经常讨论的话题。

"与时俱进的浙江精神"进一步激发浙江人民的智慧、活力和创造精神。一直走在全国前列的浙江,在 21 世纪的第一个十年,积极做出了进一步强化科学文化气质、更加注重人的全面发展,并以与时俱进的浙江精神引领社会精神内核转变的重大努力。从具体层面上表现为,在进一步完善社会主义市场经济体制机制的同时,加快推进社会发展,强化社会管理,进一步规范政府的行为方式,引领整个社会价值观塑造。

很多专家认为,追求开放图强的气质是新时代浙江精神的首要特征。随着"接轨大上海、融入长三角"发展战略的不断确立,浙江资本和创业人才跨区域流动更是达到了一个全新的层次。据统计,2006 年浙江仅在上海的企业投资总额就达 500 亿元以上,浙江在沪投资总额和创办企业总数,均居全国各省(区、市)的首位。这对不少地方的精神启示可能是:主动迎接经济全球化的挑战,在大进大出的经济交流与合作中,塑造现代创业者开放图强的精神气质。

文化与经济和政治相互交融,在综合国力竞争中的地位和作用越来越突出。文化的力量,深深熔铸在民族的生命力、创造力和凝聚力之中。文化对发展的作用,既表现在对发展方向的导向作用上,又表现在对发展手段的规范及对经济增长的驱动作用上。作为一种文化"软实力",与时俱进的浙江精神已经成为浙江综合竞争力的重要组成部分。浙江精神作为文化核心价值观,在新的历史起点上,必将使浙江人民的智慧和伟大创造成为浙江实现又快又好发展,继续走在全国前列的强大精神动力。

案例来源:蒋蕴.与时俱进,引领浙江再创辉煌[EB/OL].(2006-02-15)[2022-02-24].https://zjnews.zjol.com.cn/05zjnews/system/2006/02/15/006476444_01.shtml.

二、突破粗放发展模式的制约,切实转变经济增长方式

2002 年前后,浙江发现当时的体制机制主要与工业化初期粗放型经济发展模式相适应。一些不符合市场经济要求、束缚生产力发展的体制性障碍仍然存在,如现代企业制度不够健全,市场配置资源的基础性作用尚未充分发挥,尤其是资本、人才、土地等各类生产要素市场尚不完善,阻碍着市场化的深入和经济发展方式的转变,影响经济发展的活力。

2002 年 12 月 18 日,时任浙江省委书记习近平主持召开省委十一届二次全体(扩大)会议,提出"以建设生态省为重要载体和突破口,加快建设'绿色浙江'"。① 随后,在习近平同志的直接关怀下,浙江制定《浙江生态省建设规划纲要》,提出浙江生态省建设的主要任务是:全面推进生态工业与清洁生产、生态环境治理、生态

---

① 习近平新时代中国特色社会主义思想在浙江的萌发与实践·生态文明篇:从生态省建设到美丽中国建设[EB/OL].(2018-07-06)[2022-02-24].https://zjnews.zjol.com.cn/gaoceng_developments/201807/t20180726_7864356.shtml.

城镇建设、农村环境综合整治等十大重点领域建设,加快建设以循环经济为核心的生态经济体系、可持续利用的自然资源保障体系、山川秀美的生态环境体系、人与自然和谐的人口生态体系、科学高效的能力支持保障体系等五大体系。2003 年 7 月 11 日,浙江省委召开生态省建设动员大会,习近平同志亲自作动员讲话,强调生态省建设要以人与自然和谐为主线,以加快发展为主题,以提高人民生活质量为根本出发点,以体制创新、科技创新和管理创新为动力,在全面建设小康社会、提前基本实现现代化的进程中,坚定不移地实施可持续发展战略,使浙江走上生产发展、生活富裕、生态良好的文明发展道路。①

2004 年,习近平同志在省委十一届六次全会上指出:浙江的电力、土地、水资源等生产要素短缺,表面上看是要素供给跟不上经济的快速发展,但根子还在于低层次产业结构和粗放型增长方式。在"高投入、高消耗、高排放"粗放型发展模式下,经济增长付出的代价相当高,土地资源被大量占用,能源消耗不断增加,环境污染日益严重,照这样的模式发展下去,资源环境难以为继。习近平同志曾经举例说,上海的建筑材料中的石料有相当大的一部分是在浙江开采、从浙江运过去的。浙江把一个山头一个山头开采下来,把山体挖得千疮百孔,然后把价格很低廉的石料运到上海,并没有赚到多少钱,但是这些山却毁了,如果将来再想办法去修复,所要付出的代价,比卖这个石头的钱要高许多倍。②

习近平同志把推进经济结构的战略性调整和增长方式的根本性转变形象地比喻为"凤凰涅槃"与"腾笼换鸟",前者主要指向全

---

① ② 邱然,黄珊,陈思.习近平同志的'两山论'是非常了不起的思想创造":习近平在浙江(十二)[N].学习时报,2021-03-17(3).

面塑造经济增长方式和社会发展范式,摆脱对粗放型增长的依赖,强化自主创新和"两化融合",实现产业和企业的浴火重生、脱胎换骨;后者主要指向按照统筹区域经济社会发展布局,并积极参与全国经济产业布局调整,为产业结构调整与优化升级腾出空间,把发展能源、山海资源开发、水资源节约和环境保护放在优先位置,加快高新技术行业发展。2006 年 3 月 8 日,习近平同志在中国人民大学给老师和学生们的演讲中系统阐述了"腾笼换鸟、凤凰涅槃"思想,他强调:"'凤凰涅槃'靠什么? 靠自主创新,包括自主技术创新、自主品牌创新。'腾笼换鸟',一方面要走出去,一方面要引进来。""引进外资绝不仅仅是资金问题,引进来的是先进技术、先进管理经验和广阔的国际市场。"①

为加快经济发展方式转变,浙江以完善政绩考核评价机制为抓手,全面塑造新的"指挥棒"和"风向标",增强各级干部加快转变的自觉性和主动性。2006 年 7 月,浙江省委组织部在全国率先出台《浙江省市、县(市、区)党政领导班子和领导干部综合考核评价实施办法(试行)》;2007 年 9 月,又研究制定《浙江省党政工作部门领导班子和领导干部综合考核评价实施办法(试行)》。在这两个实施办法中,科学发展观和正确政绩观的要求得到充分体现。如民主测评、个别谈话、民意调查、实绩分析等,均设置了反映科学发展观和正确政绩观要求的"评价要点":在民主测评、个别谈话评价中,充实了"生态环保、节能减排"等要点;在实绩分析中,设置了"万元 GDP 能耗及降低率"、环境质量综合评价等项目。②

---

① 邱然,黄珊,陈思."习书记在浙江大力度推进科技强省建设":习近平在浙江(十七)[N].学习时报,2021-03-22(5).

② 张斌.清源开渠引活水:浙江加快推进体制机制创新[J].今日浙江,2010(9):15.

体制创新和组织创新则是实施创新强省的制度保障。制度创新是解放和发展社会生产力、建立健全充满活力的体制机制的必然要求。为此，"八八战略"开宗明义便强调，"进一步发挥浙江的体制机制优势，大力推动以公有制为主体的多种所有制经济共同发展，不断完善社会主义市场经济体制"。创新强省战略，核心在于建立和完善创新导向的发展政策体系、完善风险投资体系和现代企业技术创新制度，重点在于要素配置市场化，并突破行政管理体制、社会建设体制、城乡综合配套改革等，再创体制机制新优势。

◆◆◆【案例 1-3】

海宁：以"亩产效益"改革，作市场调节"无形之手"

多年前，与浙江大多数县市一样，海宁经济发展面临市场需求激增、有效供给不足、区域供给失衡等共性问题。"陆域面积 700 平方公里的海宁，土地资源十分紧缺，全省土地开发强度的平均水平为 11.5%，但海宁已达到了 30%。"一方面，许多谋求发展的企业找不到土地；另一方面，又有部分企业土地利用效率不高，造成资源浪费、效能低下。

2013 年 9 月，浙江省政府批复《海宁市要素市场化配置综合配套改革试点总体方案》，同意在海宁市开展试点工作。根据方案要求，海宁市着力在土地、能源、金融、科技创新等要素配置方面大胆探索、先行先试，逐步破除要素配置中的体制性障碍，更好地发挥市场在要素配置中的基础性作用，提高要素配置效能和节约集约利用水平。

要素市场化配置改革中，海宁市通过对企业每亩用地的税收、产出、消耗等因素进行综合考核,用 A(A＋)、B、C 等级对企业进行分类,再按企业类别实施差别化的电价、水价、城镇土地使用税、排污权交易价格等政策进行打分,优先保障高分企业的生产要素供给。

土地是海宁市最紧缺的生产要素。因此,在海宁市工业企业亩产效益综合评价体系中,企业用地占的权重最高,亩均税收占权重 50％、亩均销售收入占 12％、亩均工业增加值占 10％、单位能耗工业增加值占 10％、排放每吨 COD 工业增加值占 10％、全员劳动生产率占 8％。按照这一权重比例,海宁每年对县域内用地 3 亩以上的工业企业进行一次全面"体检",根据前一年的实际业绩进行综合评价打分,排名前 80％ 的企业为 A,属发展提升类企业,其中最靠前的 10％ 为 A＋,重点扶持;排名中间的 15％ 为 B,属整治提升类企业;最后的 5％ 为 C,属落后淘汰类企业。

不同类别的企业,享有不一样的资源待遇,占有资源所要支付的代价也不一样。如用地方面,A＋类企业每年的土地使用税可以减征 80％,A 类企业可减征 50％ 到 60％,B 类企业只能减征 20％,而 C 类企业不予减征;用电方面,A 类、B 类企业享有正常电价,C 类企业每千瓦时得加价 0.1 元,超限额则加价更多;用能、用水、排污等所有要素,排名越是靠后的企业,所要支付的成本就越高。以亩产效益综合评价排序和差别化资源要素价格机制为核心,要素改革促使各种要素流向优质企业和项目,推动经济结构调整和产业转型升级。

从海宁观全省,改革开放以来,浙江节约集约用地工作始终不停步,从实施"365"节约集约用地行动计划到实施"亩产倍增"行动计划,从实施"空间换地"深化节约集约用地到狠抓城镇低效用地再开发，从节约集约模范县（市）创建到节约集约示范省创建，浙江不断瞄准新目标，启程再出发，节约集约用地的坚实脚步永远在路上。

案例来源：李凤，杨平.地理点睛，钱江潮岸的浙江海宁珍视土地生态升级[EB/OL].(2018-08-28)[2022-02-24].https://baijiahao.baidu.com/s? id＝1610044373320783944＆wfr＝spider＆for＝pc.

三、集聚海内外精英，抢占队伍建设新高地

习近平同志在浙江工作期间指出："当今世界，科技革命方兴未艾，高新技术突飞猛进，创新浪潮如火如荼，各种思想文化相互激荡，以科技和经济实力为核心，包括文化力在内的综合国力竞争日趋激烈。谁拥有先进科技，谁就能占据国际竞争的制高点；谁在经济活动和物质生产中注入的文化内涵越多，谁的竞争力就越强；谁能集聚大批高层次人才，谁就能获得竞争的主动权。"①

创新强省，关键是要培养造就大批高素质的具有蓬勃创新精神的科技人才，努力形成人才辈出的局面，让自主创新的源泉充分涌流。2006年前后，浙江人才高地建设捉襟见肘，明显滞后于经济社会发展的需要。同时，由于大院大所不足，优质科教资源匮乏，与江苏、上海、湖北、安徽等省市相比，浙江人才集聚能力不高，在利用科教优势推动产业发展上与粤、苏、鄂仍然存在一定的差距。在浙江工作期间，习近平同志带领省级有关部门负责人遍访北京大学、清华大学、浙江大学、中国人民大学、中国科学院、中国社会科学院等著名高校和科研院所，建立了长期战略合作关系，还推动成立了清华长三角研究院等一批高水平新型科技创新载体，凝聚

---

① 邱然，黄珊，陈思."习书记在浙江大力度推进科技强省建设"；习近平在浙江（十七）[N].学习时报，2021-03-22(5).

了一批高层次创新团队和人才。

2004 年初,浙江省委、省政府作出《关于大力实施人才强省战略的决定》,年底又制定了实行省特级专家制度和加强高层次专业技术人才队伍建设的政策文件,总体部署创新型、复合型、国际型高层次人才的培养造就工作。2010 年颁布《浙江省中长期人才发展规划纲要(2010—2020 年)》,为全省人才工作提供方向和宏观指导。此外,浙江陆续推出了"新世纪 151 人才工程"(2001—2010)、浙江省杰出青年基金项目、钱江人才计划、浙江省"千人计划",旨在培养和引进创新人才。特别是"新世纪 151 人才工程"已经成为培养学术带头人、高科技专家,输送两院院士的重要人才计划。

2006 年 3 月,习近平同志在全省自主创新大会上提出,全面实施人才强省战略,加快推进"百千万科技创新人才工程"和"创新领军人才计划",努力建设一支规模宏大、结构合理、素质优良的创新型人才队伍。2005 年前后,浙江逐渐积累了引育海内外人才的经验:如鼓励国内外各类优秀人才尤其是高层次人才采取特聘兼职、资源共享、成果转化、项目合作、联合办学等"柔性流动"方式来浙江发展和创业,在购房、子女入学、公务员招考、职称评审等方面享受与当地常住人口同等待遇;硕士及以上学位的公务员引进"先定位,后下派";本科及以上毕业生可先落户,后找工作;各类高层次专业技术和管理人才可以不改变身份,不转移人事关系和档案,不迁户口来浙江从事其他专业服务;评选仅次于国家两院院士的"特级专家"制度;关键岗位设立"首席工人""首席技工";专业技术资格打破终身制;非公经济中的人才享受同等待遇;等等。

经过十几年发展,浙江成功实现了由人才小省向人才强省继而向人才生态最优省的转变,并以"最多跑一次"改革为牵引,加快政府人才管理职能转变,用最优政务环境使大批"高精尖缺"人才和项目落户浙江。通过努力,浙江形成了一支规模宏大、结构合理、素质优良的创新型人才队伍。截至 2007 年底,浙江省 530 多家创新载体集聚高素质科技人才 1.2 万多人(其中博士和高级职称科技人员 3000 多人),超过了 50 年来创办的 40 家省属科研院所的人才规模。[①] 到 2008 年底,全省人才总量达 640 万人,其中科技人员达到 36 万人,比 2002 年增长了 90.5%,相当于浙江省科技人员年均增长 15.1%。浙江创建了全国首家国际人才创业创新园,在杭州、宁波、温州、湖州、嘉兴、绍兴和金华等市建成各级各类留学人员创业园 22 个,入园企业 4700 多家,约 2.1 万名留学人才在园创业。截至 2007 年底,留学人员创办企业 762 家,项目总投资额高达 64.1 亿元。

【案例 1-4】

海纳百川 筑巢引凤,加快集聚海内外高层次人才

近年来,浙江不断创新工作机制,各级普遍建立人才工作领导小组;健全考核机制,开展党政领导人才工作目标责任制考核和人才工作述职。求贤若渴、爱才如命的鲜明态度,奏响了浙江尊重劳动、尊重知识、尊重人才、尊重创造的最强音。"紧盯人才、关心人才、跟着人才,已成为大家的共识。"一位县委书记由衷地说,现在,人才工作真正成了"一把手"工程。各级党政领导特别是"一把手"抓"第一资源"的意识持续增强,在"抓发展必须抓人才、抓人才就

---

① 张彦,郑林红,谢鸣.习近平的创新思维方法在浙江的探索与实践[N].浙江日报,2021-03-25(3).

是抓发展"上日益达成共识。

2016年7月,浙江省委颁布具有里程碑意义的"浙江人才新政"25条,使人才活力充分释放。各地、各部门向长期以来影响人才集聚和作用发挥的顽瘴痼疾开刀。据统计,这一轮改革中,省、市、县和省直有关单位共出台人才政策200余个。2015年5月,习近平总书记在浙江调研时,专门强调"浙江的人才优势要继续巩固和发展,还要与时俱进、更上层楼""要立体化地培育人才,把各类人才用好"……这些重要指示为浙江省人才工作确立了新目标、指明了新方向。各地、各部门坚持高端引领、整体推动,人才队伍建设向全方位、全领域加速迈进。

院士智力集聚工程、省特级专家制度、"千人计划""151"人才、高层次人才特殊支持计划……重在支持创新型科技人才;创建名企、名牌、名家"三名"工程、企业经营管理人才素质提升计划……旨在推进企业家人才队伍建设;"金蓝领""百校千企""千企千师"培养工程、校企联合招生、校企合作培训……为的是大力培育高技能人才。

据统计,浙江人才资源总量达到1075万人,主要劳动年龄人口受过高等教育的比例达到19.1%,高等教育毛入学率达到56%,人才贡献率达到35.5%。人才优势开始更多地转化为发展优势、竞争优势,人才红利逐渐显现,浙江在全国人才和创新版图中的位置大大提升。

在省"千人计划"带动下,11个市、74个县(市、区)先后实施地方引才计划。杭州"521"计划、宁波"3315"计划、湖州市"南太湖精英"计划、金华市"双龙"计划……省、市、县三级联动,形成了多层次、多渠道、相衔接的引才格局。杭州、宁波、嘉兴、绍兴等地还到美国设立跨境孵化器,与当地各类人才科技协会全面合作,遴选、孵化人才项目,待成熟以后实行"带土移植"。"千人计划""万人计划"比翼齐飞,一路快马加鞭,一路扬帆起航,形成海内外人才相得益彰、花开并蒂的良好局面。

案例来源:何苏鸣.海纳百川 筑巢引凤:党的十八大以来浙江省人才工作综述[EB/OL].(2017-09-20)[2022-02-24].http://www.newjobs.com.cn/Details?newsId=7C7D1-E71D92CA121.

四、抓好科技创新载体建设,增强自主创新能力

浙江战略性新兴产业、未来产业发展虽然已具有一定优势,但产业规模不大、能级不高、龙头企业缺少、产业链供应链协作配套体系不完善等问题也比较突出。历史原因,浙江省缺少、大院、大所大企业和著名大学,大学和科研院所的科技成果转化率低,科技成果对经济发展贡献率低,创新资源分布不均。除杭州外,其余地区科研机构数量少,科技创新能力弱,大量的企业都是中小企业,产业层次低,企业难以独立开展科技研发活动,缺乏科技创新的技术支撑。

习近平同志高度重视区域创新平台和创新体系建设,尤其是通过引进大院名校共建创新载体。早在2003年3月全国两会期间,习近平同志就亲自带领浙江省委、省政府及有关部门负责人到清华大学拜访,座谈加强省校合作、共建创新载体事宜。经过大半年考察洽谈,2003年12月31日,双方在杭州正式签署省校共建浙江清华长三角研究院协议。习近平同志在签约仪式上发表讲话指出:"引进国内外大院名校联合共建科技创新载体,有利于团队式引进人才,捆绑式开发项目,股份制深化产学研合作,人文型提升城市品位,高层次改善投资发展环境,有利于增强我省科技创新能力,有利于促进我省产业结构优化升级,加快推进打造先进制造业

基地。"①从浙江清华长三角研究院筹建开始,习近平同志多次亲临视察指导,2004 年 3 月 23 日,他到嘉兴视察研究院筹建工作;2005 年 4 月 10 日,他为研究院总部大楼奠基揭牌;2008 年,他在国家副主席任上回浙江视察工作时专门来到研究院考察指导。研究院成立十周年时,习近平总书记作出批示,浙江清华长三角研究院十年来的探索实践证明,省校合作是优化科技资源配置、促进科技成果转化、实现科技与经济融合的有效模式。②

近年来,浙江举全省之力高标准、高质量推进杭州国家自主创新示范区建设,突出制度供给,努力把示范区打造成为浙江经济升级版的先行区。"十四五"期间,浙江以扩大重大科创平台、战略性新兴产业、现代化产业链投资为引领,引导全省相关领域重大产业项目向新产业平台布局。积极协助平台与行业领军企业、研究机构等牵线搭桥,尽最大努力争取一批具有行业影响力、重大牵引力项目落户,着力推动"互联网+"、生命健康和新材料三大科创高地建设,在优势领域打造全球科技创新策源地,真正成为国家战略科技力量的"主力军团"。

◆◆◆【案例 1-5】

杭州城西科创大走廊:一块飞速崛起的数字经济高地

杭州城西科创大走廊是浙江建设科创高地、打造全球数字科创中心、推进数字经济"一号工程"的点睛之笔。在省、市联动超常规力度推进下,杭州城西科创大走廊创新资源高度集聚,多个高能级创新平台拔地而起,以之江实验室、浙江大学、阿里巴巴为代表

---

① ② 邱然,黄珊,陈思."习书记在浙江大力度推进科技强省建设":习近平在浙江(十七)[N].学习时报,2021-03-22(5).

的高能级科技创新载体不断得以强化。

"大走廊建设五年规划的18项主要指标中，有11项已提前达到目标要求，6项符合进度要求。大走廊已从'启动规划建设'阶段转入'全面优化提升'阶段。"省科技厅相关负责人说，要大力推进科技创新，以超常规力度推动大走廊平台、人才、政策、要素集聚和体制机制创新，努力打造面向世界、引领未来、辐射全省的创新策源地。

杭州城西科创产业集聚区管委会负责人介绍，自2016年8月以来，大走廊各项关键指标以年均两位数的速率增长。之江实验室、阿里巴巴达摩院、超重力离心模拟与实验装置（centrifugal hypergravity and interdisciplinary experiment facility，CHIEF）等科技重器横空出世。浙江大学牵头的CHIEF项目是我省首个"国字号"重大科技基础设施，于2019年底启动建设，其搭载的20多个实验装置中有6个为世界首创。目前，之江实验室正全力争创国家实验室。

大走廊目前汇聚了高校和科研机构60余家，集聚诺贝尔奖获得者和院士工作站19家、博士后工作站22家。2019年，浙江获国家科技奖的成果超六成源自大走廊，入选国家重点研发计划的项目超八成落户于此，入选国家级"杰青""优青"的人才近九成在这里工作。

创新要素的物理集聚持续诱发"化学反应"，大走廊创新效益显著提升，数字经济发展取得重大突破。在阿里巴巴、中电海康等名企强企引领下，2019年，大走廊实现数字经济产业增加值1626亿元，占比达87.7%。阿里巴巴成功创建国家先进系统芯片产业创新中心。

目前,大走廊产业增加值年均增长率约为全省平均水平的3倍,战略性新兴产业产值占比是全省的2.5倍,规模以上工业亩均增加值是全省的5.5倍。

有赖灵活高效的政策供给,高层次创新型人才快速向大走廊汇聚。疫情防控期间,之江实验室引才不停歇,53名高层次科研人才"云签约"全职加盟实验室。之江实验室实行项目负责制、预算额度授权制、项目经理制等一系列新的科研制度。一位高端人才表示,正是这些因素,让自己下定决心在人生中最具创新力的黄金期回国创业,落户浙江。大走廊还举办了"全国双创周"主会场等高规格活动,投入运营全省首个"人才飞地",特色小镇品牌在全国具有重要影响。2019年,大走廊人才净流入率达24.56%,成为全省密度最高、增长最快、最具活力的人才高地。

下一步,浙江将高质量谋划编制大走廊新一轮发展规划,完成顶层设计。加快推进大走廊国土空间数字治理能力,打造未来社区样板。加快推进大走廊产业链高级化,着力招引世界500强和细分行业头部企业。加快集聚"塔尖"人才,高标准推进人才服务综合体建设,做好人才关心关注的"关键小事"。加快布局和推进以数字经济为核心的新一代基础设施建设,全面推进"产城人"融合。

案例来源:曾福泉,黄慧仙,唐骏垚.浙江加快推进杭州城西科创大走廊建设　打造全球数字经济创新策源地[N].浙江日报,2020-04-16(1).

第三节　浙江创新强省最新谋划

建设创新强省以来,浙江城乡区域协调发展水平、生态环境质量、对外开放能级、人民群众获得感稳步提升,今后将紧紧围绕忠实践行"八八战略",奋力打造"重要窗口"主题主线,率先探索构建新发展格局的有效路径,率先建设现代化经济体系,率先推进省域治理现代化,率先推动全省人民走向共同富裕,全面提升人民群众获得感、幸福感、安全感,争创社会主义现代化先行省。2020 年 6 月,浙江省委十四届七次全体(扩大)会议审议通过了《中共浙江省委关于建设高素质强大人才队伍,打造高水平创新型省份的决定》,浙江省委十四届八次全体(扩大)会议强调要深入实施人才强省、创新强省首位战略,其中提到了全面聚焦聚力"互联网+"、生命健康、新材料三大科创高地,探索社会主义市场经济条件下新型举国体制浙江路径,优化"产学研用金、才政介美云"十联动创新生态,推动创新型人才队伍建设、体制机制改革、重大平台打造等重大行动方略。

一、打造"重要窗口",发展战略性新兴产业

2020 年 3 月 29 日至 4 月 1 日,习近平总书记到浙江考察调研并发表重要讲话,赋予浙江"努力成为新时代全面展示中国特色社会主义制度优越性的重要窗口"的新目标、新定位。"重要窗口"具有以下四个鲜明特征:一是时代性。浙江要成为新时代中国特色社会主义事业发展的典型代表,展示中国的崭新形象。二是全面性。浙江要全面、系统、集中地体现中国特色社会主义制度的优越性。三是典型性。浙江要成为世界认识中国、感知中国的一个重要样板。四是内源性。浙江人民要充分感受中国特色社会主义制度的优越性,具有强烈的社会主义制度自信。实现共同富裕是"重要窗口"的重要标志。2021 年 5 月,中共中央、国务院发布了《关于支持浙江高质量发展建设共同富裕示范区的意见》,这无疑为浙江经济社会发展提供了重大的改革机遇和契机。共同富裕,不是均贫富,也不是同等富裕、同步富裕,而是有差别的、阶段推进的发展过程。因此,在共同富裕视角下,创新强省建设就被赋予了通过创新带动全社会共同发展的功能内涵。

长期以来,浙江忠实践行"八八战略",在奋力打造"新时代全面展示中国特色社会主义制度优越性的重要窗口"中已经成为优等生。2020年以来的新冠肺炎疫情,全面检验了浙江经济社会发展的韧性、社会治理的良性,可以说在疫情大考中浙江交出了高分答卷。浙江省委主要领导表示,新时代的目标要求是保持经济运行在合理区间,引导各方面把精力集中到深化供给侧结构性改革、推动高质量发展上,坚定不移推动富民强省实现新跨越,推动探索构建新发展格局实现新突破,推动共同富裕先行示范取得新进展,推动治理能力再上新台阶。工作导向是"三个争先":一是改革突破争先。就是用好改革这个"快变量",坚持国家所需、浙江所能、群众所盼、未来所向,以数字化改革为总抓手,撬动各领域、各方面改革,推动人才科创体制、市场化法治化国际化营商环境、要素市场化配置等重大改革取得新突破。二是服务提质争先。用好服务这个"放大器",坚持问题导向、效果导向,实施"三服务"2.0版,优化服务理念、方法、机制,形成闭环式全程服务、体系化联动服务、滴灌式精准服务,助力企业、群众、基层解难题、开新局。把握政策时度效,更好推进政策创新、政策集成、政策调整、政策落实,构建更具竞争力的经济政策体系。三是风险防控争先。用好风险防控这个"安全阀",坚持底线思维,提高风险预见预判能力,做好应对存量风险、增量风险的充分准备。完善"监测、预警、处置、反馈"风险闭环管控大平安机制,高水平建设平安中国示范区。

"十四五"时期,是浙江从高水平全面建成小康社会,乘势而上开启高水平推进社会主义现代化建设新征程新阶段的第一个五年。习近平总书记2020年初在浙江考察时提出要求:抓紧布局数字经济、生命健康、新材料等战略性新兴产业、未来产业,大力推进科技创新,着力壮大新增长点,形成发展新动能。总书记的重要指示,为浙江"十四五"高质量发展指明了方向和路径。

2020年6月,浙江省委十四届七次全体(扩大)会议通过的《中共浙江省委关于深入学习贯彻习近平总书记考察浙江重要讲话精神,努力建设新时代全面展示中国特色社会主义制度优越性重要窗口的决议》,把做优做强数字经济、生命健康、新材料等战略性新兴产业、未来产业,作为建设"重要窗口"的13项重大标志性成果之一。这对于浙江在勇当我国科技和产业创新的开路先锋,率先形成以国内大循环为主体、国内国际双循坏相互促进的新发展格局上展现更大的担当作为,努力抢占未来发展制高点、形成高质量发展强大持久动力,具有重要的现实意义和鲜明的浙江辨识度。做优做强战略性新兴产业是浙江奋力打造"重要窗口"的鲜明标志,是以科技创新催生新发展动能的必然选择。提到新兴产业,就不能不提及数字经济,这是浙江全力打造"互联网+"、生命健康、新材料三大科创高地的真正"一号工程"。近年来,浙江深入实施数字经济"五年倍增计划",数字经济创新融合驱动加快、发展规模增长强劲,电子商务、移动支付、城市大脑等新业态、新模式蓬勃发展,数字化治理能力不断提升。2019年,国家发展改革委、中央网信办批准同意浙江创建首批国家数字经济创新发展试验区。自2020年以来,浙江规模以上工业中,数字经济核心产业制造业、高技术产业、战略性新兴产业发展为经济运行呈现复苏加快、回升向好态势发挥了引领和支撑作用。

❖❖【案例 1-6】

杭州大力发展数字经济，打造全国数字经济第一城

"拥抱变化，迎接数字时代的到来。"驱动发展变革的数字经济正成为杭州加速打造具有全球影响力的"新名片"，并推动杭州成为全国数字经济重镇和创新创业的高地，打造全国数字经济第一城。

1. 到 2022 年数字经济总量达 1.2 万亿元

今天的杭州，超过 95％的超市、便利店，超过 98％的出租车，超过 80％的餐饮门店支持移动支付，城区所有公交、地铁实现扫码支付。移动支付普及率、服务覆盖率领先全国，是全球最大的移动支付之城。到 2020 年，杭州集聚全国超 1/3 的电商平台，实现全国 85％的网络零售、70％的网络跨境贸易、60％的 B2B 交易。联动推进的全国首个跨境电商综合试验区和全球首个 eWTP 实验区，带动 8000 多家企业参与跨境电商。电子商务、云计算、数字安防……杭州不仅有具备全球影响力的数字经济高新产业集群，还有站上新经济、新产业、新技术、新模式发展高地的数字经济龙头企业。

按现有统计口径，2017 年杭州市数字经济实现主营业务收入 8936 亿元，增长 28.6％；实现数字经济增加值 3216 亿元，已连续 3 年保持 20％以上的高位增长，数字经济增加值占 GDP 比重达 25.6％。数字驱动产业，云计算、大数据等助推着杭州的经济增长、产业转型。到 2018 年，杭州数字经济形成了万亿级产业的规模，数字经济对经济增长的贡献率超过 50％。

根据《杭州市全面推进"三化融合"打造全国数字经济第一城

行动计划(2018—2022 年)》,到 2022 年,杭州全市数字经济总量要达到 1.2 万亿元。"经过若干年的努力,杭州数字经济要实现五项'全国第一',即数字经济线上主营业务收入全国第一、数字经济增加值全国第一、数字经济在经济总量中的比重全国第一、数字经济对经济增长的贡献率全国第一和互联网工程师人才净流入率全国第一。"

2. 数字资源成了产业新蓝海

到 2018 年 6 月,聚焦制造业供应链服务的杭州传化智联"传化网"已覆盖超过 30 个省(区、市)的 300 多个城市,形成人、车、货的集聚整合,为城市和城市群提供"物流、信息、金融"一体化供应链服务。"作业效率显著提升,发货和库存准确率高达 99.99%。"传化智联负责人告诉记者,一家年销售额 28 亿元的制造业企业接入"传化网"后,信息打通、一单到底,供应链协同效率提升 30%,平均订单执行时间从 17 小时降到 13 小时,发货和到货及时率从 80%提升到 96%,综合管理费用下降 30%,支付成本下降 50%。数字技术的规模化集聚,不仅形成了新的产业、新的经济,让传统产业也插上"数字"的翅膀,与数字经济融合,不断催生出新的模式与业态。

临安区白牛村,曾是全区最穷的村之一,自从发展农村电商,该村山核桃销售额从 2007 年的 100 万元飙升到 2017 年的 3.5 亿元,农民人均年收入接近 3 万元,超过临安平均水平。这几年,白牛村还陆续吸引 30 多名年轻人回乡创业。

从"机器换人"到"工厂物联网""ET 工业大脑",从数字化车间到智能工厂,数字资源成了杭州产业的新蓝海。

到 2017 年,杭州"两化融合"发展指数高达 94.8,高出全国、全省水平。近 4 年杭州累计实施"机器换人"项目 3016 项,智能制造试点示范项目 114 项,累计上云企业超过 7.4 万家。

3.打开城市治理的新密码

2020 年初,面对突如其来的新冠肺炎疫情,杭州市率先通过"浙政钉"部署和落实防控措施,在全国最先推出红、黄、绿三色动态管理的健康码系统。两周时间内,从杭州起步的健康码迅速覆盖全国 200 多个城市。杭州这座数字之城,再次将科技嵌入城市发展,提前在数字新基建领域起跑,切实守护着人民群众的生命财产安全。

事实上,自 2016 年杭州市首次提出"城市大脑"的概念并试点建设以来,"城市大脑"迄今已在国内多座城市落地应用。从信息化到智能化再到智慧化,杭州坚持探索创新,加快智慧城市建设,为推进国家治理体系和治理能力现代化提供路径。依托"城市大脑"架构,杭州市按照"总体设计、分步实施、急用先行"的路径,按照"四层两翼"结构建设"城市大脑"应急系统。该系统基于杭州城市安全风险评估数据和风险电子地图,开发城市安全风险管控场景,深入建设施工、地铁建设运营、消防、道路交通、特种设备、城市运行、商贸旅游安全、危化矿山共八大领域,通过汇聚城市运行各单元数据,实现城市运行风险和状况整体把握、安全事件综合协同应急处置。在杭州快速发展的近几年时间里,建设施工、地铁建设运营、城市运行等领域交织叠加众多安全风险和隐患,为此杭州推出多项智慧举措,推进重点领域安全治理,强化新基建。

目前,这个 2017 年上线的"城市大脑"已升级到更智能的 2.0 版,管理范围覆盖杭州城区 420 平方千米,相当于 65 个西湖湖面面积,接管了 4500 路监控视频、1300 个路口红绿灯,还通过手机移动终端，实时指挥 200 多名交警。在它的"指挥"下，堵车严重的杭州中河—上塘高架道路，平均延误时长减少了 15.3%。"利用大数据、云计算和人工智能，解决城市发展问题，建设智慧城市，杭州已经走在前列。"杭州市经济和信息化委员会负责人说。不仅如此，数字技术的推广应用，还撬动、破解杭州民生难点、痛点，优化公共治理、公共服务，带来社会治理的深刻变革。

案例来源：董碧水. 杭州打造全国数字经济第一城［EB/OL］.（2018-10-25）［2022-02-24］. http://zqb. cyol. comhtml218-10/25/nw. D110000zgqnb_20181025_5-01. htm.

二、塑造高能创新平台，集聚高端要素

浙江以数字技术为支撑带动创新要素集聚，促进区域创新增长，大力实施数字经济"一号工程"取得明显成效，主要指标全国领先，"最多跑一次"改革和政府数字化转型走在全国前列，打造全球数字变革高地奠定了坚实基础。一是实施了《浙江省科技企业"双倍增"行动计划（2021—2025 年）》，提出全省高新技术企业和科技型中小微企业数量分别达到 1.5 万家和 5 万家的发展目标。充分发挥区域创新平台集聚作用，支持国家自创区先行先试，引领科技企业集群发展，推动主导高新技术产业集聚发展。二是实施高新区高质量发展行动计划和浙商回归工程，深入推进园区整合提升和"亩均论英雄"改革，支持开发区培育壮大科技企业。三是依托科创走廊、高新技术特色小镇、国家数字经济创新发展试验区、新一代人工智能创新发展试验区、"万亩千亿"新产业平台等科创平台，孵化引育科技骨干企业。

2020 年 7 月，浙江省人民政府印发《关于建设之江实验室等浙江省实验室的通知》，决定建设之江实验室、良渚实验室、西湖实验室、湖畔实验室等 4 家浙江省实验室。2020 年 4 月，4 家浙江省实

验室在浙江省科技奖励大会上授牌成立,为建设创新强省注入新动能。浙江省实验室是科技创新体系的重中之重,是支撑创新驱动发展国家战略、建设创新强省和人才强省的高能级重大平台。之江实验室和湖畔实验室聚焦"互联网＋"科创高地建设,良渚实验室和西湖实验室聚焦生命健康科创高地建设,4家实验室在各自的创新领域展现出冲刺世界级科创高地的决心,志在推动浙江省基础研究能力提升,加快科技成果转化,为高起点打造面向世界、引领未来、辐射全省的创新策源地提供坚实保障。

【案例 1-7】

以独特创新范式,浙江开建四大省实验室

之江实验室、良渚实验室、西湖实验室、湖畔实验室的主阵地错落分布在杭州城西科创大走廊这个面对未来的创新策源地。可以说,首批省实验室的布局鲜明地展现出浙江以超常规力度建设世界级科创高地的决心和魄力。4家省实验室作为浙江省有代表性的新型研发机构在充分汲取世界著名实验室养分的基础上,构建了自己独特的创新范式——组织模式新、体制机制新、科研导向新、成果转化方式新……更为重要的是有新型举国体制的护持。"建设省实验室,是浙江构建全域创新体系、提升创新效能的重要一环,是构建社会主义市场经济条件下关键核心技术攻关新型举国体制的一次生动实践。"浙江省科技厅相关负责人说。

1.组织模式上:新型举国体制催生新型研发机构

从4家省实验室的牵头建设单位来看:之江实验室由浙江省人民政府、浙江大学和阿里巴巴共同举办,是混合所有制事业单位性质的新型研发机构;良渚实验室由浙江大学举办,浙江大学是一

所公办的综合型、研究型、创新型大学；西湖实验室由社会力量举办、国家重点支持的新型研究型大学——西湖大学牵头建设；湖畔实验室的举办单位阿里巴巴集团则是一家民营企业。这正诠释了新型举国体制之"新"：在市场化环境下，动员政府、企业、社会等各方力量，将市场机制和政府作用有机结合，实现政产学研之间的协同共振。

2. 核心技术上：协同打造科技创新高地

之江实验室创造性地提出了"高原造峰"的协同攻关机制。实验室正在大力推进的"先进工业互联网安全平台"项目，由邬江兴和孙优贤两位院士牵头，联合了国内 10 家优势科研单位的力量，在较短时间内成功研制出内生安全文件存储系统、内生安全云管平台等多款核心装备。在项目实施上，实验室采取"大兵团作战"，突破学科界限，按需组织顶尖科研力量协同攻关。建设良渚实验室，是基于对未来医疗科技发展新趋势的深刻理解而开展的系统设计，是支撑浙江省整合资源、汇聚学科、攻克疾病的关键路径。良渚实验室有一个特别的任务：关注民生。和其他实验室不同的是，它有大量的临床合作机构，更关注民生和医患问题，聚焦和解决老百姓的健康问题。在空间布局上，良渚实验室与浙江大学医学院附属第一医院余杭院区毗邻而居。西湖大学科学家团队自主研发的新型红细胞治疗技术日前完成近亿元融资，即将进入临床试验。西湖大学这一成果用很短的时间就迈出了从实验室走向市场的第一步，这得益于西湖大学打造全链条实验室内部灵活的成果转化机制。湖畔实验室则提出，构建数据科学中心、前沿科技中心、产业应用中心三大基础能力中心，与相关优势力量共建学术合作、人才培养两大核心支撑基地，打造面向未来的数据科技公共服务平台。

3.人员构成上:采取灵活多样的用人机制

4家省实验室在引才聚才上也纷纷提出多种灵活机制。之江实验室探索多元化用人机制,固定人员与流动人员相结合,专职与兼聘相结合,长短周期相结合。良渚实验室则表示要探索混合人事管理制度,把实验室打造成"人才特区"。西湖大学成立以来则面向全球选聘具有较高学术造诣或学术潜力的领军人才和青年科学家,实行与国际接轨的长聘准聘教研人员聘任体系。通过多次学术人才招聘的层层遴选,目前已成功签约129位来自海内外的优秀学术人才。湖畔实验室提出,到2022年要组建4到6支国际顶尖团队,引进培育60名高端学术人才,从而打造一支高层次研究团队。

案例来源:阴文亮.浙江开建四大实验室:为创新强省注入新动能[J].今日科技,2020(8):1-5.

三、竭力引才,助力人才强省

百年未遇之大变局下,最大的挑战在人才和创新,最大的机遇也在人才和创新。习近平总书记多次强调,发展是第一要务,人才是第一资源,创新是第一动力。面向高质量发展、强起来、现代化的新使命新任务,人才和创新始终处于首要位置,也是大国竞争的焦点所在。近年来,浙江省先后召开全省改革大会和对外开放大会,对改革强省和开放强省作出部署,旨在先人一步形成以人才引领创新、以创新驱动发展的高质量发展动力格局。[①] 为此,浙江省提出聚焦人才和机制两个关键点,集成政策优化创新生态,为人才提供全生命周期、全过程优质服务,建设全球人才蓄水池,全面支

---

① 推动人才强省创新强省成为"重要窗口"建设的强大动力和鲜明标志:省委十四届七次全会《决定》解读[J].政策瞭望,2020(7):22.

撑新时代科创高地建设。

2020年6月,浙江省委十四届七次全体(扩大)会议审议通过《中共浙江省委关于建设高素质强大人才队伍,打造高水平创新型省份的决定》,全面描绘了浙江"十四五"期间人才队伍建设路径以及创新发展的总体思路,把人才强省、创新强省作为首位战略。明确提出到2025年,浙江初步建成科技创新综合实力全国领先、特色领域创新具有全球影响力、区域创新体系有力支撑现代化建设的高水平创新型省份。一是大力引进国际高端创新型人才。抓住全球人才流动新机遇,聚天下英才共建浙江、发展浙江。大力实施"鲲鹏行动",大力引进海内外高层次人才、领军型团队和人才,扩大专家工作站、院士工作站、博士后科研工作站建设。二是培育壮大优秀青年人才队伍。大力实施青年英才集聚系列行动,打造青年创新创业活力之省。扩大高层次人才特殊支持计划,新增名额全部用于优秀青年人才,支持更多青年人才成为领军人才。到2025年,国家级优秀青年科技人才达到1000名,累计新增就业大学生500万名。三是大力实施"浙商青蓝接力工程"和新生代企业家"双传承"计划。全面拓展提升企业家和企业高层次管理人才全球视野、战略思维和创新能力,形成一支拥有百名领军人才、千名骨干人才、万名后备人才的创新型浙商队伍。四是实施新时代工匠培育工程。启动"金蓝领"职业技能提升行动,推广"双元制"职业教育模式,鼓励行业龙头企业与学校合作建设产业学院、技师学院,支持职业院校开展股份制、混合所有制改革试点,支持产业园区、特色小镇等参与办学。五是全方位激发人才创新活力。建设一批人才管理改革试验区,充分赋予人才"引育留用管"自主权,以"一区一策"方式加强薪酬分配、科研经费等人才政策创新突破。

全面改革省级人才计划遴选方式,实行高水平大学、一流科研院所、领军企业等人才引进推荐认定制。

❖【案例 1-8】

一院一园一基金!"乌镇院士之家"一年引进 44 位院士

2021 年 5 月 15 日上午,"乌镇院士之家"院士周暨顶尖科学家桐乡行系列活动在桐乡市乌镇拉开帷幕。中国科学技术协会原副主席、国际欧亚科学院冯长根院士,中国工程院院士吴澄、庄松林、蒋士成、翁宇庆、杨小牛,日本工程院外籍院士李颉等齐聚乌镇,共同见证"乌镇院士之家"开"家"一周年,了解乌镇院士之家"一家一园一基金"建设情况,汇聚高端智力,共绘宏伟蓝图。

院士是顶级的智力资源,是推进人才强国战略、创新驱动发展战略的引领者。近年来,桐乡市人民政府通过深化与中国工业经济联合会的战略合作,共建"乌镇·院士智慧谷"平台、举办全球工业互联网大会等,助力"长三角一体化"发展战略和"两个强国"建设战略,在国内外产生了重要影响。

作为区域落地发展的院士协同创新平台,"乌镇·院士智慧谷"为院士及院士团队开展科技成果转化和产业落地提供了全方位服务的基地,并取得了明显成效。2020 年 5 月 17 日,作为"乌镇·院士智慧谷"先导区的"乌镇院士之家"正式启动,首批即有 18 位海内外院士落户。如今,"乌镇·院士智慧谷"在院士高端人才集聚、高精尖成果产业化落地及区域产业升级方面取得了良好进展。2020 年 9 月 27 日,"乌镇院士之家"正式被中共浙江省委人才工作领导小组办公室、浙江省科学技术协会命名为首批"浙江院士之家"。

目前"乌镇·院士智慧谷"已经拥有入家院士 44 位,落地院士领衔的 3 个产业化项目,并全面升级形成"院士之家、院士产业示范园、院士成果转化基金"三位一体引进模式,在成功建设院士之家先导区的基础上,正在聚力建设后续 12 万平方米的集成区及占地 200 亩左右的产业示范区,助力桐乡和乌镇产业创新发展,辐射长三角产业协同发展,真正成为成果转化的"示范地"、技术创新的"策源地"、高端人才的"集聚地"。

自 2019 年以来,"乌镇·院士智慧谷"团队先后引进院士领衔的无铅压电陶瓷材料项目、微流体芯片项目等多个顶尖人才产业化项目及 20 多个海内外高层次人才领衔的新兴产业项目落地。引进当年实现产值 1.5 亿元,预计 3 年内引进项目累计投资达到 7.5 亿元以上,产值超 10 亿元,税收预计达 6500 万元以上。

展望未来,"乌镇·院士智慧谷"团队将围绕长三角一体化发展战略,以科技创新领军人才为核心,致力于创新成果产业化集群。建立常态化联系机制,定期举办"院士日"活动,承接举办数字经济、先进制造等地方重点产业学术交流,促进院士智力转化;与地方政府共建 200 亩左右院士产业示范园,重点引进智能装备、智能网联等新兴产业,形成高精尖产业集群,全面提升产业、区域竞争力;作为首支院士人才基金,"乌镇·院士智慧谷"联合桐乡市、乌镇共同成立了规模 1 亿元的院士产业发展基金,联合多家银行提供总授信额 50 亿元的投贷联动支持,专项支持院士及高精尖人才的科技成果转化及产业落户桐乡,进一步优化"一院一园一基金"三位一体的院士引进模式,构建人才创新产业化新高地。

案例来源:宋彬彬.凤栖梧桐才聚桐乡!"乌镇院士之家"一年引进 44 位院士[EB/OL]. (2021-05-15)[2022-02-24]. https://zjnews.zjol.com.cn/202105/t20210515_225321-10.shtml.

思考题

1.浙江省是如何处理创新发展和资源不足的矛盾,并实现"既要绿水青山,也要金山银山"目标的?

2.浙江针对"成长的烦恼",提出"凤凰涅槃"与"腾笼换鸟"之计,大力提升自我创新能力,请结合你所接触到的工作实际谈谈感受。

3.浙江是如何以"最多跑一次"改革为抓手,以"四张清单一张网"建设为突破口,来开展简政放权改革并充分践行以人民为中心的发展思想的?

4.浙江省应该如何发挥传统的制度优势,在打造共同富裕示范区方面取得更大成就?

5.浙江为什么要施以巨大资源投入,打造之江实验室等高能级科技创新平台?请你畅想一下它们对浙江省经济社会发展将起到什么样的作用。

6.结合工作实际,谈谈杭州智慧城市建设对城市治理的启发。

拓展阅读

1.习近平.在中国科学院第二十次院士大会、中国工程院第十五次院士大会、中国科协第十次全国代表大会上的讲话[M].北京:人民出版社,2021.

2.习近平.干在实处　走在前列:推进浙江新发展的思考与实践[M].北京:中共中央党校出版社,2006.

3.习近平.习近平谈治国理政:第二卷[M].北京:外交出版社,2017.

4.习近平.之江新语[M].杭州:浙江人民出版社,2007.

5.中共中央文献研究室.习近平关于科技创新论述摘编[M].北京:中央文献出版社,2016.

6.中共浙江省委关于建设高素质强大人才队伍,打造高水平创新型省份的决定[EB/OL].(2020 06 29)[2022-02-24].https://zjnews.zjol.com.cn/202006/t20200629_12094097.shtml.

7.丛书编写组.深入实施创新驱动发展战略[M].北京:中国计划出版社,2020.

8.吴晓波,等.2017—2018浙江省创新型经济蓝皮书[M].杭州:浙江大学出版社,2020.

9.张彦,郑林红,谢鸣.习近平的创新思维方法在浙江的探索与实践[N].浙江日报,2021-03-25(3-6).

按照客观经济规律调整完善区域政策体系,发挥各地区比较优势,促进各类要素合理流动和高效集聚,增强创新发展动力,加快构建高质量发展的动力系统。

——摘自习近平总书记 2019 年 8 月 26 日在中央财经委员会第五次会议上讲话的一部分①

第二章　优化区域创新生态

💠 本章要点

1. 不断完善区域创新生态的基础设施,持续优化创新要素的配置方式,增强创新动能、激活要素效能,建设高水平区域创新体系,是区域创新体系建设的内在要求和推动区域创新发展的基础工程。

2. 加强区域本地网络的协同发展与一体化发展,有利于创新要素在更大空间范围内的优化配置,促进各类要素合理流动和高效集聚,实现全域创新,提高区域创新体系整体效能。

3. 构建开放型区域创新体系,主动接轨创新优势地区和连接全球创新高地,高质量融入全球创新网络,对于提升浙江创新发展能力,推动创新型省份建设具有重要意义。

关于区域创新体系的定义,可以界定为在一定区域范围内,为实现预定的创新发展目标,政府、企业、科研机构等主体,通过人

---

① 习近平.推动形成优势互补高质量发展的区域经济布局[J].求是,2019(24).

才、资金、技术投入,推动制度、科技、管理等内容创新,不断优化环境、创新产品、提升产业而形成的创新主体相互转换、创新内容相互作用、创新投入相互支撑的系统。① 区域创新体系具有多样性特征,即每个地区的体系结构与特征存在差异,但其主要的内涵是促进要素的有效配置和环境的优化改善,提高区域创新能力。在区域创新体系建设上,我国与欧美等国家存在显著的差异,即更加强调将区域创新体系放在国家创新体系的发展全局中去统筹规划,不仅要构建具有示范带动效应的区域创新体系先行区,还要顶层推动区域间的协同联动发展,解决缩小地区间的发展差距,从而实现整体系统的最优化。

浙江由历史文化传统和经济社会结构决定的企业家资源相对丰盈;在国际国内分工体系中形成具有比较优势的产业结构;地处长江三角洲南翼,邻近中国经济中心上海的地理位置。这三点概括起来就是,浙江的资源优势、产业结构优势和区位优势。习近平同志在浙江工作期间制定的"八八战略",充分体现了区域创新生态优化建设的前瞻性思路:"积极推进科教兴省、人才强省",建设高水平区域创新体系;"发挥浙江的城乡协调发展优势""推动欠发达地区跨越式发展",推进区域一体化发展和协同发展;"不断提高对内对外开放水平",高质量融入全球创新网络。习近平同志的这些思想,既是对区域经济发展规律的科学认识,也是立足国家发展全局、结合浙江省情所提出的具有重大实践意义的战略举措,是指导区域经济社会高质量创新发展的基本纲领。

---

① 王松,胡树华,牟仁艳.区域创新体系理论溯源与框架[J].科学学研究,2013,31(3):347.

第一节　建设高水平区域创新体系

区域创新体系由主体要素(包括区域内的企业、大学、科研机构、中介服务机构和地方政府)、功能要素(包括区域内的制度创新、技术创新、管理创新和服务创新)、环境要素(包括体制、机制、政府或法治调控和保障条件等)三个部分构成。[①] 建设高水平区域创新体系,不仅要从"硬实力"方面提高企业、大学、科研院所等创新主体自身的创新能力,还要在政策上为创新要素提供支持,营造和活跃市场体制机制、创新文化;此外,还要进一步完善和提升各类创新要素的合理流转、高效配置,进而提升区域创新体系的整体效能。浙江经过40多年的改革实践,已然发展成为国内创新领先省份,在区域创新体系建设中也探索和积累了诸多值得推广的成功实践。

一、完善区域创新基础设施

区域创新基础设施是为创新活动提供的基础条件和环境,包括科技基础设施、教育基础设施、制度基础设施、文化基础设施等内容,涉及科技、教育等创新资源,以及制度、文化等创新环境,是构建区域创新体系的根本要素。改革开放以来,浙江逐步积累了高技术产业化的经验,也转变了原本"低成本、低价格、高排放、高能耗"的粗放型发展道路。要实现发展道路的转型升级,就要改变以往要素驱动的发展模式,进行供给侧结构性改革,转向创新驱动的发展模式。习近平同志在浙江工作期间,一方面着力推动产业

---

① 陈套.加快构建区域创新体系的思路与对策[EB/OL].(2018-03-23)[2022-02-24].https://theory.gmw.cn/2018-03/23/content_28080446.htm.

转型升级，实施"腾笼换鸟""凤凰涅槃"，走新型工业化发展道路；另一方面，就是站在更高远的战略视角，进一步发挥浙江的人文优势，积极推进科教兴省、人才强省。

在浙江工作期间，习近平同志高度重视科技创新，敏锐把握当时世界经济科技发展趋势，深入市县、企业、高校和科研院所调研，立足浙江实际和经济社会发展全局，提出一系列重要的科技创新思想，作出一系列重大战略决策和部署，大力推进科技强省建设，为之后浙江充分发掘自身优势，积极探索科技创新的更高质量发展，进而全面推进自主创新、建设科技强省等工作提供了重要指导，对浙江经济社会转型升级、创新发展起到了十分重要而深远的作用。

充分培育好、发展好、利用好本土科教资源，有助于夯实经济创新发展基础。习近平同志在浙江工作期间先后十八次到浙江大学视察。2002年12月17日，习近平同志带领省级各有关部门负责人专程来到浙江大学进行调研时就明确表示，"一如既往地全力支持浙江大学的改革和发展，为浙江大学早日建成世界一流大学创造良好的条件"①。四校合并后的浙江大学，是全省唯一一所985高校，也是唯一一所211高校。浙江与北京、上海等地相比，大学和科研院所机构要少得多，不能充分满足浙江在创新发展过程中日益增长的科技与人才需求。因此，引进省外优质科教资源便成当务之急。2003年3月全国两会期间，习近平同志带领浙江省委、省政府及有关部门负责人亲自到清华大学拜访，座谈加强省校合作、共建创新载体事宜。经过大半年考察洽谈，2003年12月31

---

① 谭伟东,何苏鸣,王利剑.扎根中国大地办大学:习近平同志关心浙江大学发展纪事[N].光明日报,2018-12-10(1).

日,双方在杭州正式签署省校共建浙江清华长三角研究院协议,在那之后,浙江的科技创新基础设施得到极大改善。例如:2004 年,中国科学院在浙江布局建立了首家国家级研究机构——中国科学院宁波材料技术与工程研究所,不仅填补了当时中国科学院在浙江省研究机构中布局的空白,也极大地提升了宁波乃至浙江的自主创新能力,为宁波乃至浙江新材料产业发展提供了强大的创新动力,已成为全省新材料技术研究的人才、技术和创新高地;位于浙北的德清县通过产学研合作引进科技、人才等资源,先后与高校院所成立了十多个合作载体平台,逐渐在先进装备制造、生物医药、装饰材料三大主导产业基础上,孕育而生了地理信息、通用航空等战略性新兴产业。近年来,浙江始终沿着完善区域创新基础设施的战略发展道路,通过各种方式加强与区域内外高等院校、科研院所的合作,推进各类平台规划布局。浙江近几年先后支持建成了浙江大学舟山校区(海洋学院)、浙江清华柔性电子技术研究院、北京大学信息技术高等研究院、北京航空航天大学杭州创新研究院、之江实验室、西湖大学等诸多重量级创新平台,在新一轮国家重大科技基础设施规划布局上抢先发力。

强化区域创新体系建设中的制度供给,有助于促进区域创新体系向更高级的有序结构状态演变。"我们要大力实施创新驱动发展战略,加快完善创新机制,全方位推进科技创新、企业创新、产品创新、市场创新、品牌创新,加快科技成果向现实生产力转化,推动科技和经济紧密结合。"①习近平同志高度重视体制机制在推进科技创新以及其与经济社会相结合的重要作用。在"八八战略"

---

① 中共中央文献研究室.习近平关于科技创新论述摘编[M].北京:中央文献出版社,2016:13.

中,第一条就是进一步发挥浙江的体制机制优势,大力推动以公有制为主体的多种所有制经济共同发展,不断完善社会主义市场经济体制。只有积极推动市场体制机制改革,完善区域市场制度,才能充分激发市场创新活力。面对浙江民间蓬勃有为的创新创业热情,习近平同志多次强调要尊重人民群众的首创精神,处理好"两只手"之间的关系。"一只是政府看得见的手,一只是市场无形的手,完善市场经济体制的改革的关键是处理好两只手之间的关系。"

一方面,习近平同志在浙江工作期间,大力推进国有企业深化改革。2004年6月23日,他在主持省属国有企业改革座谈会中提到,"不同类型的企业要采取不同的改革方式,不搞一刀切""可以通过招标、招募等办法引进战略投资者,实现产权主体多元化"[①]。习近平同志明确支持国有企业积极探索公有制的多种实现形式,支持与民企联合走混合所有制的道路。这一思路,既支持了国有企业,又支持了民营企业。习近平同志鼓励国有企业积极引入境内外各类战略投资者,通过多种形式获得战略资源和要素,提升品牌、管理、技术,不断做大、做强、做优国有企业。

另一方面,刚刚履新到浙江的习近平同志在调研考察中多次指出,民营经济是浙江活力所在,是浙江的品牌,是改革开放的先行者,是市场经济发展的佼佼者。在2004年1月12日召开的全省知名民营企业家座谈会上,习近平同志对浙江民营经济的发展新趋势、新特点、面临的矛盾和各种问题进行了深入分析,希望民营企业适应我国对外开放新形势,充分利用国际国内两种资源、两个市场,通过跨区域、跨国经营不断提高外向发展水平。座谈

---

① 邱然,黄珊,陈思."习书记对浙江国企改革作出了开创性贡献":习近平在浙江(三十二)[N].学习时报,2021-04-12(5).

会之后不久,浙江省委、省政府制定发布《关于推动民营经济新飞跃的若干意见》,明确了鼓励、支持、引导民营经济快速发展的多项政策措施。从那时开始,浙江打开了国有经济和民营经济相互融合、相得益彰的局面。如今,各种所有制经济不断融合,混合所有制经济迅速发展已成为浙江经济的一大特点。习近平同志在浙江工作期间,经常强调体制机制创新的极端重要性,并通过一系列政策制度创新为浙江营造优良的创新制度环境,实实在在地释放出改革红利,在更广范围内激发和调动千万群众的创新创业积极性。

　　文化建设能够很好地反映一个省乃至一个国家的文化经济发展情况,同样也能够反映其创新活动的效率。习近平同志在浙江工作期间曾多次提到浙江文化建设的内容,十分重视文化系统的建设。他提出的"八八战略"中的一大战略就是进一步发挥浙江的人文优势,积极推进科教兴国、人才强省,加快建设文化大省。在他的支持下,浙江陆续采取了一些有力措施,不仅使文化系统中的上访问题得到了比较妥善的解决,更重要的是从发展规划到软硬件条件,全面迎来了文化建设的"晴天"。浙江省委于 2005 年 7 月召开了以研究浙江的文化发展问题为主题的十一届八次全会,全会围绕文化建设,全面深刻地分析形势,总结经验,查找不足。习近平同志在此次全会上作了长篇讲话,系统阐述了什么是文化、文化的意义和价值、文化建设与增强浙江软实力之间的关系,以及今后浙江发展过程中为什么要把文化放在重要位置等重大问题。①浙江省委在这次全会中作出了《中共浙江省委关于加快建设文化

---

① 田玉珏,薛伟江,路也."习书记主政那五年是浙江文化建设大步跨越迈入前列的五年":习近平在浙江(十八)[N].学习时报,2021-03-24(3).

大省的决定》(以下简称《决定》),这是习近平同志在浙江工作期间最重要的一项文化决策。这个《决定》进一步把准了浙江文化建设的方向,擘画了浙江文化工作未来的发展蓝图,在浙江文化建设历史上具有战略意义和深远影响。习近平同志在浙江工作期间,不仅关注文化遗产的保护、文化精品的锻造、文化人才的培养,还十分关心群众文化建设。近些年来,浙江文化事业正在发生着崭新而深刻的改变,浙江的文化基础设施建设得越来越好,正不断为科技创新注入活力。

◆◆【案例2-1】

浙江清华长三角研究院

浙江清华长三角研究院(以下简称"研究院")是浙江"引进大院名校,共建创新载体"战略的先行者,是浙江第一家省校共建新型创新载体。省校共建研究院,立足市场需求,实行企业化管理,是优化科技资源配置、促进科技成果转化的开创性探索和生动实践。研究院是由浙江省人民政府与清华大学本着优势互补、共同发展的精神联合组建的研究机构,实行企业化管理的事业单位。

2003年3月17日,时任浙江省委书记习近平率浙江省党政代表团赴清华大学,商讨共建浙江清华长三角研究院事宜,同年12月31日浙江省人民政府与清华大学共建浙江清华长三角研究院签约仪式在杭州举行。研究院自2003年12月成立以来,累计为浙江引进培育超过800位海外高层次人才,近400人入选"双千""双万"及各地人才计划,获得国家、省、市各类科技奖励100余项,科技服务网络覆盖长三角区域的50多个县(市、区),年服务企业已过万家。

　　研究院以"建设成为具有先进水平的新型创新载体"为战略总目标，"坚持科技研究、坚持产业发展"，依托清华、立足浙江，探索走出一条"政、产、学、研、金、介、用"七位一体、协同创新的发展之路。目前，研究院在生命健康、数字创意、信息技术、生态环境等关键领域设立 50 多个创新研发平台，建成了 9 家国家级、省级重点研发平台，27 家国家级、省级创新创业孵化平台，以及科学家在线、科技母基金、科技保险、海纳英才支持计划等一系列综合创新服务平台。此外，研究院还在美、英、德、澳等国建立了 11 家离岸孵化器，组织承办了 12 届"海外学子浙江行"招才引智活动。

　　研究院成为省校合作的典范、产学研合作的样板。经过 10 多年发展，研究院先后组建了生物医药、生态环境、先进制造、信息技术 4 个研究所和 2 个省级重点实验室，在嘉兴、宁波、杭州、台州等地设立多个产学研基地，累计承担各类科技项目 519 项，获得国家和省市各类科技奖励 100 多项，转化一大批科技成果，培训学员 4 万多人次，组织"海外清华学子浙江行"活动，引进 200 余名海外高层次人才落户浙江，极大程度地推进浙江省创新基础设施建设，对浙江科技创新和经济社会发展起到重要的促进作用。

案例来源：根据公开资料改编。

二、优化区域创新要素配置

　　区域创新要素已经从土地、资本、知识、政策等传统要素，发展出了数据等新型要素以及新的要素组合方式。区域创新要素配置体系，就是要对创新要素建立一组新的函数，提高要素协同融合的效率和效能，可以从关系维度、空间维度两个角度着手建立新的函数。关系维度，就是要在不同创新主体间建立高效率的联结关系，促进以知识为主的要素流转与增值，要遵从市场规律、充分发挥市场在要素配置过程中的决定性作用，同时也要协调好政府与市场的关系，让政府在有组织创新中更加高效地配置创新要素。空间维度，体现了区域经济学的理论逻辑，即要素资源在一定范围、一定位置的空间领域进行集约式配置。一个方面的作用是进行改革的先行先试，积累创新要素配置的制度经验，例如国家自主创新示范区；另一个方面的作用是要发挥优势区域的要素聚变效应，推动战略新兴产业发展、带动周边地区协同发展，例如高新技术开发区。

在创新要素配置体系的关系维度上，"九五"以来，在浙江省委、省政府的领导下，浙江科技事业迅速发展，科技体制改革取得重大突破；初步形成了以企业为主体，以政府为导向，以高校和科研院所为依托的区域创新体系；初步形成了新型的区域创新体系框架，在全国率先实行科研院所体制改革，开发类科研院所已基本转变为产权多元化的科技型企业，公益类科研院所实行分类改革，"一院两制"增强了科研院所的活力和面向市场的能力。浙江率先实行技术要素参与股权和收益分配，鼓励企业建立研发机构，采取多种形式与高校、科研院所开展产学研结合。浙江在全国率先创办了网上技术市场，利用互联网促进了全国科技资源与浙江省科技需求相结合，推动了浙江企业与全国高校、科研院所的合作。

此外，浙江十分注重发挥市场作用，完善市场经济体制机制，激励和发挥企业在优化要素配置中的主体作用。浙江民营经济非常活跃，市场经济体制机制灵活，各类创新中介机构成为连接创新要素的重要桥梁，尤其是私募股权投资资本在规模、质量上都居于全国前列，在提高创新活动效率方面发挥了积极作用。为了推动互联网与技术市场的融合发展，2002年，由科技部、国家知识产权局和浙江省主办的中国浙江网上技术市场投入运行,针对中国网上技术市场与实体技术市场脱节的情况,浙江省进一步整合社会力量成立了由国有控股的浙江伍一技术股份有限公司负责市场化运作,建设集"展示、交易、交流、合作、共享"五位一体的浙江科技大市场。现如今,中国浙江网上技术市场又在结合区块链等新一代信息技术优势上,再一次进行模式迭代与跨越式发展。除此之外,技术转移服务机构、专利代理、人才中介、科技担保、科技银行、科技保险等创新中介机构如雨林生态般与浙江社会经济共荣共生,这不仅源于政策引导与支持,更是来自市场的生命力。

在空间维度上,浙江的创新要素配置体系经历了从开发区、小镇到小微园的"由大变小",再到科技城、科创走廊乃至城市群的"由小变大",呈现出"Ⅴ"形的演变特征。具体表现为,由最初的县域范围(县域产业集群)转变至较小规模的创新园区、工业园区、经济开发区、高新区等创新要素集聚区,强调在更小地域空间范围集聚创新要素,如浙江大学科技园、浙江衢州高新技术产业园等;随着区域产业快速发展、创新要素的高效配置向区域创新要素的空间布局提出新的要求,创新要素配置的区域范围开始逐渐扩大,甚至突破了县域的行政界线,进而转变为跨区域的科创大走廊乃至更大范围的治理空间形态,例如杭州城西科创大走廊、金义都市圈、G60科创走廊等。[①] 在"由小变大"的空间布局逻辑下,瞄准的是区域高质量发展的更高目标,这就需要遵循创新要素开放流转配置的规律,从土地、资本、环境等全要素视角考虑空间规划布局,需要在更大的区域范围内进行优化配置,进一步强化区域间的协

---

① 陈劲.国家创新蓝皮书:中国创新发展报告(2020—2021)[M].北京:社会科学文献出版社,2021:130.

同联动发展。例如，2006 年，习近平同志在浙江工作时就提到："浙江已经形成了环杭州湾、温台沿海、浙中三大城市群，每个城市群都是由一批在全国有较强经济实力的城市组成，其集聚能力、综合承载能力和创新辐射带动能力正在不断提高。"①2018 年，浙江省委、省政府开展实施"大湾区、大花园、大通道、大都市区"建设，作为浙江省"富民强省十大行动计划"之一，也是推动高质量发展的主战场。现如今，浙江在长三角一体化发展的国家战略下，深度参与全球创新治理，推进区域创新要素在全球范围内的优化配置，实现浙江新一轮的跨越式发展。

◆◆【案例 2-2】

区域创新要素优化配置的"德清模式"

早在 30 多年前，浙江省德清县便开展了以企业为主体、与科研院所"攀高亲"的产学研结合实践。而今，"德清模式"也随着转型升级的需要，从创立初期单一的企业与高校、科研院所合作的产学研模式，演变为政府主导、科技依托、科技担保、科技风险投资支撑的崭新创新体系。

2003 年 9 月，浙江省德清县成立的全国首家科技担保公司，是由县财政出资 200 万元，撬动了社会资本 920 万元。科技与金融的结合，让"德清模式"进一步拓展。随后，德清又成立了全省县域首家科技支行，拓宽了科技企业融资渠道和途径。2012 年 8 月，德清县成为全省第一个科技成果转化实验区，形成较为完善的区域创新综合服务体系，科技与经济的结合从未如此紧密。

---

① 方益波，万可.浙江已形成环杭州湾、温台沿海、浙中三大城市群［EB/OL］.（2006-08-09）［2022-02-24］.http://www.gov.cnjrzg2006-08/09/content_357883.htm.

通过先试先行,德清县着力完善成果发现、加工、交易、产业化等机制,并逐渐在实践中形成科技成果转化"十法":成果风险投资、国际科技合作、技术经纪人互联、创新团队攻关、科技成果竞拍、科技金融定制、专利技术运营、校企协同转化、机器换人倒逼和众创空间孵化。

案例来源:鲍丰彩,叶辉. 科技创新的"德清模式"[N]. 光明日报,2012-08-23(4).

第二节 促进区域创新联动协同发展

促进区域本地网络的联动协同发展,不仅是实现各子区域间协调发展、共同发展的重要举措,也是解决某一地区资源约束压力、要素配置门槛效应过高的战略路径。它能有效实现创新主体、资源、环境等要素的全面协同,对于构建自组织发展的创新生态、改善区域整体创新环境具有重要意义,是构建高水平全域创新体系的关键和内在要求。此外,区域联动协同发展还有助于区域间的产业联合,实现基于产业链的创新协同。

一、推动跨区域联动发展

习近平同志在浙江工作期间,积极推动"山海协作",其要旨在于按照"政府推动、市场运作,互惠互利、共同发展"的原则,加强沿海发达地区与浙西南山区、海岛等欠发达地区在产业开发、新农村建设、劳务培训就业、社会事业发展等方面的项目合作,努力推进欠发达地区加快发展和发达地区产业结构优化升级,努力使海洋经济和欠发达地区的发展成为我省经济新的增长点。一些欠发达地区,比如山区、海岛等交通不便的地方,都与发达地区和一些单位结成对子,限期达到奔小康帮扶目标。

随着"山海协作"的探索与实践的推进，浙江省进一步拓宽山海协作内涵、完善山海协作平台、深化山海协作机制，聚力打造山海协作工程升级版，实现更高质量的区域协调发展。2018年5月30日，浙江省山海协作工程推进会在衢州举行。时任浙江省委书记车俊强调："要以创新合作为重点，研究技术、人才、信息等要素向山区转移的好办法，推动协作内容从传统产业梯度转移更多向创新成果转化落地转变。要着力建好协作发展新平台，重点谋划建设'飞地'园区、生态旅游文化产业园、山海协作产业园，实现特色化高质量发展。"①以创新合作为重点推进新时代山海协作，是"山海协作"工程升级版的一个重要特征。根据山区发展条件持续改善的实际，研究技术、人才、信息等要素向山区转移的好办法，是把山海协作平台打造成为项目孵化的摇篮、人才集聚的高地和成果转化的桥梁，推动山海协作内容从传统产业梯度转移更多向创新成果转化落地转变。如今，浙江"山海协作"更加强调紧扣产业创新和产业"造血"，围绕"产业联合、要素联通、山海联动"的三大核心任务，以打通"人才、数字、科创、产业"资源通道为目标，突破常规思路。

山海协作工程突破了长期以来以"输血"帮扶为主的区域联动发展模式。它不仅能解决落后地区可持续发展的问题，也会为相对发达地区未来突破式发展增加更多"筹码"。浙江逐步探索建立了符合市场经济条件下以对口"造血"帮扶为主的新模式，充分利用好当地资源优势，将发达地区的经验、模式以及人才队伍输送到

---

① 王国锋，余勤.车俊：聚力打造山海协作工程升级版实现更高质量的区域协调发展[EB/OL].(2018-05-30)[2022-02-24].https://zjnews.zjol.com.cn/gaoceng_developments/cj/newest/201805/t20180530_7425686.shtml.

欠发达地区,把欠发达地区培育成为新的经济增长点。实践证明,"山海协作"工程是一项民心工程、德政工程、双赢工程。

◈【案例 2-3】

浙江"山海协作"工程

2002 年 4 月,浙江启动"山海协作"工程,以产业梯度转移和要素合理配置为主线,推进发达地区的产业向欠发达地区梯度转移。

衢州,地处浙西,是一座具有 1800 多年历史的江南文化名城,一直是浙、闽、赣、皖四省边际交通枢纽和物资集散地,素有"四省通衢、五路总头"之称。作为浙西的一抹绿色,衢州生态环境无疑是傲人的,然而经济总量较小、产业结构偏重、高端人才匮乏等问题亦不容忽视。为补齐自身短板,谋求跨越式发展,近年来,衢州主动对接、融入长江经济带,拥抱杭州都市圈,通过跨区域创建创新"飞地",打造升级版"山海协作"工程,实现了自身的华丽蜕变。

2016 年 4 月 19 日,投资 3.2 亿元建设的 6.7 万平方米的衢州海创园正式开园。作为浙江第一个跨行政区建设的创新"飞地",衢州下了一盘区位布局的"先手棋":巨大的蓝色落地玻璃外墙把园区衬托得格外显眼,与一街之隔的杭州未来科技城海创园遥相呼应;除此之外,柯城未来村、绿色产业集聚区的 IT 公园科技大楼也在不远处拔地而起。

除了将目光瞄准杭州,衢州还跨区域对接上海张江,打开了接轨世界生物医药领先技术的"钥匙"。上海张江高新技术产业开发区,是国内生物医药专业人才的集聚地。"生物医药产业发展迅猛,已经成为国家重点扶持的战略性新兴产业,发展潜力与空间巨大,衢州区位相对较差、高端人才紧缺、产业基础薄弱,发展生物医药产业先天不足。"基地负责人说,为了不错失生物医药产业发展的战略机遇期,从2013年底开始,衢州绿色产业集聚区另辟蹊径,巧建"飞地",在上海张江建设了"衢州生物医药孵化基地"。

"孵化在杭州,产业在衢州""研发在上海,生产在衢州",一批新兴产业,正在"山"与"海"深度融合中滋生发展。新科技、新产业通过创新"飞地"的孵化,不断跨界融合、裂变出新的产业和方向,这些都为衢州的未来提供了无限可能。

近20年的探索和实践充分证明,"山海协作"是衢州与全省同步实现"两个高水平"的重要平台;打造升级版"山海协作"工程,是衢州实现绿色发展、西部崛起的"关键一程"。

案例来源:奚金燕.浙江衢州筑梦创新"飞地" 谱写山海协作交响曲[EB/OL].(2017-07-24)[2022-02-24].http://news.cbg.cn/hotnews/2017/0724/8581353.shtml.

二、促进相邻区域协同一体化发展

加强高质量发展区域与邻近区域的协同一体化发展,不仅可以有效地实现创新势能的溢出释放,还能够促进创新要素在更大空间范围内的二次分配,整体提高相邻区域的创新能力。例如,2020年,浙江省委十四届七次全体(扩大)会议审议通过的《中共浙江省委关于建设高素质强大人才队伍,打造高水平创新型省份的决定》中提出,"拓展科创大走廊两翼,探索将德清相关区块纳入规划管理建设",这对德清来说是具有里程碑意义的发展机遇,经多次工作对接,德清县委目前正研究制定积极融入大走廊建设的规划;与此同时,2020年10月24日,在首届中国·安吉绿色发展青年博士论坛上,安吉政府签约了杭州人才飞地项目,这是安吉在杭州的首个飞地,能够有效接轨城西科创大走廊,赋能全省数字经济高质量发展。在更大的空间维度上,就是促进相邻城市的一体化发展,涉及基础设施互联互通、产业创新协同发展、人才一体化发展、市场要素自由流动等区域创新体系建设内容。例如 2020 年 8 月,宁波市政府和舟山市政府联合发布了《推进宁波舟山一体化发展 2020 年工作要点》,以宁波舟山港一体化 2.0 建设和浙江自贸试验区高质量发展为抓手,强化协同、重点突破,争取甬舟一体化发展取得新的突破。

当前,全球科技创新正进入空前密集活跃的时期,创新要素的集聚整合能力已成为地区在新一轮科技革命和全球化浪潮中取得先机、占据主动的关键因素。纵观国际创新发展经验,通过一条或多条高速公路作为重要连接轴建设创新廊道,成为集聚创新资源,搭建跨区域创新网络的重要模式。以美国硅谷、波士顿为代表的全球知名科技创新区域,各类创新资源均呈现出"廊带"分布特征。例如,美国硅谷 101 公路、波士顿 128 公路等,以及国内长三角 G60 科创走廊、广深科技创新走廊等。

创新廊道构建了区域之间的创新交流通道,推动创新要素从发达地区向欠发达地区扩散,解决区域不平衡发展问题。从各地打造科创廊道的规划设计和实践来看,其中都蕴含着一个重要的理念:融合,不仅包括要素融合、区域融合、产业融合、城乡融合等传统意义上的物质和地域上的融合,而且还包括创新发展与城市生态、城市精神与现代人文等更高形态的相互叠加。正是基于这种全方位、立体化的融合理念与努力,才能够真正推动形成以交通网络为基础,全面打通打破行政区划、产业边界和城乡边界的区域创新体系;才能够带动包括资本、技术等传统科创要素与文化、符号等现代科创元素的不断汇聚,并以各类要素、元素的自由流动、自由组合，来保证共建共享区域创新体系的高效运转。

浙江科创走廊主要是由政府推动和主导，以科创建设为任务，由中心城市与周边腹地共同构成，以区域协同为目标，有统一规划的空间布局，通过高位推进、大力开展体制机制创新，充分释放协同发展优势。从目前浙江的实践情况来看，伴随交通、信息网络等基础设施的日臻完善，以及地区间开放发展机制条件的日趋成熟，浙江科创廊道区位布局具有明显优势，主要由中心城市或区域性中心城市与周边腹地共同构成，虽发展形态各异，但其共性特征都是科研机构和产业组织在一个地域范围内集聚，并进行高密度创新活动，从而形成科技成果产出的倍增效应，以推进区域产城融合和协同创新，有利于集聚创新要素资源、完善创新链条以及提升创新功能。这些科创廊道已逐步成为浙江区域创新竞跑的新赛道和引领区域高质量发展的新引擎。

◆◆【案例2-4】

高起点建设杭州城西科创大走廊

作为集全省之力打造的、体量更大的产业创新区，城西科创大走廊在建设之初就进行了高起点谋划和定位。2016年8月，由杭州市人民政府、浙江省发展和改革委员会、浙江省科学技术厅联合印发了《杭州城西科创大走廊规划》（以下简称《规划》），《规划》中的城西科创大走廊，东西向长约33千米，南北向宽约7千米，总面积约224平方千米，并按照"尊重自然、点面结合、协同联动、有机生长"的布局原则，聚焦高校、科研院所、特色小镇等创新载体，依托城西优越的生态环境和创新基因发展布局，构建"一带、三城、多镇"的东西向廊空间，呈现明显的带状特征。

　　"一带"是指东西向联结主要科创节点的科技创新带、快速交通带、科创产业带、品质生活带和绿色生态带。"一带"既是空间联结、产业联动、功能贯穿的主要轴线,也是创新节点功能溢出、生活服务共享的主要联系通道。"三城"是指浙大科技城、未来科技城和青山湖科技城,其中浙大科技城是国内顶尖的科研教学平台,是大走廊科技研发的核心功能板块;未来科技城和青山湖科技城是集科技研发、产业孵化、成果转化"三位一体"的主要功能板块。"多镇"是指大走廊沿线星罗棋布的特色小镇和各种创新创业区块,形成不同功能、各具特色的创新平台,包括紫金众创小镇、梦想小镇等 15 个特色小镇,打造成为创新载体互动互联、功能定位合理清晰、组织建设高效持续的现代化科创大走廊。

　　案例来源:李飞,张福军,杨掌法.融合与智治:产业创新空间建设与运营的浙江经验[M].杭州:浙江大学出版社,2021:189-191.

第三节　高质量融入全球创新网络

　　"科技引领发展,创新改变世界。当今世界,新一轮科技革命和产业变革正在孕育兴起,科学技术越来越成为推动经济社会发展的主要力量。中国正在实施创新驱动发展战略,推进以科技创新为核心的全面创新。我们将全方位加强国际科技创新合作,积极参与全球创新网络,同世界各国人民携手应对人类面临的共同挑战,实现各国共同发展。"[①]习近平总书记高度重视科技创新国际合作,积极推动更大范围的区域创新体系建设,链接全球创新网络。习近平同志在浙江工作期间,也曾多次强调要遵循以上海

---

　　①　习近平和普京为 2014 浦江创新论坛致贺信[N].人民日报,2014-10-26(1).

为跳板,跳出浙江、发展浙江的发展路线。浙江在融入长三角一体化发展中不断与国际接轨,实现更高水平、更高质量的开放型创新发展。

一、主动接轨上海

我国在实行改革开放基本国策之后,全国各省(区、市)开始迎来经济社会发展的蓬勃期。21世纪初,广东、江苏等几个沿海省份经济增长速度非常快,然而浙江的增长速度并不理想。时任浙江省委书记习近平提出,要进一步发挥浙江的区位优势,主动接轨上海、积极参与长江三角洲地区合作与交流,不断提高对内对外开放水平。习近平同志曾说:"接轨上海就是接轨发展,就是接轨国际化和现代化。我们要乘上海之船发展,然后跳出浙江、发展浙江。"[①]主动接轨上海,体现了建设高水平对外开放的区域创新体系的重要思想,实现本地区与发展领先地区在资源要素、空间环境、体制机制上的主动融合,构筑更高效能的区域经济发展联合体。

上海作为当时发展迅速的国际大都市,在区域创新体系建设过程中有着较多的成功经验。上海在发展高新技术产业方面坚持解放思想和开拓创新,采取各种有效措施为高新技术产业的发展营造了良好的环境,吸纳大量高素质人才,催生大批高科技企业。这既有利于转变经济发展方式,又增强了城市的竞争力。浙江主动加强与上海接轨,既能借鉴上海在区域高质量发展上的成功经验,又能与上海之间开展密切创新合作,实现协同高质量发展。浙江作出"与上海接轨"的正确发展思路,在更大范围内实现资源要素整合,拓展了浙江的发展空间,无疑为浙江建设创新型省份奠定

---

① 邱然,黄珊,陈思."习近平同志提出的'八八战略'非常具有前瞻性":习近平在浙江(一)[N].学习时报,2021-03-01(3).

了坚实的基础。

浙江省以杭州市为代表的多个地市均发布了"接轨上海"的工作重点与计划,致力于加强浙沪之间创新经济发展的联系。总体要求是:利用上海国际大都市平台,以园区建设为重点,以经贸活动为载体,推动招商引资工作再上新台阶。加强与上海各类高校、科研院所合作,着力引进和培育区域创新载体、企业研发机构和科技型企业。以四路(公路、铁路、水运、空运)畅通对接上海为目标,加快交通建设;以与上海"互联互通、资源共享"为目标,加快信息网络建设等,以实现与上海之间的全方位深度创新协作。

当前,浙江省政府正在多个科技创新领域与上海开展深度合作,包括与上海之间的创新平台共建、创新技术互通、创新资源共享。上海在加速建设具有全球影响力科创中心的同时,浙江也正在打造世界级的科创高地:杭州在 2017 年提出"城西科创大走廊"建设,包括浙大科技城、未来科技城、青山湖科技城三大城在内,号称杭州"硅谷";嘉兴拥有嘉兴科技城、张江长三角科技城、乌镇互联网经济创新发展综合试验区、清华长三角研究院和中科院应用技术研究院等产业科研资源,与沪杭的跨区域园区合作亮点频频出现。2018 年,上海·嘉兴周系列活动之一,沪嘉科技人才交流暨人才工作全面接轨上海"十个一批"行动推动活动在上海浦东举办,此次活动旨在加快全面接轨上海示范区建设,推进 G60 科创走廊全域协同发展,通过推进人才工作全面接轨上海"十个一批"行动,推介嘉兴创新创业发展环境,促进上海高校、科研院所的前沿技术成果与嘉兴市的产业需求有效对接,吸引全球创新成果和高端人才、团队来嘉兴创新创业,为嘉兴市八大千亿产业发展提供技术和人才支撑,全面提升区域自主创新能力。浙江正着眼于全面创新,紧紧抓住科技创新这个"牛鼻子",把产业创新作为主战场,谋划实施一批最具比较优势、最能带动全局的重大创新举措,使创新真正成为浙江发展最鲜明的时代特征。

◆◆【案例 2-5】

浙江嘉兴:以三个"聚焦"全面接轨上海

2003 年,浙江省委、省政府把"主动接轨上海"写入引领浙江发展的"八八战略",要求嘉兴作为浙江全面接轨上海的"桥头堡",推进接轨上海进程。2017 年 3 月 29 日,浙江省政府同意嘉兴设立"浙江省全面接轨上海示范区"。

目前,嘉兴已聚集 360 多个创新载体,各类创新要素在这里迸发出澎湃动力。浙江中科应用技术研究院已成为中国科学院系统规模最大、发展最好的院地合作成果转化平台之一;与中国电子科技集团有限公司联手打造中国电科长三角创新中心,首批 38 个项目已正式签约。嘉兴正聚焦于接轨科技创新、接轨国际化、接轨现代化治理,加快推进浙江全面接轨上海示范区建设,融入长三角一体化发展。下一步,嘉兴将在深化落实"三个聚焦"的基础上,加快推动形成规划一张"图"、交通一张"网"、市场一盘"棋"、民生一张"卡"、环保一条"线"的全域一体化发展格局,打造长三角一体化体制机制集成创新策源地。

嘉兴作为浙江全面接轨上海的"桥头堡",始终坚持"接轨上海就是接轨机遇、接轨发展、接轨国际化和现代化,就是落实国家战略"的理念。嘉兴正加快建设全面接轨上海的"桥头堡",奋力争当一体化发展先锋,努力打造高质量发展典范。

资料来源:顾阳,黄平.以三个"聚焦"全面接轨上海[N].经济日报,2019-12-19(3).

二、推进长三角一体化发展

浙江地处长三角南翼,主动接轨上海、积极参与长三角合作交流,是习近平同志在浙江工作时亲自部署和推进的一项重大战略举措。当时,正是在习近平同志的提议下,长三角地区党政主要领导就建立定期会晤机制达成共识。2005 年 12 月 25 日,首次长三角两省一市主要领导座谈会在杭州召开,在一体化发展的重点方面作出具体设想,例如,交通基础设施联网、环境共治、金融一体化、公共服务一体化等,此外还重点提出长三角各地区之间推动产业互补的问题[①]。2008 年,这一会议首次邀请安徽省参加。此后,三省一市轮流举办这一高级别会议形成机制。

2018 年 11 月,长江三角洲区域一体化发展上升为国家战略。2019 年 5 月 13 日,习近平总书记在中共中央政治局会议中指出,长三角一体化发展要紧扣"一体化"和"高质量"两个关键,带动整个长江经济带和华东地区发展,形成高质量发展的区域集群。其中,"一体化"是区域协调发展的最高形态,"高质量"则是落实新发展理念的内在要求。2019 年 12 月,中共中央、国务院印发了《长三角区域一体化发展规划纲要》,体现了党中央对长三角地区在新时代实现更高质量一体化发展的要求与期望,是党中央在国家现代化建设大局和全方位开放格局中赋予长三角地区的新的战略定位。

长三角地区的融合发展在习近平同志关于长三角一体化发展的理念指导下正不断深入。在中国高铁版图上,长三角运营里程最长、线路最密集,轨道交通也实现跨省连接,同城化效应日趋明显。2003 年 6 月奠基、2008 年 5 月正式通车的杭州湾跨海大桥在

---

① 邱然,黄珊,陈思."习近平同志提出的'八八战略'非常具有前瞻性":习近平在浙江(一)[N].学习时报,2021-03-01(3).

繁忙季节每天通车 3 万多辆,浙江宁波与上海的车程因为这座桥而缩短一半多。浙江省在融入长三角一体化发展中作出了诸多实践,既推动了浙江的区域协调高质量发展,同时也实现了自身科技创新实力的提升。在科技创新协同发展方面,浙江省深入实施创新驱动发展战略,走"科创十产业"道路,促进创新链与产业链深度融合,以科创中心建设为引领,打造产业升级版和实体经济发展高地,不断提升在全球价值链中的位势,为高质量一体化发展注入强劲动力。一方面,浙江通过与江、沪、皖科技主管部门共同建设长三角科技资源共享服务平台等途径,实现长三角地区大科学装置、仪器设备、国家级实验室、工程中心、高新园区、服务机构、科研人才、科技政策等科技创新资源数据层面的打通,为建立长三角科技资源共享数据池和推动长三角科技资源共享服务奠定了基础。另一方面,浙江省通过政府管理与市场运营的双轮驱动模式建立科技资源服务运营体系,打破长三角各省市的区域界限,集聚长三角地区各类优质科技创新资源,促进跨区域科技资源的共享共用。通过推进科技资源跨区域共享,有利于加速科技资源在长三角区域内流动,降低长三角区域的整体创新成本,同时也能激发企业的创新活力。

　　浙江正充分发挥数字经济、绿色发展、民营经济等特色优势,以"大湾区、大花园、大通道、大都市区"等四大建设为载体,坚持全省域、全方位推进长三角一体化高质量发展。以大湾区建设为例,2018 年,浙江省出台《浙江省大湾区建设行动计划》,致力于高质量推动浙江大湾区建设。浙江大湾区建设通过实现区域一体化进一步推动全局一体化,是推动长三角更高质量一体化发展的新思路和具体路径。科技创新是长三角一体化国家战略的重点,同时也是浙江省大湾区建设的着力点。在长三角一体化发展战略背景下，浙江大湾区的科技创新体系建设正着力打造重大创新平台，以环杭州湾经济区为建设核心，联动宁波甬江科创大走廊、温州环大罗山科创走廊、嘉兴 G60 科创大走廊、金义科创廊道等科技创新发展带，聚力推动科技城高质量发展，积极创建一批国家级实验室、国家技术创新中心、制造业创新中心、各类创新创业基地，大力培育一批高水平研究机构和创新载体，支持创建综合性国家产业创新中心。

长三角高质量一体化必然是以创新驱动为主引擎的一体化。浙江将积极布局一批高能级产业平台，把杭州钱塘新区、宁波前湾新区、绍兴滨海新区、湖州南太湖新区打造成长三角产业创新集聚的主平台，推进中新嘉善现代产业园等跨省产业合作园区建设①。在长三角一体化发展战略背景下，浙江正紧扣"一体化"和"高质量"两个关键，紧紧抓住这一重大战略机遇，主动服务国家大局，积极担当作为，在推动长三角一体化发展中贡献更多的浙江力量。

◆【案例 2-6】

G60 科创走廊——浙江下好推动长三角一体化先手棋

2019 年 12 月 1 日，中共中央、国务院正式印发《长江三角洲区域一体化发展规划纲要》，标志着 G60 科创走廊上升为长三角一体化发展国家战略的重要战略平台。长三角 G60 科创走廊正逐步成为推动长三角区域一体化发展的重要引擎。浙江省紧抓长三角一体化发展的历史机遇，高水平谋篇布局 G60 科创走廊，积极参与 G60 科创走廊重大事宜谋划与制度创新，加强与 G60 科创走廊沿

---

① 李中文，江南.推进长三角高质量一体化发展［N］.人民日报，2020-04-29(13).

线城市的政策衔接、资源共享和平台共建。

具体体现在以下两个方面:首先,努力打破 G60 科创走廊要素流通壁垒,让科创要素自由流动、高效配置,以产业链的一体化推动城市和区域的一体化。推进长三角政务服务一体化先行先试,建设"一网通办"2.0 版,加速推进"最多跑一次"改革,最大程度降低制度性交易成本,打造具有国际竞争力的一流营商环境。其次,推动科创与产业相融合。长三角 G60 科创走廊是一条科创与产业的走廊,区域内 9 座城市的产业具有很大的互补性,产业协同共进是 G60 科创走廊的一大亮点,也是一大特色,让科创要素充分涌流,打造一流产业。

案例来源:袁华明.G60 科创走廊浙江下好推动长三角一体化先手棋[N].浙江日报,2021-03-22(5).

三、建设全球创新网络

进入 21 世纪以来,新一轮科技革命和产业变革正在重构全球创新版图。就国家而言,必须大力发展科学技术,努力打造成为世界主要科学中心和创新高地。对于区域创新发展而言,更加需要具有全球视野,广泛搭建国际协同创新平台,深度链接全球创新生态,实现更大范围的创新资源要素集聚,服务区域产业科技创新发展。创新要素在各国之间开放、持续、高效流动,成为推动技术进步和经济发展的重要动力。

对于浙江省而言,不管是从促进浙江经济的进一步发展,还是从加速经济体制改革,实现制度创新的目标出发,都要求抓住机遇将浙江经济融入国际化发展的轨道中去[①]。基于此,就需要充分利

---

① 陈建军.浙江经济:经济全球化进程中的机遇和定位[J].浙江社会科学,2003(1):45.

用浙江邻接上海的区位优势,将浙江经济发展融入建设长江三角洲都市圈国际经济中心的轨道,进而使浙江成为吸引国际创新资源的"热点"地区。为了促进浙江省区域创新的全球化发展,习近平同志提出了一系列重要指导思想。2004年3月,习近平同志在全省对外开放工作会议上指出,要积极实施"走出去"战略,进一步加强国际经济技术合作。2006年3月8日,习近平同志在中国人民大学的演讲中提出:"引进外资绝不仅仅是资金问题,引进来的是先进技术、先进管理经验和广阔的国际市场。"2006年12月,他在全省经济工作会议上指出,要跳出浙江发展浙江,努力推进对外开放从以"引进来"为主向"走出去、引进来"并举转变。①"跳出浙江发展浙江"的理念,使浙江得以从更大的空间中整合资源,加强国内区域间产业调整与国际产业转移互动,推进区域创新协调发展,为浙江发展打开了一个新空间,培育了浙江参与国际竞争与合作的新优势。

在链接全球的创新平台搭建方面,为更加充分利用全球创新资源,进一步提升浙江国际科技合作水平,加大浙江国际科技合作基地培育和创建力度,培养和发展一批在全省具有示范带动和引导辐射作用的国际科技合作创新载体,浙江科学技术厅于2012年制定了《浙江省国际科技合作基地管理办法(试行)》,启动浙江国际科技合作基地认定和绩效评价工作。此外,浙江还开展了一系列国际交流合作会议,为全球产业创新发展提供良好的交流互通媒介。例如,2013年10月,浙江省科技厅与世界工业技术研究院协会等单位共同举办了世界工业技术研究院协会暨国际创新成果

---

① 邱然,黄珊,陈思."习书记在浙江大力度推进科技强省建设":习近平在浙江(十七)[N].学习时报,2021-03-22(5).

浙江推介会,本次推介会共吸引了来自 14 个国家和地区、38 家国(境)外机构的国际科研组织、研发机构代表参会。① 浙江通过本次推介会建立了一批国际科技合作创新载体。例如,芬兰 CLEEN公司、丹麦工业技术研究院和舟山市政府、浙大网新共建浙江国际创新研究院,推进在海洋电子信息、节能环保、绿色建筑等领域的技术创新与成果转化;温州服装发展有限公司和意大利高等培训及研发中心等单位确定在浙江设立中意纺织及新材料研发中心。这次国际交流很好地体现出浙江省加强与世界工业技术研究院协会等国际科研组织的互动与合作,从而进一步加快全省科技发展和转型升级的步伐。

从当时来看,浙江所承担的国家国际科技合作项目、拥有的国家级国际科技合作基地、企业走出去设立海外研发机构的数量都领先全国。可以看出,更多的浙江企业已把眼光放到全球高度,寻找最高端的技术,为自身的转型升级或跨越式发展寻找新的驱动力。此外,浙江还将继续积极打造一批高水平开放平台,加快推进中印尼区域综合经济走廊产业园区等境外经贸合作区以及中意宁波生态园等省内国际产业合作园建设,打造长三角国际产业合作的重要平台。

总之,浙江在深度参与全球协同发展,融入全球创新生态中做出了诸多成功实践,主要在于优化全球创新资源配置,打造高质量外资集聚地和高层次对外投资策源地,构建高新技术产业创新全球生态圈。在未来,浙江应充分发挥独特的区位优势和特色,坚持"引进来"与"走出去"相结合,坚持创新驱动和市场驱动相结合,不断推进国际科技合作向更大范围、更宽领域、更高层次发展。

---

① 祝晓艳.国际创新成果"汇聚"浙江[EB/OL].(2013-10-21)[2022-02-24].https://www.chinanews.com.cn/df/2013/10-21/5406320.shtml.

【案例 2-7】

浙江大学国际创新研究院

浙江大学国际创新研究院由浙江大学校董、浙江大学管理学院 1982 级管理工程硕士校友、赛伯乐集团董事长朱敏先生设立，是国际性创新创业平台。研究院作为浙江大学对外交流的国际化窗口，以"锻造国际产学研合作创新链、助推创新生态营造与区域经济发展"为宗旨，以服务三浙、推动三化为使命，依托浙江大学学科、人才优势及赛伯乐集团国际化产业资源优势，部署海外创新中心，构架国际化产学研生态系统，形成项目、科技、资本、产业全球化的网络布局，支撑引领具有世界竞争力的创新产业发展，为中国创新创业嫁接无限优质资源。

"创新为魂，创业为基。"浙江大学国际创新研究院立足于国际创新资源的汇聚交融优势，致力于打造国际一流的产学研基地，一个集国际产学研项目合作及产业化、国际化创新型人才交流与培育及浙商企业创新创业支撑与服务三个功能为一体的国际性创新创业平台。

资料来源：根据公开资料改编。

思考题

1. 区域创新体系的结构要素是什么？打造更优质的区域创新生态环境，有哪些思路和举措？

2. 一个地区要想实现更高水平的对内对外开放，主要的实现路径有哪些？对内对外开放建立区域发展联合体，需要注重哪些方面的关系？

3. 实现区域间协调发展、均衡发展为什么这么重要？结合社会主义共同富裕思想及国家创新体系理论,进一步理解区域协调发展的思想内涵、理论逻辑。

◆◆◆ **拓展阅读**

1.习近平.干在实处 走在前列:推进浙江新发展的思考与实践[M].北京:中共中央党校出版社,2006.

2.陆立军,朱海就,陈愉瑜.区域创新:基于浙江的研究报告[M].北京:中国经济出版社,2004.

3.中共中央文献研究室.习近平关于科技创新论述摘编[M].北京:中央文献出版社,2016.

4.李飞,张福军,杨掌法.融合与智治:产业创新空间建设运营的浙江经验[M].杭州:浙江大学出版社,2021.

中国必须搞实体经济，制造业是实体经济的重要基础，自力更生是我们奋斗的基点。我们现在制造业规模是世界上最大的，但要继续攀登，靠创新驱动来实现转型升级，通过技术创新、产业创新，在产业链上不断由中低端迈向中高端。一定要把我国制造业搞上去，把实体经济搞上去，扎扎实实实现"两个一百年"奋斗目标。

——摘自习近平总书记 2019 年 9 月 17 日在河南郑州考察调研时的讲话①

第三章　创新驱动先进制造业发展

◆◆ 本章要点

1."发挥块状特色产业优势"和"建设先进制造业基地"是引领浙江制造业发展的基本思路。块状特色产业有产业组织效率高、富民效应强等优势，加快建设先进制造业基地是浙江发挥块状特色产业优势、探索具有浙江特色的新型工业化道路的重大举措。

2.浙江制造业走出了一条从"浙江制造""浙江创造"到"浙江智造"的创新路径："坚持腾笼换鸟，实现凤凰涅槃"是调整优化产业结构、转变经济增长方式；而后浙江充分利用国际国内两个市场，在竞争中打响"中国浙江"品牌；最后通过建设"互联网+"全球科创高地，赋能浙江智能制造，打造全球先进制造基地。

---

① 张晓松,朱基钗.习近平：一定要把我国制造业搞上去[EB/OL].(2019-09-18)[2022-02-24].http://www.xinhuanet.com/politics/leaders/2019-09/18/c_1125007778.htm.

3. 浙江通过推动先进制造业和现代服务业深度融合，促进研发、咨询、金融服务、物流等现代服务业繁荣发展，构建产业创新生态。

2003 年 6 月 24 日，浙江召开了改革开放以来的首次全省工业大会，习近平同志明确提出了"建设先进制造业基地"，并强调"我们必须充分认识建设先进制造业基地和走新型工业化道路本质上的一致性，按照新型工业化的要求，切实抓好先进制造业基地建设"①，开启了浙江创新驱动先进制造业发展的新征程。2003 年 7 月，在浙江省委十一届四次全体（扩大）会议上提出的"八八战略"中明确指出"进一步发挥浙江的块状特色产业优势，加快先进制造业基地建设，走新型工业化道路"②成为引领浙江制造业发展的总纲领。以"集聚发展"为思路，浙江制造业走出了一条从"浙江制造""浙江创造"到"浙江智造"的创新路径。在这一过程中，浙江制造业坚持与现代服务业的深度融合，逐步成为国内领先、具有国际影响力的制造强省。

第一节　集聚发展：从"块状经济"到"先进制造基地"

制造业历来是浙江的立省之本、强省之基，也是世界经济竞争的主要舞台。在浙江工作时期，习近平同志基于对浙江工业发展

---

① 习近平.干在实处　走在前列：推进浙江新发展的思考与实践[M].北京：中共中央党校出版社,2006:118.

② 习近平.干在实处　走在前列：推进浙江新发展的思考与实践[M].北京：中共中央党校出版社,2006:71-72.

特点和优势的广泛和深入调研,创造性地提出"发挥块状特色产业优势"和"建设先进制造业基地"两大基本论断,成为引领浙江制造业发展的基本思路。块状特色产业有组织效率高、富民效应强等优势,加快建设先进制造业基地是浙江发挥块状特色产业优势、探索具有浙江特色的新型工业化道路的重大举措。

一、发挥块状特色产业优势

改革开放以来,以家庭作坊为代表的个体商户等经济体大量涌现,这些依靠民间力量自发形成的地方产业集群是我国经济快速发展的重要力量。浙江是我国县域经济最发达的省份之一,工业大县的微观基础是块状经济。到 2003 年,全省产值超亿元的各类特色产业集群超过 500 个,如乐清低压电气、诸暨袜子、海宁皮革、台州汽摩配、绍兴化纤、永康五金等在当时已经成为全国乃至全球的重要加工制造业。

2003 年,习近平同志在总结浙江经济多年来的发展经验与存在问题的基础上,多次在会议上强调,"以中小企业为主体的块状特色产业是我省工业发展的特点和优势,在全省经济发展中占有举足轻重的地位,呈现出小商品、大市场的产业格局,低成本、高效益的比较优势,小企业、大协作的集群效应和小资本、大集聚的群体规模""建设先进制造业基地,必须充分发挥和不断增强这一优势,但决不能满足于这一优势,停留于这一优势"。① 根据这一思想,自 2003 年起,浙江主动寻求经济增长方式由"高消耗、高污染、低效益"向"低消耗、低污染、高效益"转变,走出了一条特色的由块

---

① 习近平.干在实处 走在前列:推进浙江新发展的思考与实践[M].北京:中共中央党校出版社,2006:116-117.

状经济向现代产业集群跃升的浙江路径[①]。

一是以"民营企业＋集群"的方式打造块状经济核心载体。浙江经济以民营企业为主体,从家庭工业和小商贩起步,形成"一村一品、一地一业"的传统特色产业集群。浙江坚持体制机制创新,不断解放和发展生产力,解决民营企业资源配置的问题,大力培育和发展块状经济,不断形成了浙江民营经济、专业市场和区域块状经济三位一体的鲜明特色和明显优势。在"八八战略"的指引下,浙江不断推出支持民营企业集聚发展的政策,推动民营企业全面进入高技术附加值先进制造业、基础产业,引导民营企业共建技术中心、联合技术攻关,鼓励民营企业加大科技投入,推动民营企业进一步集聚发展,建立以龙头企业为核心、中小企业为主体的链式分工协作创新网络体系,培育出一批产业集聚规模大、专业化协作水平高、功能配套完善的核心区块,不断发挥和构筑块状经济的新优势。

二是以"开放集成＋创新"的方式提升产业集群技术优势。创新是构筑浙江块状特色产业新优势的中心环节。[②] 不断提升产业技术水平和产品生产能力促进了浙江特色优势产业和块状经济的快速发展。在"八八战略"的指引下,浙江坚持以市场为导向,突出企业创新主体地位,坚持"引进来""走出去"相结合的开放集成道路,立足产业基础,发挥特色优势,突出攻关重点,加强集聚和配置国内外科技资源,打造开放性的区域创新体系(见图3-1)。2008年,浙江省出台《关于加快工业转型升级的实施意见》,着力推进浙江省块状经济向现代产业集群转型升级,增强工业综合实力和国

---

① 陈建军,杨飞.产业集群价值链升级与县域经济转型升级:以浙江省块状经济与工业大县为例[J].产业经济评论,2014(5):93.

② 魏江,叶波.企业集群的创新集成:集群学习与挤压效应[J].中国软科学,2002(12):40.

际竞争力;2013 年,浙江省委又作出了加快建设创新型省份的战略决策,转换浙江块状经济发展动力机制,从要素驱动、投资驱动转向创新驱动、效率驱动。到 2017 年,浙江研发经费支出高达 1260 亿元,新增发明专利授权量 28742 件,新增高新技术企业 2010 家、科技型中小微企业高达 8856 家①,较改革开放初期各项技术指标呈现几何式增长。以此为支撑,"浙江制造"不断向"浙江创造"转型,新产业、新业态、新模式蓬勃发展。

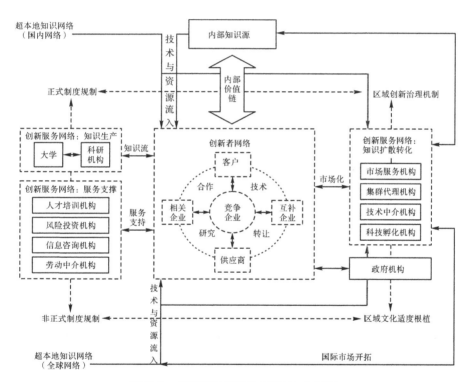

图 3-1　浙江区域开放创新生态系统

来源:魏江.多层次开放式区域创新体系建构研究[J].管理工程学报,2010,24(S1):35.

---

① 浙江省政府办公厅.2018 年政府工作报告[R/OL].(2019-08-19)[2022-02-24].http://www.zj.gov.cn/art/2019/8/19/art_167845337135585.html.

　　三是通过"智能制造＋工业"优化块状经济产业结构。浙江特色块状经济发展亦存在结构层次比较低、技术水平比较弱等先天不足。在"八八战略"的指引下,浙江不断推出政策以推进经济结构的战略性调整和增长方式的根本性转变。2006 年,习近平同志在全省自主创新大会上强调:"深入分析我省科技进步与自主创新的特色和优势,突出抓好具有基础优势、代表发展方向、有重大带动作用的产业和技术领域,传统优势产业的一些关键与核心技术要取得突破,有苗头的新兴产业要因势利导、形成优势,代表未来发展趋势的产业要超前谋划、准确把握。"①在这一思想指引下,2013 年,浙江打出转型升级组合拳,其中"四换三名"(腾笼换鸟、机器换人、空间换地、电商换市;大力培育名企、名品、名家)为浙江创新发展提供了路径选择,高度契合浙江培育现代产业集群的目标与任务。到 2020 年,浙江在役工业机器人总量达到 11.1 万台,人工智能产业增加值占规模以上工业的 3.9％。②机器人的广泛应用催生了"机器人＋"的新模式、新业态。传统企业借助"机器换人"实现自动化、智能化生产,为企业带来了实实在在的收益,也为块状经济向现代产业集群转型提供了路径。

　　总之,生产专业化的中小企业、开放集成的创新体系、功能完善的产业结构"发挥块状经济优势"的核心要素。党的十八大以来,浙江坚持深入贯彻习近平新时代中国特色社会主义思想,坚持"八八战略"再深化、改革开放再出发,以推进供给侧结构性改革为主线,以迈向全球产业链、价值链中高端为目标,以优化产业生态

---

①　习近平.干在实处　走在前列:推进浙江新发展的思考与实践[M].北京:中共中央党校出版社,2006:134.
②　浙江省统计局."十三五"时期浙江经济社会发展报告[R/OL].(2021-02-05)[2022-02-24].http://www.zj.gov.cn/art/2021/2/5/art_1229463132_59083148.html.

为重点,加快实施"四化一补两提升"行动,即推动块状特色经济集聚化、数字化、服务化、绿色化转型,强化关键领域补短板,提升企业核心竞争力和品牌影响力,将块状特色经济培育成为浙江经济发展新动能、高质量发展新引擎。①

◆◆◆【案例 3-1】

"大而强"的汽车产业集群与"小而特"的低压电气块状集群

浙江省汽车产业集群因"大而强"而闻名。2019 年,浙江省政府办公厅印发《浙江省汽车产业高质量发展行动计划(2019—2022 年)》(以下简称《计划》)。根据《计划》,到 2022 年,浙江省汽车产量超过 350 万辆,其中新能源汽车产量超过 80 万辆;规模以上工业总产值超 10000 亿元,其中汽车整车工业产值超 4000 亿元、汽车零部件工业产值超 6000 亿元,总规模超万亿。② 那么,浙江"大而强"的汽车产业集群是以什么思路形成的呢?

第一个思路是持续优化产业布局,实现跨块状经济之间的联动。浙江省重点建设杭州江东新区、宁波前湾新区、宁波梅山集聚区、台州湾集聚区等四大千亿级汽车产业平台,依托具备汽车产业发展基础的开发区(园区)、高新园区、特色小镇,推进温州、湖州、嘉兴、金华等地燃油汽车及关键零部件向智能汽车和新能源汽车转型升级。

---

① 浙江省发展与改革委员会.省发展改革委关于印发浙江省块状特色经济质量提升三年行动计划的通知[EB/OL].(2020-01-06)[2022-02-24].http://fzggw.zj.gov.cn/art/2020/1/6/art_1599544_41456231.html.

② 浙江省政府办公厅.浙江省人民政府办公厅关于印发浙江省汽车产业高质量发展行动计划(2019—2022 年)的通知[EB/OL].(2020-01-11)[2022-02-24].https://www.zj.gov.cn/art/2019/1/11/art_1229019365_61751.html.

第二个思路是打造全国产业创新高地，以创新驱动产业发展。浙江省汽车产业集群持续重视关键核心技术突破，通过国家地方联合工程中心、技术中心、实验室、产业创新服务综合体等相关研发平台的倾力打造，重点打造整车平台开发、高比能长寿电池系统、燃料电池动力系统平台等核心技术和产业创新体。同时加强专业服务机构（如标准服务机构、基础数据库、人才孵化等）支撑全国汽车产业创新高地建设。

第三个思路是打通产业、创新链条，形成自主可控的汽车产业体系。浙江省大力鼓励自有品牌领军企业扶持和建立自主可控的产业链条，鼓励专用车向"专精特"方向发展，建立政产学研协同创新体系，提升核心零部件的协同配套能力。进一步，浙江通过支持领军企业面向全球市场开展跨国并购和战略合作，鼓励"高精尖"龙头企业做强优势，搭建国际合作平台，引导汽车企业创新出行和服务模式，大力支持汽车基础设施建设等。

通过发挥块状经济优势，采取优化产业布局、打造全国汽车产业创新高地、构筑节能燃油汽车与新能源汽车高端产业链、培育完善的产业集群以及建立完善的汽车服务体系等措施，浙江培育出了"大而强"的汽车产业集群。未来浙江的汽车产业将顺应全球汽车产业电动化、智能化、网联化、共享化的发展趋势，加快汽车产业战略转型，实现高质量发展。

而浙江乐清低压电器产业发展又是另外一个故事。乐清的低压电气产业从"零"起步，到如今对乐清GDP的贡献率达32.7%[①]，使得乐清成为"发挥块状经济优势"在浙江的又一优秀实践样本。

---

① 南智慧.集群式产业链变迁的特征、机制与升级路径研究：以浙江乐清电气产业40年发展为样本[J].浙江工贸职业技术学院学报，2018，18(4):62.

在产业集群发展的过程中,乐清的低压电气集群形成了完善的产业链:以正泰、德力西、天正为代表的集团公司不断累积技术诀窍、经验知识,主攻核心零部件研发、制造和成品组装,大型企业集团与中小配件生产企业之间相互为双方提供客户资源、共设销售机构、建立研发合作,形成了结构完善的创新体系。[①]

进一步,乐清低压电气产业体系正在由改革开放以来的"三低"的传统产业体系向"三高"的现代产业体系演进,企业间的竞争也从依赖数量转变为依赖创新。目前,乐清市政府重点发展具有高附加值的智能电气和绿色电气两条产业链。从创新方式来看,乐清走的是以引进、消化吸收与再创新为主的创新组合道路,这条道路将带领低压电气产业走向更长远的未来。

与"大而强"的汽车产业集群不同,乐清低压电气产业集群的特点是"多、小、低、散",乐清通过转变产业形态、改变控件布局、完善产业体系和分工体系这样的"做专、做精"方式在做强。乐清经过多年发展,从一个"小而乱"的行业集群发展成一个"小而精"的电气重要基地,拿下了"中国电器之都""国家新型工业化示范基地·装备制造(电工电气)"等多张国字号金名片,形成了正泰、德力西等一批知名企业集团,产品门类覆盖输电变配电等 200 多个系列、6000 多个种类、25000 多种型号,占全国市场份额的 65% 以上。2019 年,温州市出台《传统制造业重塑计划》,将聚焦主业,聚力创新,聚合人才,深入推进电气产业转型升级。

案例来源:根据公开资料改编。

---

① 魏江,申军.传统产业集群创新系统的结构和运行模式:以温州低压电器业集群为例[J].科学学与科学技术管理,2003(1):16.

二、建设先进制造业基地

2003年,在深入调研的基础上,习近平同志在看到成绩的同时也清醒地认识到浙江块状特色产业的劣势:"我省企业技术创新能力较弱、总体规模偏小,特别是在重化工业、装备制造业、高新技术产业等资本及技术密集型产业方面相对薄弱。"①基于增强和发挥集聚优势,弥补短板的逻辑,习近平同志明确提出"加快建设先进制造业基地"的总体思路,并强调:"这是我省紧紧抓住国际产业分工格局变化带来的战略机遇,加快提升和发展我省制造业的客观要求,也是充分发挥我省产业优势、针对某些产业弱势、着眼于走出一条具有浙江特色的新型工业化道路而提出的一项重大举措。"②党的十九大以来,浙江更是把培育先进制造业集群作为推动产业转型升级、巩固发展浙江制造新优势的总抓手,常抓不懈。如今,浙江已经形成了一批具有竞争力代表性的先进制造业集群。如杭州数字安防产业集群占全国安防产业总值的55.5%,核心领域视频监控产品在全球市场占有率近50%;温州乐清电气产业集群则占据全国市场份额的65%以上,产品门类覆盖输电变配电等200多个系列、6000多个种类、25000多种型号,成为名副其实的"中国电器之都"。浙江在高质量发展新要求下,对"八八战略"中"加快先进制造业基地建设"不断深入贯彻,并探索出了一条"发挥优势、接轨国际、创新支撑、重点突破、可持续发展"的特色路径。

一是发挥优势:充分保持特色,发挥产业集聚所产生的竞争优势。紧紧发挥块状特色产业的优势,浙江不断健全体制机制,增强制造业创新策源能力,提升制造业国际竞争力,提高制造业在全球

①② 习近平.干在实处 走在前列:推进浙江新发展的思考与实践[M].北京:中共中央党校出版社,2006:117.

价值链中的地位,逐步形成了杭州数字安防产业集群、宁波新材料产业集群、温州乐清电气产业集群、绍兴现代纺织产业集群和金华现代五金产业集群等极具特色和竞争优势的先进制造基地。2020年,浙江发布《浙江省培育先进制造业集群行动计划》,着力依托现有块状特色产业,提出构建"415"先进制造业集群建设体系,着力形成绿色石化、数字安防、汽车和现代纺织等四个世界级先进制造业集群,并培育15个优势制造业集群。

二是接轨国际:充分利用国际国内两种资源、两个市场。习近平同志持续关注接轨国际的重要性,他在2003年全省工业大会上强调:"加快建设先进制造业基地,必须走内外并举的道路,在充分发挥个私经济优势的同时,加大引进外资力度,推动本土经济和外资经济互促共进……积极构筑对外开放大平台,大规模承接国际制造业转移,重点引进一批跨国公司、研发机构,在内外资企业的融合互动和共同发展中,做大做强一批技术装备先进、研究开发能力强、附加值高、在国际上有影响的产业群。"①

三是创新支撑:突出技术创新,充分体现先进性特征。浙江按照"八八战略"总纲,在加快建设先进制造基地的过程中,将制度创新和技术创新作为推动发展的两大根本动力。通过制度创新不断加快建设区域科技创新体系,深化国有企业改革。大力支持科技创新,努力提升制造基地的"先进程度",不断将高科技应用于传统产业的改造提升,不断明确高新技术产业的主攻方向,重视将信息化和工业化结合,充分发挥信息化的倍增作用和催化作用,持续培育一大批具有重大作用的先导性、战略性产业,支撑先进制造基地

---

① 习近平.干在实处　走在前列:推进浙江新发展的思考与实践[M].北京:中共中央党校出版社,2006:122.

的持续竞争优势。

四是重点突破:切实防止低水平重复建设,防止产业同构化。习近平同志在 2003 年就指出浙江各地经济基础、发展水平不一,必须率先在若干发展基础厚实、区位条件优越的区域获得突破,并带动欠发达地区发展。环杭州湾产业带、温台沿海产业带、金衢丽沿高速公路产业带等三大产业带一直是浙江优势产业集聚区,浙江不断加强对其的引领和支持。同时浙江一直十分重视欠发达地区的制造业发展,积极推进工业化进程,实现跨越式发展。在整个发展过程中,浙江一直重视各地区低水平重复建设和竞争的避免,以"八八战略"为引领,一张蓝图绘到底。

五是可持续发展:实现工业化和资源、环境、生态的协调发展。习近平同志强调:"要把建设先进制造业基地和生态省建设有机结合起来……大力推动节能降耗、清洁生产、绿色制造等手段,发展'资源—产品—再生资源'的循环经济。积极推动制造业发展模式从末端治理向全程控制转变,推动增长方式从'高消耗、高污染、低效益'向'低消耗、低污染、高效益'转变,努力形成资源节约型、生态环保型的制造业发展新格局。"①在"八八战略"总纲的引领下,浙江坚持"绿水青山就是金山银山"理念,把创新放在区域发展全局的核心位置,集聚创新资源、激发创新活力、增强创新能力,为转变经济发展方式、优化经济结构、改善生态环境、提高发展质量和效益开拓广阔空间,为可持续发展提供源源不断的内生动力。

---

① 习近平.干在实处 走在前列:推进浙江新发展的思考与实践[M].北京:中共中央党校出版社,2006:123.

◆◇【案例 3-2】

数字安防世界级先进制造业集群建设

根据 2020 年 3 月 13 日浙江省委、省政府办公厅印发的《关于以新发展理念引领制造业高质量发展的若干意见》《关于印发"制造强省建设行动计划"的通知》等文件精神,浙江已经在聚力打造数字安防世界级产业集群,重点培育数字安防为万亿级先进制造业,重点打造数字安防为十大标志性产业链,从而助力浙江实施数字经济"一号工程",引领行业高质量的发展。随着创新驱动发展成果日益丰硕,浙江安防产业需要一个更加专业的平台,整合行业内资源,助力打造数字安防世界产业集群,将我国安防产业发展从积累阶段推入飞跃发展阶段。

借助政策,杭州的数字安防产业异军突起。目前,杭州的数字安防产业形成了包括视频采集、编码、传输、存储、控制、解码输出、大屏显示、中心管理平台软件等在内的全线监控产品和行业整体解决方案。同时,各类专业化的安防产品生产商和集成商不断涌现,"高新智造"的影响力也越来越大。

2020 年,浙江发布的《浙江省培育先进制造业集群行动计划》中把数字安防作为打造 4 个世界级先进制造业集群中的一个,强调以杭州为核心,宁波、温州、嘉兴等重点城市为支撑,其他城市推进特色领域发展。到 2022 年,浙江省数字安防及相关产业产值规模达到 3000 亿元,培育 1 家千亿级行业龙头企业、2～3 家规模超 500 亿元的领军企业和 10 家以上具有较强竞争力、较高知名度的细分领域优势企业,数字安防核心产品全球市场份额达到 50% 左右,数字安防领域技术创新、产品开发、行业应用等达到国际领先水平,成为全球数字安防产业中心。

案例来源:根据公开资料改编。

第二节　创新路径:从"浙江制造""浙江创造"到"浙江智造"

　　基于"发挥块状特色产业优势"和"建设先进制造业基地"两大基本论断,在"八八战略"的指引下,浙江制造业 20 年来走出了一条从"浙江制造""浙江创造"到"浙江智造"的创新路径。第一阶段,"坚持腾笼换鸟,实现凤凰涅槃":调整优化产业结构、转变经济增长方式。第二阶段,"打造品牌大省":充分利用国际国内两个市场,在竞争中打响"中国浙江"品牌。第三阶段,"互联网＋"全球科创高地:赋能浙江智能制造,建设全球先进制造基地。

一、"腾笼换鸟":从"浙江制造"到"浙江创造"

　　2003 年 7 月,习近平同志通过深入细致的调查研究,提出了引领浙江发展,推进各项工作的"八八战略"总纲领,其中包括"腾笼换鸟、凤凰涅槃"这一科学论断。2005 年,习近平同志指出,要在资源节约的前提下寻求新的经济增长点,在这个过程中,可能意味着一些企业甚至产业的萎缩,进而影响到一个地方经济的增长;也可能意味着这些企业和产业退出市场会给我们的产业高度化腾出发展空间。这就是我们所说的"腾笼换鸟"。在这个过程中,我们面临着两个选择:一个是被动的,任由资源环境约束下的"鸟去笼空";一个是主动的,借机推进"腾笼换鸟",努力培育和引进"吃得少、产蛋多、飞得高"的"俊鸟"。① 后一个选择的过程,实际上就是培育新的经济增长点的过程。"我们应有充分的思想准备,在制定有关政策、确定有关举措时把握

---

　　① 习近平.干在实处　走在前列:推进浙江新发展的思考与实践[M].北京:中共中央党校出版社,2006:130.

好度,掌握好平衡点,既要防止经济出现大的波动,更要坚定不移地推进经济增长方式转变,真正在'腾笼换鸟'中实现'凤凰涅槃'"[①]。

"腾笼换鸟、凤凰涅槃"的真正内涵,就是通过对现有产业优化提升,换来新的产业、新的体制和新的增长方式,让有限的资源发挥更大的效益,最终实现"浙江制造"到"浙江创造"的飞跃[②]。而实现"腾笼换鸟、凤凰涅槃"的基本路径就是,推动经济增长方式转变到依靠科技进步和提高劳动者素质的轨道上来。

一张蓝图绘到底,一以贯之谋发展。"两只鸟论"成为浙江加快转变发展方式、推进经济转型升级的指导思想。到 2017 年,装备制造、战略性新兴、高新技术等产业增加值分别比上年增长12.8%、12.2%和11.2%,增速均高于规模以上工业,增加值占规模以上工业的 39.1%、26.5%和 42.3%。作为浙江着力打造的八大万亿产业之首,信息经济核心产业增加值占全省 GDP 的比重为9.4%,继续创 2015 年以来的新高。与此同时,2005 年至 2016 年,万元 GDP 能耗从 0.9 吨标准煤下降至 0.44 吨标准煤,八大高耗能产业占工业比重从 37.2%下降到 34%[③]。

【案例 3-3】

"腾笼换鸟、凤凰涅槃":湖州的实践

在"绿水青山就是金山银山"理念指引下,湖州市牢固确立生态立市首位战略,先后作出"建设生态市""创建全国生态文明先行

---

①　习近平.干在实处 走在前列:推进浙江新发展的思考与实践[M].北京:中共中央党校出版社,2006:131.

②　金国娟.腾笼换鸟推进浙江发展转型[J].今日浙江,2007(6):16.

③　周咏南,刘乐平."两只鸟论"的浙江实践:我省以改革牵引高质量发展纪实[N].浙江日报,2018-02-28(1).

示范区""打造生态样板城市"等战略,统筹实施"腾笼换鸟""循环利用""美丽蝶变"等,并坚持"有所为有所不为",通过项目联审机制,对超 600 余个项目实施"一票否决"。

湖州市在把"绿水青山"向"金山银山"转化过程中坚持要求产业结构变新、发展模式变绿、经济质量变优。一是采用休克疗法关停和绿色整治矿山、水泥、粉体、蓄电池、耐火材料等高污染行业,累计关停并转企业 1.66 万家,并大举引进和培育新产业。二是改革赋能破解要素制约,通过创新"五未土地+标准地"改革模式,大幅度提高亩均产出效率。三是重点依赖科技创新全面减少经济建设对环境的影响,与浙江大学等合作共建研究院,建设莫干山高新区、湖州科技城等,赋能产业绿色转型。

案例来源:中共浙江省湖州市委."绿水青山就是金山银山"的湖州实践[EB/OL].(2020-09-01)[2022-02-24].http://www.qstheory.cn/dukan/qs/2020-09/01/c_1126430043.htm.

二、打造品牌大省,打响"中国浙江"品牌

2005 年 1 月 7 日,习近平同志在《浙江日报》"之江新语"专栏《努力打造"品牌大省"》一文中指出,"品牌是一个企业技术能力、管理水平和文化层次乃至整体素质的综合体现。从一定意义上说,品牌就是效益,就是竞争力,就是附加值……我们要坚定不移地走品牌发展之路,引导企业确立品牌意识,培育品牌、提升品牌、经营品牌、延伸品牌,做到无牌贴牌变有牌,有牌变名牌,培育更多的中国驰名商标和名牌产品,努力创造若干世界名牌,努力打造'品牌大省'"[1]。在建设"品牌大省"的战略目标指引下,2014 年,浙江率先在全国构建了以"区域品牌、先进标准、市场认证、国际认

---

① 习近平.之江新语[M].杭州:浙江人民出版社,2007:99.

同"为核心的"浙江制造"品牌建设制度体系,联动实施标准强省、质量强省、品牌强省战略,助力供给结构升级。

在推进"品牌大省"的过程中,浙江以企业为主体,以市场为导向,以政府为助推,全社会形成合力,深入实施品牌战略,综合运用经济、法律、行政等手段,培育、保护和发展一大批品牌产品、品牌企业和区域品牌,努力创建若干个拥有自主知识产权的国际知名品牌,带动企业科技创新能力、产品质量档次和经营管理水平的提升,带动产业结构调整和经济增长方式转变,带动资源节约型和环境友好型社会建设。[①]

目前,浙江省形成了较为完善的品牌培育、发展与保护机制,为培育更多"俊鸟"型名牌企业、推动品牌经济发展提供了制度支撑。浙江已经初步构建了三级品牌梯度培育体系,即培育提升一批省政府质量奖企业;挖掘培育一批有竞争力的"品"字标识"浙江制造"品牌;培育发展一批浙江名牌、省著名商标、省出口名牌。通过发挥省、市、县三级政府的联动优势,切实推动品牌强省战略落地。

❖【案例 3-4】

浙江品牌建设与传播实践

2005 年,习近平同志先后作出"打造先进制造业基地""要坚定不移地走品牌发展之路,努力打造品牌大省"等一系列重要指示。2006 年,浙江省委、省政府出台《关于推进"品牌大省"建设的若干意见》,提出建设"品牌大省"战略目标。之后,浙江省又推出一系

---

① 习近平.浙江培养和发展自主品牌的调查与思考[J].经济管理,2006(17):23-24.

列政策：《关于打造"浙江制造"品牌的意见》《关于扶持"浙江制造"品牌发展的意见》《关于深入实施商标品牌战略的意见》《浙江省"三强一制造"建设工程实施意见》《全省工业和信息化领域标准提升工程三年行动计划（2015—2017 年）》《"浙江制造"品牌建设三年行动计划（2016—2018 年）》《浙江省发挥品牌引领作用推动供需结构升级工作实施方案》等。

目前，浙江省拥有中国质量奖提名奖 10 家、浙江省政府质量奖企业 32 家（含提名奖），创建"全国知名品牌示范园区"27 个，浙江名牌 2680 个。截至 2018 年 4 月，浙江省已发布"浙江制造"标准 344 项，全部达到国际先进水平；已有 172 家企业获得 270 张"品"字认证证书，其中国际合作证书 41 张，一批高端浙货共同形成市场公认的高端区域公共品牌。

案例来源：郭锦辉.浙江：格局初步形成　正加快迈入品牌时代[N].中国经济时报，2018-08-09(8).

三、"互联网十"全球科创高地赋能智能制造

2003 年 6 月 24 日，习近平同志在全省工业大会上强调："从当今世界科技发展的趋势来看，信息技术迅猛发展，人类的生产生活开始进入信息化时代……坚持以信息化带动工业化，以工业化促进信息化，加快建设'数字浙江'。"①随着数字技术的快速发展，浙江正式进入"互联网十"全球科创高地赋能智能制造的新阶段。2016 年，浙江在制造强国建设战略的指导下，发布《加快推进"一转四创"建设"互联网十"世界科技创新高地行动计划》，强调通过加速科技成果转化，推进创新大平台、创新大项目、创新大团队、创新

---

① 习近平.干在实处　走在前列：推进浙江新发展的思考与实践[M].北京：中共中央党校出版社，2006：118.

大环境建设的方式,以新一代信息技术为背景,打造一流创新生态链、形成创新驱动发展新动能、打造"互联网十"世界科技创新高地。

目前,浙江信息经济已成为"底部平台",通过"互联网十"传统制造业、"互联网十"传统商业等方式催生出许多全新产业,通过深度融合实体经济,遭遇"成长烦恼"的浙江传统产业发生了深刻变革,有力推动"浙江制造"迈向"浙江智造"。浙江通过推进"互联网十""智能化十",实施"十万企业上云行动"计划、智能制造工程和工业机器人应用倍增计划,千方百计加快互联网新基因注入传统优势产业、工业大县、产业集聚区等实体经济重点领域和重点区域,切实推动互联网、大数据、人工智能和实体经济深度融合。

在政策方面,面对世界经济数字化转型的大趋势,浙江已先后发布并组织实施了战略性新兴产业发展行动计划、"互联网十"人工智能三年实施方案、智能硬件发展三年行动计划等,努力抢占人工智能、虚拟现实、智能网联、柔性电子、移动物联网等新兴产业发展先机,着力培育可引领浙江未来发展的重量级产业,抢占产业发展制高点。此外,浙江重点围绕杭州国家自主创新示范区、跨境电商综试区建设,以"互联网十"为主线,加快三次产业融合,培育发展新经济、新模式、新业态,加快推动浙江信息经济从电子商务带动型向技术创新引领型转变。

【案例 3-5】

浙江智造的"新昌模式"

新昌作为浙江省振兴实体经济(传统产业改造提升)试点县,围绕"产品智能化、制造方式智能化"两个方面,从"产品转型、制造方式转型、企业转型"三个目标入手,逐步实现 100 余家企业的智能化转型改造,初步形成以"企业数字化制造、行业平台化服务"为特色内涵的智能制造"新昌模式"。

"新昌模式"得益于新昌县政府先后出台的《新昌县加快推进智能制造发展三年行动计划(2017—2019 年)》《新昌县轴承产业改造提升行动方案(2017—2020 年)》等政策,以轴承行业中小制造企业的痛点、难点入手,重点破解了"推进智能制造存在企业自身改造难、企业持续推进升级难、企业'智能化改造'领导拍板难、生产系统健康管理难、企业寻找放心的承包单位难、多主体运作形成合力难"的"六大难题",开拓了"企业主导、政府引导、专家智能指导、金融助推"的成批推广智能制造新局面。"新昌模式"强调"一主体三支撑"的模式:所谓"一主体",就是以企业为主体,有效激活其转型智造的内生动力;"三支撑"是指服务平台的支撑、5G 技术的支撑,以及政策环境的支撑。① 以"新昌模式"为样板,浙江逐步开始在 18 个市、县推行块状制造经济行业的智能化改造。

案例来源:根据公开资料改编。

第三节 "两业融合":打造产业创新生态

制造业是国民经济的支柱,更是国际竞争的主战场。实现制造业高质量发展,还需要通过推动先进制造业和现代服务业深度融合,促进研发、咨询、金融服务、物流等现代服务业繁荣发展构建产业创新系统,从而提升我国制造业在全球产业链、创新链、价值链中的地位。

2005 年,习近平同志就强调:"浙江产业高度化的内在需求正

---

① 刘婷.工业互联网的"一主体三支撑"模式[J].信息化建设,2020(3):30-31.

在转化为服务业发展的内在动力……先进制造业基地建设和民营经济的新飞跃都有赖于先进服务业提供更高层次的支撑,包括品牌发展、教育培训、现代化管理、高效的金融服务、精准的物流配送,以及全球化的商贸网络。"①浙江稳步开展信息化和科技创新建设,信息产业的发展势头非常迅猛,产生了以阿里巴巴为代表的一大批现代服务公司。同时,在"八八战略"的有序指引下,浙江省根据自身特点,不断推动服务业与制造业的深度融合。2006年,习近平同志主导推动的"八大科技创新工程"中就包含"服务业科技创新工程"。

在十多年的实践中,浙江省深入实施创新驱动发展战略,不断强化先进制造业和现代服务业的融合,全力打造创新生态最优省,逐步形成"产学研用金、才政介美云"十联动的创新系统。2014年12月,集"展示、交易、交流、合作、共享"五位一体的浙江科技大市场正式开业运营,走出了一条富有浙江特色的技术产权化、成果资本化、转让市场化、交易网商化、管理科学化的"五化"融合新路子,有力推动浙江从"科技资源小省"向"技术市场大省"转变,全面赋能浙江制造业的创新发展;2015年,汇聚创客创业创新梦想的杭州"梦想小镇"在未来科技城开园,首批共有48家企业、800多名创业者入驻;2016年,全省新增国家级众创空间59家、累计达80家,省级众创空间129家,未来科技城和阿里巴巴集团入选全国首批"双创"示范基地。正是在先进制造业和现代服务业深度融合的总思路指引下,浙江坚持以开放的思路和市场的办法集聚和配置创新要素,打造产业创新系统,为培育经济新动能和推动制造业高质量

---

① 习近平.干在实处　走在前列:推进浙江新发展的思考与实践[M].北京:中共中央党校出版社,2006:143.

发展提供重要支撑。

2021年,为构建"双循环"新发展格局,发挥浙江数字经济发展优势,推动先进制造业和现代服务业双向深度融合,更加完善构建产业创新系统,浙江省发布《关于推动先进制造业和现代服务业深度融合发展的实施意见》,总结并提出了两业融合的五条路径①。

(1)数字化。深化新一代信息技术与制造业融合发展,大力推进工业互联网、智能化改造、企业上云等,提升企业研发设计、生产销售、采购分销、物流配送等全流程、全链条数字化水平,加快推进制造业数字化转型升级。

(2)柔性化。建设开放式个性化定制平台,通过线上线下多渠道采集对接用户个性化需求,推进设计研发、生产制造和供应链管理等关键环节的柔性化改造,加强零件标准化、配件精细化、部件模块化管理,实现以用户为中心的定制和按需灵活生产。

(3)集成化。支持设计、制造、施工等领域骨干企业整合资源、延伸链条,发展咨询设计、制造采购、供应链管理、施工安装、系统集成、运维管理等一揽子服务,鼓励面向重点工程与重大项目,承揽设备成套、工程总承包和交钥匙工程,提供整体解决方案。

(4)共享化。鼓励资源富集企业依托工业互联网平台开展生产设备、专用工具、生产线等制造资源的协作共享,打造网络化协同制造模式,提供研发设计、物流仓储、检验检测、设备维护、质量监控等专业化共性服务,实现生产能力、专业服务、创新资源和市场需求的柔性配置和高效协同。

---

① 浙江省发展和改革委员会等13个部门关于印发《浙江省推动先进制造业和现代服务业深度融合发展的实施意见》的通知[EB/OL].(2021-01-18)[2022-02-24].http://fzggw.zj.gov.cn/art/2021/1/18/art_1229123351_2227126.html.

（5）平台化。发挥龙头企业带动作用,运用新一代信息技术重构经营和商业模式,拓展平台功能和服务,实现对产业链上下游环节的整合;鼓励平台型服务企业通过委托制造、品牌授权等方式向制造环节拓展。

【案例 3-6】

"双轮驱动"下的萧山蜕变

萧山是浙江经济的领头羊之一,一直以制造业为主导,服务业为新增长点,形成了先进制造业和现代服务业"双轮驱动"的发展模式,实现了从工业重区向高端都市经济转变的跨越。

首先,萧山以"机器换人"为契机,推动企业转型升级,实现智能化发展。到 2017 年,萧山已经率先实现产品智能化覆盖率达 70%,机器换人覆盖率达 80%,营销网络化覆盖率达 72%,物联网生产模式覆盖率达 65%。

其次,信息产业的快速发展,让萧山经济结构发生重大变革。以电子商务、智慧健康、智能制造等形成的信息经济发展体系,形成杭州信息安全产业园到中科宝盛科技园,从机器人小镇、湘湖金融小镇到空港小镇、新能源小镇等各类平台,实现了制造业和现代服务业的融合发展。《萧山区关于发展信息经济促进智慧应用三年行动计划(2016—2018 年)通知》中提出全区信息经济主营业务收入突破 350 亿元,年均增长 10% 以上,信息经济增加值达到 180 亿元,年均增长 15% 以上,基本形成具有萧山特色的信息经济产业发展体系,基本建成覆盖全区、惠及民生及生产生活的智慧应用体系。

在众多机遇之下,萧山依托现有产业基础聚焦发展高端装备制造、信息、金融、新能源汽车、健康、旅游、文化创意等七大新兴产业,并结合先进装备制造、新能源等千亿级产业集群形成信息软件等百亿级产业集群,打造了完善的产业创新系统。

案例来源:"双轮驱动"实现美丽蝶变[EB/OL].(2017-01-18)[2022-02-24].https://finance.huanqiu.com/article/9CaKrnJZOkS.

◆◆ **思考题**

1.在发展制造业的过程中,浙江积累了哪些基本经验?

2.浙江是如何成为"品牌大省"的?"腾笼换鸟、凤凰涅槃"的思想意蕴是什么?

3.先进制造业和现代服务业融合的路径是什么?浙江有哪些经验?

◆◆ **拓展阅读**

1.习近平.干在实处 走在前列:推进浙江新发展的思考与实践[M].北京:中共中央党校出版社,2006.

2.习近平.之江新语[M].杭州:浙江人民出版社,2007.

3.魏江,应瑛,潘秋玥.创新全球化:中国企业的跨越(案例辑)[M].北京:科学出版社,2016.

4.陈劲,郑刚.创新管理(精要版)[M].北京:北京大学出版社,2021.

5.陈劲,吴欣桐.大国创新[M].北京:中国人民大学出版社,2021.

6.魏江,刘洋.数字创新[M].北京:机械工业出版社,2020.

7.中共中央文献研究室.习近平关于科技创新论述摘编[M].北京:中共文献出版社,2016.

8.熊彼特.经济发展理论[M].何畏,易家洋,张军扩,等译.北京:商务印书馆,1990.

9.道奇森,甘恩,菲利普斯.牛津创新管理手册[M].李纪珍,陈劲,译.北京:清华大学出版社,2019.

10.卡尔顿,佩洛夫.现代产业组织[M].胡汉辉,译.北京:中国人民大学出版社,2009.

11.郭斌.大国制造:中国制造的基因优势与未来变革[M].北京:中国友谊出版公司,2020.

创新是企业经营最重要的品质,也是今后我们爬坡过坎必须要做到的。关键核心技术必须牢牢掌握在我们自己手中,制造业也一定要抓在我们自己手里。

——摘自习近平总书记 2020 年 9 月 18 日在湖南长沙考察工作时的讲话①

第四章　推进企业创新主体建设

◆◆ 本章要点

聚焦于探索企业在创新中发挥的作用,首先介绍浙江企业的创新概况,然后提炼浙江企业的创新做法,并得出以下要点。

1.浙江企业有优质的创新基因,是推动浙江创新跨越发展的主力军。在波澜壮阔的改革大潮中,浙江人解放思想,敢为天下先,敢争天下强,塑造了"特别能吃苦、特别能创业、特别能创新"的浙商品格,积淀了以"创业创新"为核心的浙江精神,迸发出浙江民本经济"聚沙成塔"的巨大能量,走出了创新发展独具特色的"浙江模式"。

2.企业是创新的主体,增强企业原始创新能力以实现重点突破。在习近平总书记"打好关键核心技术攻坚战"的思想指引下,浙江企业以"凤凰涅槃"的精神,将创新视为企业自身真正的核心竞争力,抛弃旧有发展模式、打造高质量发展模式,坚定了在卡脖

① 习近平:创新是企业经营最重要的品质[EB/OL].(2020-09-18)[2022-02-24]. http://jhsjk.people.cn/article/31866672.

子技术、数字化赋能、科技人才等关键要素方面的攻坚决心,不断创造知识和应用新兴技术、不断打造新的价值创新网络,并以此为创新的突破口,推动经济持续健康发展。

3.企业家精神是企业创新的关键,组织探索和引领创新的发展。浙江企业长久以来保持优势发展态势,最根本的原因之一在于浙江企业家们敢为人先的探索精神,具有及时发现现存问题并破除现有困境的能力,还通过快速优化和改良现有机制体制来适应最新变化,从而始终保有引领甚至变革市场的能力。

4.企业巧妙利用全球创新资源,实现更高质量和更高水平的创新。改革开放以来特别是进入 21 世纪以来,面对全球化、信息化、网络化深入发展,浙江企业充分利用创新要素更具开放性、流动性的特点,在对外开放战略上坚持自主创新和开放创新相结合,坚持"引进来"和"走出去"相结合,积极融入全球创新网络,走出一条创新发展之路,在自主创新过程中进一步开放,在开放创新中实现更高层次的自主创新。

实施创新驱动发展战略,最根本的是要增强企业自主创新能力。改革开放以来,浙江在缺少国家资金投入和特殊优惠政策的情况下,率先解放思想,讲求实事求是,锐意开拓进取,勇于创业创新。企业的自主创新能力大幅提升,科技综合实力也明显增强,以企业为主体、市场为导向、产学研结合的自主创新体系初步形成,走出了一条具有浙江特色的自主创新之路。

2003 年,习近平同志紧密结合浙江实际,提出并落实了作为浙江省域治理总纲领和总方略的"八八战略",明确了"进一步发挥浙江的块状特色产业优势,加快先进制造业基地建设,走新型工业化道路"①。此后,浙江省委、省政府一直高度重视企业创新,准确把握党中央精神,开展广泛深入调查研究,坚持继承与创新的统一及党中央精神与浙江实际的结合,先后作出一系列重大战略决策部署,大力实施科技、人才、投资新举措,加快传统产业改造提升,大力支持民营企业发展壮大,不断增强浙江经济的内生动力、创新力和竞争力。本章将围绕浙江企业攻克关键创新突破口、弘扬企业家精神与工匠精神、坚持"走出去"与"引进来"并重这三个方面,深入系统阐述浙江企业在践行习近平总书记创新思想和理念的具体做法和取得的成就。

第一节 浙江企业的创新发展历程

创新不仅仅推动经济量的巨大发展,更带来经济质的根本提升,是建设现代化经济体系的战略支撑。习近平同志多次强调,抓创新就是抓发展,谋创新就是谋未来。面对复杂的改革环境、艰巨的发展任务,今天的中国比以往任何时候都更加需要创新驱动,积极推动科学研究向高精尖发展,加快应用基础研究成果转化,打通产学研用通道,都需要夯实企业创新主体地位。

一、浙江企业的创新基因

对于有着浓厚重商主义氛围和名扬天下的浙商群体的浙江省而言,民营企业一直是推动浙江发展的主力军。2020 年,浙江省全年民营经济增加值占全省生产总值的比重预计为 66.3%,创造的税收占全省税收收入的 73.9%。不管是工业还是服务业,民营企

① 习近平.干在实处 走在前列:推进浙江新发展的思考与实践[M].北京:中共中央党校出版社,2006:3.

业的增速都远超行业平均值。民间投资和民营企业货物出口占比也大幅超过 50%。① 从各个方面来说,民营企业都是浙江经济发展当之无愧的领头羊。在波澜壮阔的改革大潮中,浙江人解放思想,敢为天下先,敢争天下强,塑造了"特别能吃苦、特别能创业、特别能创新"的浙商品格,积淀了以"创业创新"为核心的浙江精神,迸发出浙江民本经济"聚沙成塔"的巨大能量,走出了创新发展独具特色的"浙江模式"。

【案例 4-1】

伟星股份:民企匠心,小纽扣做出大产业

浙江伟星实业发展股份有限公司(以下简称"伟星股份")最早可追溯至 20 世纪 70 年代,由浙江临海尤溪公社投资 3.8 万元创办。伟星股份从一颗纽扣做起,乘改革开放东风、启市场经济之始,怀揣一颗匠心,由一家名不见经传的民营小厂,经过 40 余年的发展,已经成长为中国规模最大、品类最齐全的服装辅料企业。截至 2021 年,其营销和服务体系辐射全球 50 多个国家和地区,公司成为阿迪达斯、耐克等全球众多知名服装品牌的战略合作伙伴。

专注于做纽扣和拉链的伟星股份,1 角多的纽扣一年卖出 72 亿粒,3 元多一米的拉链一年卖出 35 万米。数量到极致,质量也到极致。走进伟星股份大洋工业区拉链厂区的拉头毛坯组装车间,上千平方米的场地,早已不见人头攒动的景象,取而代之的是一台台正在开足马力生产的机械设备。从人工制造到机械化操作,再到自动化生产,这些先进的机械设备见证了伟星"机器换人"的轨迹和效率。

---

① 浙江省民营经济研究中心.2020 年浙江省国民经济和社会发展统计公报[EB/OL].(2021-02-28)[2022-02-24].http://www.myjjzx.cn/cj/view.php? aid=382.

早在 2013 年,伟星股份就开始推进"机器换人"项目,投资 2 亿多元用于技术改造,陆续上线了多合一设备、AGV 小车、智能物流等项目,减人成效显著。以金属拉链穿拉头设备为例,将拉头倒入容器内,拉头就会自动排列整齐,在动力装置的牵引下被送上布带,固定成型。

"科技创新、深化改革是伟星不断向前发展的根本动力。"伟星股份董事长章卡鹏是这样说的,也是这样做的。伟星股份拥有国内首个通过服装辅料专业检测机构 CNAS 的实验室,以及服装辅料研究院、中国拉链纽扣技术研究中心和省级技术中心;伟星新材在原有的基础上,不断加大科技投入,引进先进的研发设备、顶级人才,开展行业关键技术的研究。

案例来源:王荧瑶,陈耿.一家民企的"匠心":解读伟星发展之道[EB/OL]. (2018-06-04)[2022-02-24]. http://www. linhai. gov. cn/art/2018/6/4/art_1457352_18440853. htm.

从浙江改革开放 40 年的历程看,浙江企业的创新发展和总体经济发展所经历的阶段具有很大程度的吻合性(见图 4-1)。

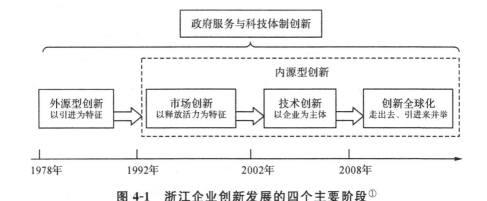

图 4-1　浙江企业创新发展的四个主要阶段[①]

---

① 吴晓波,杜健,等.创新发展的浙江探索与实践[M].北京:中国社会科学出版社,2018:13.

第一阶段(1978—1991 年):以引进为特征的外源型创新。改革开放促进了出口贸易的增加,促使一部分企业获得了自主经营权。这一时期的民营经济基础薄弱,人才、技术等创新资源匮乏。民营企业在浙江省政府的政策引导下,依靠企业家的创新精神,到各地、各机构挖人才、挖技术。企业的创新需求从全套设备为主向多元化技术引进、人才引进转移,技术引进的组合特征初步构成浙江创新的制造基础。企业创新以引进为主,技术、人才的引进提高了企业的技术能力,从而推动了产品品种的多样化和产品质量的提升。此时,商品严重短缺,市场为卖方市场,多数企业起步于贴牌生产,在扩大生产、奠定制造能力的过程中,部分企业开始注册品牌,出现了金鱼洗衣机、乘风电风扇、华美冷柜、益友电冰箱、飞跃缝纫机、天堂雨伞等品牌。

第二阶段(1992—2001 年):以释放活力为特征的市场创新。1992 年初,邓小平发表南方谈话,对浙江 20 世纪 90 年代的科技进步、经济改革与社会进步起到了关键的推动作用。这个时期的浙江科技基础仍然薄弱,但初步树立了科技创新意识,科技活动经费、R&D(研发)活动经费支出占 GDP 的比重逐年增大。依靠体制机制的先发优势,浙江工业经济管理体制逐步摆脱指令性计划,行政性管理逐渐减少并消除,市场创新是这一时期浙江创新的典型特征。通过深化企业改革,全省国有企业单位数量从 1995 年的 4600 多家减少到 2000 年的 1600 家左右,全省乡镇集体企业改制面超过 90%,非公有制经济在 GDP 中所占比重由 1990 年的 18.5% 壮大到 2000 年的 47%。

第三阶段(2002—2007 年):以企业为主体的技术创新。随着劳动力日趋紧张,加上多数生产要素成本上升,多数企业既有的比较优势正逐步弱化。尽管浙江经济保持着较高的增长速度,但这种增长还是粗放型的,还是靠高投入、拼资金、拼资源撑起来的。随着"八八战略"的提出,进一步强调充分发挥企业的自主创新主体作用,集聚创新要素,激活创新资源,转化创新成果,加快建设创新型省份和科技强省,为浙江全面建设小康社会、提前基本实现现代化提供强大的科技支持。这一时期,以企业为主体的创新体系初步建立。研发投入比重显著提升。2002 年,R&D 活动经费支出 57.65 亿元(占 GDP 比重为 0.72%);2007 年,R&D 活动经费286.32 亿元(占 GDP 比重为 1.53%)。专利申请和授权量大幅攀升。2002 年,全省专利授权量达 10479 项,其中发明专利申请量达1843 项,发明专利授权 188 项;2007 年,全省专利授权达 42069项,发明专利申请量达 9532 项,发明专利授权 2213 项,年均增幅分别为 32.05%、38.91% 和 63.74%。自 2002 年以来,浙江综合科技创新水平指数不断提高,从 2002 年的 36.08% 提高至 2007 年的 52.06%。

第四阶段(2008 年至今):以"走出去、引进来"并举的创新全球化。随着经济全球化的纵深发展,浙江企业面临的竞争日益激烈,越来越多的浙江企业"走出去",创新进入全球化的新时代。2008年金融危机之后,全球经济一度深陷泥潭,大量手握高端技术、知名品牌的优质欧美资产价格处于合理甚至低估区间。而对于正在转型升级关口的浙江企业而言,借助海外并购获得亟须的技术、品牌等要素,可以说是花钱买到了发展时间。从 2008 年开始,浙江企业开始加速在全球范围内配置资源、开拓市场,吸纳先进生产要素。比如,2010 年,吉利收购沃尔沃后,沃尔沃得以东山再起,吉利则在沃尔沃身上汲取理念、技术后迅猛发展;2011 年,卧龙控股集团成功并购奥地利 ATB 电机集团后,整体制造水平提高 10 年以上,站上了与欧洲制造业同步发展的产业平台。过去的浙江吸引外资企业主要依靠廉价的劳动力和优惠政策,许多外企往往只将制造工厂安家于此。如今,越来越多的知名外企,选择将技术研发中心、区域总部甚至公司总部落户浙江。"十三五"期间,浙江省实际利用外资 656 亿美元,比"十二五"期间实际利用外资增加 181 亿美元,增长 38.1%。2020 年,浙江利用外资突破 150 亿美元,创历史新高,浙江累计已有 187 家世界 500 强企业在浙江投资企业 653 家。

二、浙江企业创新的思想指引

"八八战略"将建设科技强省作为其重要内容,确立了科技优先发展的地位。建设创新型省份的一项重要任务,就是强化企业在自主创新中的主体地位,充分发挥企业在自主创新中的主体作用,增强企业的自主创新能力,建立以企业为主体、市场为导向、产学研相结合的开放型区域创新体系。时任浙江省委书记习近平进一步提出,"建设科技强省,必须坚持自主创新、重点跨越、支撑发展、引领未来的指导方针,实施知识产权和标准化战略,以提高自主创新能力为核心"[①]。

自"八八战略"提出之后,浙江经济发展以此为总纲,坚持"一张蓝图绘到底,一任接着一任干",不动摇、不停步、不懈怠、不折腾,把"干在实处,走在前列"的要求一贯到底,深刻认识强化企业技术创新主体地位、提升企业创新能力的重要性,进一步激发企业活力、壮大创新主体,坚定实施创新驱动发展战略,推动企业

---

① 习近平. 干在实处 走在前列:推进浙江新发展的思考与实践[M].北京:中共中央党校出版社,2006:343.

高质量发展。科技创新,是历届省委锐意进取、一脉相承的战略抉择。

2006 年 2 月 5 日,时任浙江省委书记习近平在《浙江日报》发表了题为"与时俱进的浙江精神"的文章,强调"我们要坚持和发展'自强不息、坚韧不拔、勇于创新、讲求实效'的浙江精神,与时俱进地培育和弘扬'求真务实,诚信和谐,开放图强'的精神,以此激励全省人民'干在实处,走在前列'"。这既是对浙江精神的高度提炼,更是对今天的鞭策和对明天的引领。同年,他主持召开了浙江省自主创新大会,作出了到 2020 年建成创新型省份的战略部署,强调要全面贯彻党中央提出的"自主创新、重点跨越、支撑发展、引领未来"的方针。

2006 年 3 月,浙江省委、省政府召开了全省自主创新大会,习近平同志提出"以背水一战的勇气,过华山天险的气魄,攀科学高峰的智慧,切实把增强自主创新能力摆在更加突出的位置,坚定不移地走科技进步和自主创新之路"①。会议提出建设创新型省份,实施知识产权、品牌和标准化三大战略,明确提出"到 2020 年建成创新型省份和科技强省"。

2007 年 6 月,浙江省第十二次党代会提出"创业富民、创新强省"总战略。"两创"总战略体现了"八八战略"的内核精华,并将自主创新作为全省经济社会又好又快发展的核心战略。同年,浙江省出台了《浙江省"十一五"知识产权发展规划纲要》和《浙江省技术创新"十一五"规划纲要》等多项发展规划。同时,浙江省人民政府还发布了《关于建设创新型城市(县、区)的指导意见》,明确指出

---

① 科学技术部.实施"八八战略"建设"平安浙江"[EB/OL].(2006-08-10)[2022-02-24].http://most.gov.cn/ztzl/jqzzcxxqx/jqzzcxxqxtcx/200608/t20060810_35347.html.

以城市(县、区)为载体,将浙江省创新驱动的发展思路渗透至全省各个地区。

2008 年,浙江省提出"自主创新能力提升计划";2012 年,浙江省第十三次党代会和浙江省委十三届二次全会提出要全面实施创新驱动发展战略;2016 年,浙江省委提出"补齐科技创新短板"的首要举措是:挖掘企业潜力,激发民间活力,增强创新主体实力;2017 年,浙江省第十四次党代会提出要突出创新强省,增创发展动能新优势;2018 年,浙江工业经济增加值首次突破 2 万亿元;2019 年,浙江提出构建"415"先进制造业集群体系,实施培育先进制造业集群行动计划;2020 年,浙江省颁布了《浙江省民营企业发展促进条例》,谋划新时代制造业高质量发展,制定浙江制造业高质量发展若干意见,迈上融入长三角一体化发展大格局、打造世界级先进制造业基地的新征程。

善作善成,浙江的改革创新探索之路,自"八八战略"实施以来,一直存在着清晰的思维导图,并且始终做到与时俱进、自我革新。浙江的民营企业将"八八战略"落到实处,把创新作为引领发展的"第一动力",发挥了"不可替代性和重要作用"[①],涌现出一批"勇立潮头"的先锋企业。浙江的民营经济也呈现出蓬勃发展、多种所有制经济齐头并进的独特趋势,从一个资源小省一跃成为科技创新大省。特别是在全球政治经济秩序面临大调整、大变动以及中国经济面临动力转换、供给侧结构性改革的背景下,浙江民营企业积极响应"一带一路"建设,让企业经营地域范围逐渐从

---

① 邹伟,韩洁."民营企业和民营企业家是我们自己人":习近平总书记主持召开民营企业座谈会侧记[EB/OL].(2018-11-01)[2022-02-24]. http://www.xinhuanet.com/politics/leaders/2018-11/01/c_1123649947.htm.

国内转向国际，在众多产业领域培育全球竞争力，作为建构中国国家形象的民间力量，用实际行动推动"一带一路"倡议的"政策沟通、设施联通、贸易畅通、资金融通、民心相通"的"五通"理念落地。

◆◆◆【案例4-2】

技术创新支撑正泰在"一带一路"上不断扩大"朋友圈"

正泰集团是全球工业电气与新能源领军企业，近年来，积极响应"一带一路"倡议，加大"走出去"力度。2020年，正泰已与80%以上的"一带一路"沿线国家建立了不同程度的合作关系，生产基地遍布亚非欧，设立了北美、欧洲、亚太、北非四大全球研发中心、六大国际营销区域、20家国际子公司，为140多个国家和地区提供产品与服务。

1. "一带一路"朋友圈不断扩大

正泰的海外之路可以追溯到20世纪90年代，从在欧洲等地建办销售分公司，逐渐发展到现在直接把生产基地开到海外。2014年，正泰收购了德国最大的光伏企业Conergy在法兰克福（奥登）的组件厂，这场中国制造与德国制造的"联姻"，为当地创造了相当数量的就业岗位和税收。在西班牙，正泰与Grabat公司合资研发生产高性能石墨烯电池，掌握移动储能电池颠覆性技术和应用的主动权；在马来西亚，正泰太阳能组件工厂实现量产，厂内关键设备均为业内高端品牌；在泰国，正泰600MW电池工厂正式投产；在巴基斯坦，正泰电力变压器在巴基斯坦电力系统中占据70%份额，稳居市场占有率榜首；在柬埔寨，正泰与国机集团投资5.05亿美元建成柬埔寨达岱河水电站BOT项目，全套输配电装备都是正泰产品;在韩国,正泰已成为当地知名的太阳能产品分销商和电站开发商,累计参与建成电站超100MW,其中江原道春川市鲫鱼岛9MW光伏项目成为当地标志。2017年2月19日,正泰进驻非洲的首家区域工厂在埃及开罗落地,也打响了2017年正泰全球化非洲布局的"第一枪",再次扩大了"一带一路"上的"朋友圈"。此次正泰在埃及设厂,将逐步开发周边市场,最终辐射并覆盖欧洲及整个西亚非市场。

2.创新是站稳世界舞台的支点

让产品和服务"走出去"的同时,正泰强调还要"走进去",通过因地制宜地创新商业与管理模式,让正泰能扎根海外市场,并用海外市场的先进经验反哺国内工厂。正泰始终重视技术研究和产品升级,为推进技术进步与技术创新,明确规定每年以不少于销售收入的3%用于科技研发,定期召开集团的科技大会,重奖技术创新有功人员。为了充分、及时地利用国内外最新科技成果,正泰集团先后在国内科技人才和科研院所比较集中的北京、上海以及美国的硅谷设立了自己的科技开发机构。一个全球化、阶梯式的研发体系正在正泰形成。在上海,正泰建立了企业研究院,成立6大专业研发部;在美国硅谷,正泰建立了电气前沿技术研发中心。目前,正泰参与制定和修订行业标准120多项,获国内外各种认证近1000项、专利授权2000余项,其中包括一批国内首创、世界领先的技术。

案例来源:李文亮.正泰集团:海外本土化"电"亮"能源新丝路"[EB/OL]. (2017-04-17)[2022-02-24]. http://news. cctv. com/2017/04/17/ARTIFRUqSqBPg7ooPKIkgs5j1704-17. shtml.

第二节　强化企业创新主体地位,找准
创新驱动的突破口

"一个地方、一个企业,要突破发展瓶颈、解决深层次矛盾和问题,根本出路在于创新,关键要靠科技力量。要加快构建以企业为主体、市场为导向、产学研相结合的技术创新体系,加强创新人才队伍建设,搭建创新服务平台,推动科技和经济紧密结合,努力实现优势领域、共性技术、关键技术的重大突破,推动中国制造向中国创造转变、中国速度向中国质量转变、中国产品向中国品牌转变。"①过去几十年的发展,浙江经济受制于三大路径依赖:低产业选择路径依赖、低附加值出口业务路径依赖、低研发驱动制造路径依赖。在习近平总书记"打好关键核心技术攻坚战"的重要思想指引下,浙江企业以"凤凰涅槃"的精神,将创新视为企业自身真正的核心竞争力,抛弃旧有发展模式、打造高质量发展模式,坚定了在卡脖子技术、数字化赋能、科技人才等关键要素方面的攻坚决心,不断创造知识和应用新兴技术、不断打造新的价值创新网络,并以此为创新的突破口,推动经济持续健康发展。

一、以卡脖子技术攻坚为突破口,激活创新活力

"重大科技创新成果是国之重器、国之利器,必须牢牢掌握在自己手上,必须依靠自力更生、自主创新。"②尽管中国制造业的竞

---

① 习近平在河南考察时强调:深化改革发挥优势创新思路统筹兼顾　确保经济持续健康发展社会和谐稳定[EB/OL].(2014-05-11)[2022-02-24].http://cpc.people.com.cn/n/2014/0511/c64094-25001070.html.

② 习近平:抓住培养社会主义建设者和接班人根本任务　努力建设中国特色世界一流大学[N].河北日报,2018-05-03(1).

争力在全球不断提高,但在多个核心技术上仍未取得突破,受制于国外。习近平总书记强调:"我国基础科学研究短板依然突出,企业对基础研究重视不够,重大原创性成果缺乏,底层基础技术、基础工艺能力不足,工业母机、高端芯片、基础软硬件、开发平台、基本算法、基础元器件、基础材料等瓶颈仍然突出,关键核心技术受制于人的局面没有得到根本性改变。"①

习近平同志早在浙江工作时就高度重视科技创新。创新决定未来,真正的核心技术是难以用金钱买来的,也不是可以在市场上换到的,而是需要加强科研投入,苦练内功,不断突破。核心技术受制于人就会失去主动权,被"卡脖子"和"牵鼻子"。习近平同志在浙江工作期间不仅在省内企业、高校和科研院所等进行调研,而且到北京、上海和江苏等技术发展水平较高和技术发展速度较快的省、市进行交流。在习近平同志的推动下,浙江组织实施了"八大科技创新工程",这对正处于转型发展关键期的浙江而言具有深刻的意义,是之后浙江全面推进自主创新、引进先进技术、发展高新技术产业、建设科技强省等工作的思想基础。

为攻克"卡脖子"技术,浙江积极采取行动,推动科技自立自强。第一,浙江省科技厅从源头开始,通过走访浙江龙头企业,明确企业需求,结合具有前沿技术的各领域专家意见,梳理出需要攻关的技术领域和主攻方向的"卡脖子"关键核心技术清单。第二,通过财政补贴集中资源,攻克核心技术,攻坚克难,尤其是对网络信息、高端设备与工艺、高性能材料、关键零部件、生命健康等关键领域倾斜。第三,浙江积极搭建政企学研的沟通平台,推动惠企政策落实落地落细,建立长效服务机制,合力推动企业创新发展,引

---

① 习近平.努力成为世界主要科学中心和创新高地[J].共产党员,2021(8):4.

导民营企业追求高质量发展。

浙江企业也不断加快对关键核心技术的研发突破,奋力抢占先机。浙江大华技术股份有限公司(以下简称"大华股份")是全球领先的以视频为核心的智慧物联解决方案提供商和运营服务商,技术创新是其核心基础。大华股份非常注重研发投入,公司 2021 年有 1.6 万多名员工,研发人员占比超过 50%,公司 2019 年营收 261 亿元,研发投入达到 27.94 亿元。浙江聚光科技有限公司是国内环境监测领域的领军企业,自成立 19 年来,累计研发投入超过 20 亿元,不断推进人才培养和技术研发,实现产品创新,突破了我国环境监测领域的"卡脖子"技术瓶颈,打破高端分析仪器的国际垄断。企业作为浙江经济增长和创新的主要力量,在攻克"卡脖子"技术的过程中发挥了不可替代的作用。

随后,浙江技术创新取得显著成就。浙江专利申请量和授权量稳步上升,2003 年,专利申请量和授权量分别为 21463 件和 14402 件,而到了 2019 年,专列申请量和授权量分别达到 435824 件和 285325 件(见表 4-1)。企业作为创新主体和推动创新发展主力军,专利申请量也不断上升,2003 年为 5639 件,2019 年则达到 114326 件(见表 4-2)。浙江企业不断进行自主创新,取得突破性的进展,正在逐步地打破国外的技术垄断,也有越来越多具有自主知识产权的新产品和新技术在市场上涌现。为实现"卡脖子"技术突破,浙江省进行了大量的研发投入。2003 年,浙江全省研发费用支出为 77.76 亿元,自此每年逐步增长,2015 年突破千亿大关,到 2019 年全省研发费用支出高达 1669.80 亿元(见表 4-3)。其中,浙江企业的研发费用占据较大的比例,2003 年,浙江企业研发费用支出为 59.62 亿元,同样逐年增加,到 2019 年高达 1274.23 亿元。

表 4-1　浙江省专利申请量和授权量(2003—2020 年)

年份	专利申请量/件	专利授权量/件	年份	专利申请量/件	专利授权量/件
2003	21463	14402	2012	249373	188431
2004	25294	15249	2013	294014	202350
2005	43221	19056	2014	261434	188544
2006	52975	30968	2015	307263	234983
2007	68933	42069	2016	393147	221456
2008	89965	52955	2017	377115	213805
2009	108563	79945	2018	455526	284592
2010	120782	114643	2019	435824	285325
2011	177081	130190	2020	530600	391700

来源:浙江统计年鉴①

表 4-2　浙江省规模以上工业企业专利申请量(2003—2020 年)

年份	专利申请量/件	年份	专利申请量/件
2003	5639	2012	68003
2004	8275	2013	77067
2005	10528	2014	77135
2006	17285	2015	72730
2007	24148	2016	78729
2008	33652	2017	85639
2009	46420	2018	100254
2010	48334	2019	114326
2011	52207	2020	138589

来源:浙江统计年鉴

---

　　①　由于 2021 年浙江省统计年鉴尚未发布,因此 2020 年专利数据来自《2020 年浙江省国民经济和社会发展统计公报(zj. gov. cn)》,后表同。

表 4-3　浙江省研发费用支出情况(2003—2020 年)　单位:亿元

年份	浙江全省	浙江企业	年份	浙江全省	浙江企业
2003	77.76	59.62	2012	722.59	588.61
2004	115.55	91.10	2013	817.27	684.36
2005	163.29	130.41	2014	907.85	768.15
2006	224.03	183.39	2015	1011.18	853.57
2007	286.32	235.55	2016	1130.63	935.79
2008	345.76	283.73	2017	1266.34	1030.14
2009	398.84	330.10	2018	1445.69	1147.39
2010	494.23	407.43	2019	1669.80	1274.23
2011	612.93	501.87	2020	1858.59	1395.90

来源:浙江统计年鉴

　　政府、企业和科研院所等共同参与,形成了浙江高效创新格局。一方面,政府发挥了引领作用,瞄准世界科技前沿,积极引导原创成果重大突破,完善激励企业研发的政策。另一方面,企业发挥了市场主体作用,加强基础研究,逐步实现从技术追赶到自主创新的转变。正如习近平总书记所说:"创新是企业经营最重要的品质,也是今后我们爬坡过坎必须要做到的。关键核心技术必须牢牢掌握在我们自己手中,制造业也一定要抓在我们自己手里。"①

---

　　① 张晓松,朱基钗.习近平:创新是企业经营最重要的品质[EB/OL].(2020-09-18)[2022-02-24].http://jhsjk.people.cn/article/31866672.

❖【案例 4-3】

杭氧:大国重器,攻坚克难

杭州制氧机集团股份有限公司(以下简称"杭氧")是中国空气设备行业的龙头企业和国家重大装备制造企业。杭氧生产的空分装置打破国外企业的垄断,突破国际先进水平,堪称"国之重器"。

立志报国,迎难而上。杭氧最早的前身是 1917 年三个铜匠担子组成的军械修理工厂,1950 年浙江铁工厂成立,1958 年更名为杭州制氧机厂。浙江铁工厂的第一任厂长是钱祖恩,他为创立我国空气分离及液化设备制造做出了重大贡献。1952 年,我国提出自主生产制氧机的任务,这是一项艰巨的任务。钱祖恩深知制氧机在经济建设和国防建设中的作用,主动承担了国家生产制氧设备的任务。为了完成这一使命,铁工厂成立了试制制氧机工作室。经过认真的准备和技术攻关,浙江铁工厂制成了成套的制氧机,生产出了合格的氧,对于杭氧和中国空分行业来说都是重大的突破。

砥砺前行,苦练内功。杭氧成为专业化批量生产空分设备的企业。1978 年,中国实行改革开放,经济发展进入一个新的历史阶段,国家开始批准引进国外空分设备生产技术,杭氧也向国家申请引进国外技术。杭氧与德国林德公司签订了设备的许可证和引进技术的合同。从此,杭氧的工程师全身心投入、从干中学,不断学习新工艺的设计和开发,建立质量保证体系。在此之后,杭氧开始了大中型空分设备国产化的历程,自主设计生产的空分设备,从第一代发展到了第五代,使得国内空分设备与国外先进技术的差距大大缩短。杭氧探索出了一条引进、消化、吸收和创新的道路。在引进先进技术的同时,杭氧也开始转让技术和出口设备。1979年,杭氧将自行设计研制的板翅式换热器翅片冲床技术及设备出口到西方发达国家。杭氧开启了中国企业向发达国家出口先进技术和设备的先河,具有重要的里程碑意义。"努力在危机中育新机、于变局中开新局",科技创新没有捷径,中国企业唯有苦练内功。

持续创新,勇攀高峰。进入21世纪,世界空分设备行业的发展趋势为特大型化和成套化。杭氧顺应行业发展潮流,走出国门,开启与国际同行的竞技。2001年,杭氧与宝钢签订了生产三万等级空分设备,开启了大型等级空分设备国产化之路。2008年,杭氧通过自主研发生产出国内首台六万等级空分设备;2013年,生产出八万等级空分设备和十二万等级的特大型空分设备,国产空分设备技术进入一个新的阶段。2018年,杭氧为宁夏贺兰山下黄河岸边的戈壁荒原的当今全球最大空分集群提供了6套十万等级空分装置。这6套空分设备已经达到了世界上现有十万等级空分装置的领先水平。

杭氧通过持续的创新,一次又一次地实现中国重大装备国产化"卡脖子"技术的突破,在装备制造业勇攀全球产业链的高峰。习近平总书记一直鼓励企业"加强研发,不断创新"。杭氧始终将技术创新放在首要的位置,不断开拓创新,致力于研发更具市场竞争力的空分设备和工业气体。在产品研发上,杭氧始终保持着一种紧迫感,为了能够在竞争激烈的全球市场上立足,研发的产品必须达到国际领先水平。

案例来源:

1.习近平.坚持用全面辩证长远眼光分析经济形势 努力在危机中育新机于变局中开新局[N].人民日报,2020-05-24(1).

2.习近平鼓励企业加强研发不断创新[EB/OL].(2013-11-05)[2022-02-24].http://www.xinhuanet.com/politics/2013-11/04/c_118000938.htm.

杭氧是中国空分设备行业发展的代表,也反映了中国工业的快速发展。当今,世界正面临着百年未有之大变局。尽管过去,中国在制造业上取得很大的成就,如今仍然面临着很多"卡脖子"的技术问题,关键核心技术买不来、也要不来、更讨不来,企业必须在"卡脖子"的地方下大功夫。尤其是制造业,中国是制造业大国,也在全球供应链中发挥着不可替代的作用。

二、以数字化转型为突破口,构筑创新生态

2019年3月19日,习近平总书记在中央全面深化改革委员会第七次会议中对人工智能和实体经济的融合作出指示:"促进人工智能和实体经济深度融合,要把握新一代人工智能发展的特点,坚持以市场需求为导向,以产业应用为目标,深化改革创新,优化制度环境,激发企业创新活力和内生动力,结合不同行业、不同区域特点,探索创新成果应用转化的路径和方法,构建数据驱动、人机协同、跨界融合、共创分享的智能经济形态。"①当今时代信息技术革命日新月异,云计算、大数据、物联网等技术迅速发展,数字经济已成为科技创新催生新发展动能的重要突破口,建设现代化经济体系离不开云计算、大数据、物联网等数字技术的发展和应用,抓住数字技术革命的机遇,建设网络强国、数字中国、智慧社会势在必行。

应对数字竞争,企业争当变革先行者。习近平总书记于2015

①　习近平主持召开中央全面深化改革委员会第七次会议[EB/OL].(2019-03-19)[2022-02-24].https://www.gov.cn/xinwen/2019-03/19/conten_5375140.htm.

年在浙江乌镇视察时强调:"互联网发展给各行各业创新带来历史机遇。要充分发挥企业利用互联网转变发展方式的积极性,支持和鼓励企业开展技术创新、服务创新、商业模式创新,进行创业探索。"①党的十九大以来,浙江更是把培育企业数字创新作为推动企业转型升级的重要抓手。因为数字化是企业顺应时代发展的必然要求,只有进行数字化创新,取得数字化突破,企业才可以捕获新的市场机会,建立新的商业模式,否则将会被用户抛弃,被竞争对手超越,被市场边缘化,以致最终出局。

推进数字化进程,浙江企业打造数字化高地。在"八八战略"的指导下,浙江围绕提升数字产业规模和能级,实施云计算、大数据、人工智能、智能硬件等行动计划,着力培育壮大集成电路、高端软件等基础产业,创新发展云计算、大数据、人工智能等新兴产业,积极抢占柔性电子、量子信息等未来产业发展制高点,为全省经济高质量发展源源不断地注入新动能。2013年,工信部正式批准浙江为全国第一个"信息化与工业化深度融合国家示范区"。《数字中国建设发展报告(2018年)》显示,浙江省"产业数字化"指数位列全国第一②。

数字化突破不仅仅是数字技术的应用,更是一个组织变革的过程。"要让企业成为技术创新主体,成为信息产业发展主体"③,对标习近平总书记对数字化创新发展的工作要求,浙江企业将信

---

① 习近平:要用好互联网带来的重大机遇 深入实施创新驱动发展战略[EB/OL].(2015-12-16)[2022-02-24].http://www.xinhuanet.com/politics/2015/12/16/c_1117484307.htm.

② 国家网信办:《数字中国建设发展报告(2018年)》[R/OL].(2019-05-09)[2022-02-24].https://www.sohu.com/a/312954205_100020617.

③ 习近平:让企业成为信息产业发展主体[EB/OL].(2014-02-28)[2022-02-24].http://politics.people.cn.cn/n/2014/0228/c70731-24487442.html.

息技术、现代管理技术和制造技术相结合,通过信息化、智能化、协同化,将人、流程、数据和事物连接起来,应用到企业产品生命周期全过程和企业运行管理各环节,赋能实体经济焕发新动能。为激发市场主体活力,浙江深入实施"十行百企"数字工厂示范工程,全面推进智能制造和"十万企业上云"行动,建设智能制造试点示范区(平台)以及智能制造新模式应用试点示范项目,着力培育多层次、递进式、大中小微协同共生的企业生态。浙江省有 14 家企业入选 2019 年全国电子信息百强企业榜,上榜企业数位居全国第二位。[①] 在商务部办公厅发布的数字商务企业入选名单中,浙江 2019年入选 4 家数字商务企业,2020 年新增 4 家入选企业,入选数量居全国第一。[②]

◆◆【案例 4-4】

阿里巴巴:数字中台赋能组织新未来

数据孤岛,资源浪费,企业发展遇险阻。在企业的数字化进程中,阿里巴巴网络技术有限公司(以下简称"阿里巴巴")凭借数字中台勇立潮头。阿里巴巴在建立数字中台模式之前,和其他大多数企业一样,在组织内部采取"烟囱式"的系统架构,即数据中心是基于单个项目建设的,采用垂直的体系结构(见图 4-2),当业务部门提出业务需求,就需求进行一整套的需求收集、分析、开发、测

① 浙江省经济和信息化厅.我省 14 家企业入围 2019 年全国电子信息百强稳居全国第二位[EB/OL].(2019-07-29)[2022-02-24].http://jxt.zj.gov.cn/art/2019/7/29/art_1657978_36179282.html.

② 中华人民共和国商务部.商务部办公厅关于确认第二批数字商务企业的通知[EB/OL].(2020-11-27)[2022-02-24].http://www.mofcom.gov.cn/aarticle/h/redht/202011/20201103018371.html.

试、上线的项目周期。而阿里巴巴的电子商务业务涉及多种业务形式，"烟囱式"架构使得阿里巴巴的同一个客户可能涉及 B2B、C2C、B2C 等多种形式，且其背后可能是同一个商品。随着阿里巴巴核心电商业务的持续扩大，重复投入、资源利用率下降的问题不断显现，各种各样的数据孤岛也横亘在各个部门之间，跨部门沟通效率低下。因此，阿里巴巴开始尝试进一步的数字化变革，打通底层数据。

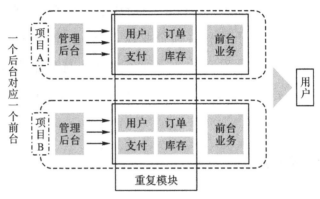

图 4-2　传统"烟囱式"IT 架构

信息共享，互通互用，数字中台促升级。2015 年，阿里巴巴提出"大中台小前台"的战略，建立中台事业群，包括搜索事业部、共享业务平台、数据技术及产品部。在新的组织架构中，前台用于快速响应用户需求，后台提供相对稳定的后端资源，而中台则充当了"变速齿轮"的作用，用以匹配不同速率。企业通过中台整合共性需求，打造为平台化、组件化的系统能力，以接口、组件等形式共享给各业务单元使用，使得一个后台可以对应多个前台。

通过大中台聚合集团的数据、技术资源，前台更为敏捷地做出反应，实现更快速的适应瞬息万变的市场。经过调整后，阿里巴巴的组织架构不再是传统的树状结构，而是变成了网状结构。将之前细分的 25 个事业部打乱，根据具体业务将其中一些能够为业务线提供基础技术、数据等支持的部门整合成为"大中台",统一为业务线提供支持和帮助(见图4-3)。中台提炼各个业务线的共性需求并打造成组件化的资源包,以接口的形式统一提供给前台业务部门使用,最大限度地减少重复的现象。通过此番IT架构和集团组织结构的调整之后,阿里巴巴的核心能力随着业务不断发展以数字化形式沉淀到平台,形成以服务为中心,由业务和数据中台构建起数据闭环运转的运营体系,以更高效地进行业务探索和创新,实现以数字化资产的形态构建核心且具有差异化的竞争力。

小前台	电商事业群	蚂蚁金服集团	阿里云事业群	菜鸟网络	大文娱集团	其他
	B2B 1688 B2C 天猫 聚划算 C2C 淘宝网农村淘宝	蚂蚁金服 支付宝 蚂蚁聚宝 网商银行 芝麻信用	阿里云	菜鸟网络	阿里巴巴影业集团 阿里体育 阿里音乐 阿里游戏	阿里妈妈 阿里健康 钉钉

大中台	中台事业群—基础架构事业群		
	搜索事业部	共享事业部	数据技术及产品部

图4-3　阿里巴巴的数据中台组织架构

阿里巴巴的数据中台不仅可以改变企业内部的组织结构,将多元化的业务数据共通、共享、共用,还能够通过全域数据,将收购的业务,如优酷、土豆、UC浏览器等,也用同样的方法和体系一起来,形成有机联动的阿里生态圈。基于这些数据,阿里进一步开启了数据萃取项目,深度挖掘这些数据资产的价值,再反馈、应用到业务之中。现在,阿里中台提供的数据制定覆盖用户全生命周期的数据化运营策略,能够支持更多的业务走向实时化、数据化,爆发强大的生态协同作用。

案例来源:吴晓波,等.2018—2019浙江省创新型经济蓝皮书[M].杭州:浙江大学出版社,2021.

阿里巴巴作为数字组织创新的典型代表，利用信息技术对组织架构进行重塑，打通底层数据，连接数据孤岛，建立起数字中台，不仅能降低重复建设、减少"烟囱式"协作的成本，解决了资源重复投入、利用率下降的问题，也疏通了企业内部的沟通渠道，将不同业务联结起来，信息共享，解决了阿里巴巴生态内部多元化、复杂化和丰富化的业务数据如何融通并以统一标准进行建设的问题。这种"大中台、小前台"的模式可以有效地聚合集团的数据、技术资源，更敏捷地服务于前台，更快速地适应瞬息万变的市场，响应外部需求和环境变化，使得阿里巴巴可以更精细化地管理复杂的、多形态的业务。全数据化运营，全业务链打通，更好地支持业务发展和创新，降低运作成本，为应用提效，为业务赋能。

"要用好互联网带来的重大机遇，深入实施创新驱动发展战略"[①]，浙江企业秉承习近平总书记的这一思想，积极应用5G、人工智能、云计算、大数据、物联网等新兴数字技术。我们可以看到，阿里巴巴、网易、海康威视、浙江大华、浙大中控等一大批企业都在数字经济的引领和推动下蓬勃发展，不断巩固其在信息服务、数字安防、智能计算、人工智能、工业互联网等领域的优势地位。2020年，浙江省数字经济核心产业[②]规模以上

---

① 霍小光，罗宇凡.习近平：要用好互联网带来的重大机遇　深入实施创新驱动发展战略［EB/OL］.（2015-12-16）［2022-02-24］. http://www. xinhuanet. com/politics/2015-12/16/c_1117484307. htm.

② 数字经济核心产业：根据工信部、国家统计局的《电子信息产业统计报表制度》《软件和信息技术服务业统计报表制度》和《国民经济行业分类（2017版）》目录，浙江省将与数字技术的生产、传输、传播等直接相关的生产活动和服务活动的行业领域作为数字经济核心产业，具体包括计算机通信设备制造业、电子信息机电制造业、专用电子设备制造业、电信广播电视和卫星传输服务业、互联网及其相关服务业、软件和信息技术服务业、文化数字内容及其服务业等7大类128个小类行业。

企业有 6241 家,全省数字经济核心产业增加值总量达到 7020 亿元①。

三、以创新型人才培养为突破口,汇聚创新资源

自从"八八战略"实施以来,浙江坚持人才链与创新链、产业链、资金链、信息链深度融合,以聚集"高、精、尖、缺"人才为突破口,依托重大引才工程等人才招引措施,着力打造吸引高端项目和创新型人才的科创高地,不断提升"创新浓度"。具体措施包括:其一,在多地建设创业园区、自主创新示范区,为企业培养创新型人才提供资源,如杭州的全球引才"521"计划,引进并重点支持能突破关键技术、从事创新工作的海外高层次人才;其二,全面构建"高、精、尖、缺"人才开发目录库,鼓励企业布局海外"人才飞地",开展海外并购,发挥浙江省企业海外科技孵化器和研发机构作用;其三,鼓励跨国公司在浙江设立或联合设立研发中心和创新基地,支持外资研发机构与本省单位共建实验室和人才培养基地。

如果说创新是引领企业发展的第一动力,那么人才就是支撑创新发展的第一资源。习近平总书记每一次讲到创新驱动,一定会讲到人才,"人才是创新的根基,创新驱动实质上是人才驱动,谁拥有一流的创新型人才,谁就拥有了科技创新的优势和主导权"②。在激烈的商业竞争环境中,企业的竞争优势往往源于人才优势。技术过硬的专业人才队伍是企业推动技术创新、提高劳动生产率、提升经济效益的重要保障。人才的培养速度和效率,也决定了企

---

① 浙江省统计局."十三五"时期浙江数字经济发展报告[R/OL]. (2021-01-25) [2022-02-24]. http://tjj. zj. gov. cn/art/2021/1/25/art_1229129214_4439493. html.

② 习近平参加十二届全国人大三次会议上海代表团审议[EB/OL]. (2015-03-05) [2022-02-24]. http://www. rmzxb. com. cn/c/2015-03-05/2283630. shtml.

业发展的效率。企业的创新发展需要一支高素质的人才队伍。企业只有在人才工作中进一步突出创新思维、创新能力、创新环境的培育，着重创新型人才的培养、创新型人才平台的打造，才能不断激发创新动能、激活人才潜能。正如习近平总书记所说："人才是最宝贵的财富，要尽最大力气培养和用好人才，加大研发投入。年轻人成长了，企业才有希望，国家才有希望。"①

在习近平新时代中国特色社会主义思想引领下，浙江企业作为创新主体，纷纷通过高端人才引进、企业内部培训等一系列专业技能提升办法，大力构建与自身发展需求相匹配的人才队伍和人才体系。主要体现在以下六个方面：

第一，制定和实施创新型人才发展规划。浙江企业在战略层面对创新型人才给予高度重视，多方位研究制定引进创新型人才、培养创新型人才、用好创新型人才、留住创新型人才的对策措施，以利于企业充分发挥创新型人才的创造力，使得创新型人才更好地为企业发展服务。

第二，营造有利于创新型人才发展的良好环境。完善的制度环境是创新型人才发展的必要条件，是促使创新型人才有效发挥作用的重要保障。浙江企业千方百计地为创新型人才营造良好环境，积极改进企业内部的制度环境，让创新型人才感受到认可和尊重，从而使创新型人才充分发挥作用。

第三，努力培植有利于创新的企业文化。企业创新文化有利于激发人才的创造力，塑造企业价值观。浙江企业积极建立符合自身特色的创新文化，并且注重对企业创新文化的宣传，在企业内

---

① 习近平：尽最大力气用好人才［EB/OL］.（2013-08-30）［2022-02-24］. http://www.gov.cnldhd2013-08/30/content_2477649.htm.

部注意树立先进典型,强化对创新型人才的宣传效果,为推动人才创新和企业发展形成不竭动力。例如,浙江大华技术股份有限公司一直将创新作为公司发展的核心竞争力,"诚信、敬业、责任、创新"的企业文化激励着创新型人才不断打破常规、挑战自我。

第四,建立健全的创新型人才培训体系。企业把提高创新型人才的素质摆在重要位置,纷纷建立起健全完善、合理、高效的创新型人才培训体系,及时而有针对性地更新创新型人才知识,培养和增强其创新思维能力,从而保证企业的创新能力不衰退。一方面制订适应企业发展的人才培训规划,包含长期规划、中期规划和短期计划;另一方面建立人才培训的有效反馈机制,对培训的实际效果进行跟踪检查,及时改进和提升人才能力和水平。例如,浙江吉利控股集团有限公司的"人才森林"通过大樟树带动小树苗成长的模式,使得吉利能够培育各方面、各层次的创新型人才,为吉利的创新之路不断注入活力。

第五,建立多元化创新型人才激励机制。企业针对创新型人才工作的特殊性和人才素质特征、个体本身的特殊性,建立多元化的激励机制,对应创新型人才的个性化激励需要,构建分配激励、事业激励、荣誉激励相结合的多元化激励体系。

第六,完善企业人才创新容错机制。创新属于高风险活动,存在着很大的不确定性。因此,对于创新型人才的管理,浙江企业建立了相应的创新容错机制,形成了具有一定宽容度的相对宽松的创新环境,对于创新型人才的创新探索要允许失败,以利于创新型人才敢于积极开展创新活动、勇于大胆尝试科研探索和大胆攀登科技高峰,激发创新型人才潜能更好地发挥,为企业作出更加优异的创新业绩。例如,阿里巴巴董事局主席张勇认为,企业要勇于试错,敢于容错,做前所未有的事情,不可能不走弯路,也不可能一步到位,只有千锤百炼,才能充分创新。

◆◆【案例4-5】

从追赶者到领跑者,海康威视的人才突围战

从追赶者到领跑者,杭州海康威视数字技术股份有限公司(以下简称"海康威视")敏锐地把握住了每一次技术变革带来的市场机遇,仅仅花了15年,从行业的后来追赶者,逐步超越业内一个个强劲的竞争对手,于2016年跃居"全球安防50强"第一位。

打赢这场突围战,关键在于人才。海康威视董事长陈宗年在一次采访中提到"人才的增加是企业最根本的增长,没有这么多人才的支撑,海康威视不可能有今天这样的发展"。目前,海康威视的全球员工超4万人,其中研发和技术服务人员近2万人,累计拥有专利2809件,拥有软件著作权881件(截至2018年),研发投入占全年营收的9.51%(2019年)。正是这些宝贵的人才,才使得海康威视问鼎全球安防行业第一位。海康威视一直将人才视为发展的基石,着力构建一支符合自身特色的人才队伍以及完善的人才体系。

在人才引进方面,海康威视一直秉承着"发展,第一靠人才"的原则,在2008年金融危机时,很多企业都在裁员,而海康威视则做出了一个相反的举动——比平时更多地招聘人,这正是因为海康威视明白,只有储备足够多的人才,才能在未来的竞争中占据一席之地。

在人才培育方面,海康威视构建了十分完整的员工培训体系,"新人训练营""鹰系列——飞鹰计划、鹘鹰计划""孔雀翎——翎眼、翎心、翎羽"、核心人才培养机制……构成了全方位、立体化的

培训模式,为公司的人才培养打下坚实的基础。

在人才激励方面,海康威视设定了优渥的薪酬水平,健全工作园区内各项服务来确保员工的生活品质,并通过定期跟投计划、股权激励、技术特别贡献奖等多种人才激励政策,激发员工的工作热情,促使其不断通过学习提升自我。

2015年,习近平总书记到访海康威视视察时表示,"人才是最为宝贵的资源,只要用好人才,充分发挥创新优势,我们国家的发展事业就大有希望,中华民族伟大复兴就指日可待"。

案例来源:

1. 任腾飞. 海康威视:依托人才打赢"突围战"[J]. 国资报告,2017(7):29-31.

2. 让创新成为发展的第一动力:重访习近平总书记党的十八大以来国内考察地[EB/OL]. (2017-09-28)[2022-02-24]. http://www.xinhuanet.com//politics/2017-09/28/c_1121739466.htm.

3. 吴晓波,等. 2018—2019浙江省创新型经济蓝皮书[M]. 杭州:浙江大学出版社,2021.

20年来,海康威视不断发展壮大,从研发生产视频压缩版卡起步,延伸到数字视频监控领域,登顶全球安防巨头。从追赶者到领跑者,正是由于海康威视对人才的重视,才能在重重竞争中取得突破。在追求卓越的道路上、在人才培养的道路上,海康威视从未停止。海康威视从内心深处认为,人是企业实现创新发展的第一动力,是推动企业技术创新的根本所在。秉承着"发展,第一靠人才"的理念,海康威视制定了一系列人才培养体系、合理先进的用人制度和员工职业发展体系,并配备有效的激励政策,从而培养出一大批核心人才,为企业的创新发展不断注入活力。

海康威视是众多浙江企业的一个缩影,在各行各业都有无数这样的企业,他们深知创新型人才是企业创新发展的关键力量,正努力建立多层次、全方位的人才体系。正如习近平总书记所说:"世上一切事物中人是最可宝贵的,一切创新成果都是人做出来的。硬实力、软实力,归根到底要靠人才实力。全部科技史都证明,谁拥有了一流创新人才、拥有了一流科学家,谁就能在科技创新中占据优势。"①

第三节　弘扬企业家精神,激发民营企业创新的内在动力

无论是单个企业在微观层面的创新,还是中国经济在宏观层面体现的技术进步,都离不开企业家精神所体现的创造性破坏才能。一代又一代的浙商们从计划经济的夹缝中求得生存,又在市场竞争中不断成长;在国际市场上披荆斩棘,又在亚洲金融危机、全球金融危机、新冠肺炎疫情等大风大浪中砥砺前行。正是靠着生生不息、毫不动摇的企业家精神,浙江的企业家们才能创新生产技术,开发生产要素的新组合,在受制于资源缺乏和国家重大投资项目偏少的情况下,打造出"全国最活跃的企业家群体"②。2020年,习近平总书记在企业家座谈会上提到,"企业家要带领企业战胜当前的困难,走向更辉煌的未来,就要在爱国、创新、诚信、社会责任和国际视野等方面不断提升自己"③,带领企业"强起来"。浙

---

① 习近平.努力成为世界主要科学中心和创新高地[J].共产党员,2021(8):6.

② 习近平.干在实处　走在前列:推进浙江新发展的思考与实践[M].北京:中共中央党校出版社,2006:99.

③ 习近平在企业家座谈会上的讲话[EB/OL].(2020-07-22)[2022-02-24].http://jhsjk.people.cn/article/31792488.

江企业长久以来可以保持优势发展的态势，最为根本的原因之一就在于敢为人先的探索精神，在保有及时发现现存问题并破除现有困境的能力之外，还能通过快速优化和改良现有机制体制来适应最新变化，从而始终保有引领甚至变革市场的能力。

新一代的浙江企业家被概括为"新四千精神"，即：千方百计提升全球价值链位置、千方百计扩大全球市场、千方百计首创和自主创新、千方百计提升质量和改善管理。这为浙江经济高质量发展和企业基业长青奠定了良好的创新基础。"雄鹰行动"和"雏鹰行动"的相继推出，使得浙江形成了大企业"顶天立地"、中小微企业"铺天盖地"多层并发的实力强劲、梯度完备的特色企业发展格局。正是一批具有全球战略眼光、市场开拓精神、管理创新能力和社会责任感的新浙商，将浙江人"敢闯敢试、敢为天下先、敢于承担风险"的企业家精神不断传承，在困境中实现"凤凰涅槃、浴火重生"。当下的浙江，创新创业不只是一种形式，更成了浙江人的生活态度。

一、龙头企业：成为引领民营经济的"健康"力量

美国管理学大师彼得·德鲁克认为，创新是企业家特有的工具。市场活力来自人，特别是来自企业家，来自企业家精神。对于有着浓厚重商主义氛围和名扬天下的浙商群体的浙江省而言，民营企业不仅是经济活动的重要主体，也是创新的活力之源。2020年，仅浙江民营企业百强投入研发费用就达到了813亿元，同比增长16.6%；拥有有效专利70741件，其中有效发明专利17608件；拥有国外专利8059件，其中有效发明专利7282件；国内商标注册量25545件，马德里国际商标有效注册量2778件；主导或参与国际标准346项、国家标准1678项、行业标准1285项、团体标

准516项。^① 在2021年全国工商联发布的"2021民营企业研发投入500家"榜单中，位列前五的企业，浙江省就占了2家^②。同年，浙江省市场监管局发布了全省专利百强企业名单。^③ 习近平总书记曾指出，"非公有制经济要健康发展，前提是非公有制经济人士要健康成长"^④。对于如何成为一个"健康"的企业家，习近平总书记从爱国、创新、诚信、社会责任和国际视野等方面提出了要求^⑤，概括起来就是："聚精会神办企业、遵纪守法搞经营，在合法合规中提高企业竞争能力。"^⑥具体而言，"爱国敬业、守法经营"应当成为其行事的基本准则，"加强自我学习、自我教育、自我提升"应当成为其长远的发展之道。要以"回报社会"为己任，以"创业创新"为目标。对内，企业要练好基本内功，"特别是要提高经营能力、管理水平，完善法人治理结构，建立现代企业制度"；对外，"企业还要拓展国际视野，增强创新能力和核心竞争力"^⑦。总体而言，企业家个人要"继承和发扬老一辈人艰苦奋斗、敢闯敢干、聚焦实业、做精主业的精神，努力把企业做强做优"^⑧。

在这种大环境下，浙江省政府发出了弘扬浙江精神和企业家

①　2021年浙江民营企业百强榜出炉！［EB/OL］.（2021-09-23）［2022-02-24］. http://www.zj.xinhuanet.com/2021/09/23/c_1127891752.htm.

②　龙跃梅.最高1419亿元　2021民企研发投入榜单发布［N］.科技日报，2021-10-15(5).

③　浙江省经济和信息化厅.浙江发布专利创造百强企业名单，民营企业占比超七成［EB/OL］.（2021-05-24）［2022-02-24］. http://jxt.zj.gov.cn/art/2021/5/24/art_1660147_58926624.html.

④　习近平：在民营企业座谈会上的讲话［EB/OL］.（2018-11-01）［2022-02-24］. http://www.xinhuanet.com/politics/2018-11/01/c_1123649488.htm.

⑤　姜琳.新华时评：为企业家精神注入新内涵［EB/OL］.（2020-07-22）［2022-02-24］. http://www.gov.cn/xinwen/2020-07/22/content_5529189.htm.

⑥⑦⑧　习近平：在民营企业座谈会上的讲话［EB/OL］.（2018-11-01）［2022-02-24］. http://www.xinhuanet.com/politics/2018-11/01/c_1123649488.htm.

精神,敢为人先、敢闯敢干、敢于胜利的号召,先后举办了浙江省民营企业家学习《中共中央　国务院关于营造企业家健康成长环境弘扬优秀企业家精神更好发挥企业家作用的意见》精神座谈会和弘扬新时代优秀企业家精神峰会,深入探讨企业家精神的内核和新时代下企业家如何为国家经济社会持续健康发展发挥更大作用,引起了浙江企业家们的极大共鸣和浙商精神的广泛传播。在多年实践中,浙江也出台实施了一系列产业规划、促进条例、行动方案和意见通知等,从战略和策略等不同层次对企业发展中创新、金融、财政、品牌、电商、资源等要素给予支持,在产业并购、金融服务、发展环境营造、优化产业结构、激励核心技术创新、鼓励依托主业延伸产业链等方面给予引导,对充分发挥企业家精神作用形成了立体式、全方位的政策支撑。

在政策扶持与经年累月的重商文化的滋养下,享誉全球的第一大商帮——"浙商"也形成了独特的企业家精神,具体可概括为以下几点。

(1)聚焦主业。企业在发展过程中难免经历高低起伏和转型阵痛,做企业需要有长远的信心。如今经济发展迈入新常态,产业链向高端延伸,为确保换挡期间"不断挡",浙江企业家们坚持"工匠精神",一门心思将企业由小做大、由大做精、由精做强。以双童为代表的扎根于吸管、阀门等行业的企业便是例证。他们所在的行业可能鲜为人知,生产的产品可能微不足道,但他们不盲从,也不与别人攀比,而是振奋精神,练好内功,专注于把一件事做到极致,从而缔造出浙江省数量众多的"隐形冠军"企业。

(2)创新意识。创新是引领发展的第一动力,企业家创新活动是推动企业创新发展的关键。"中国制造""中国速度""中国品牌"走进生活、走向世界的背后，是一代代企业家的守正与创新。[①] 早在 2006 年，时任浙江省委书记习近平就在浙商大会暨浙商论坛上强调，浙商要做改革创新的先行者。为了实现民营企业的新发展，多年以来，浙商着眼新形势新任务的要求，发扬"先人一步""高人一招"的精神和胆略，深入推进企业制度、技术、管理等方面的改革和创新，承担起深化改革的推动者和提高自主创新能力的重要主体的社会责任。

（3）国际视野。从全球范围看，浙商是民营经济中率先走出国门、走向全球的商人群体。2001 年，中国加入世界贸易组织，开启了中国融入世界经济的新阶段，远涉重洋做生意成为浙商发展的新趋势。十多年时间里，浙商的足迹几乎踏遍了世界各地，从商品贸易到资本投资，从"引进来"到"走出去"，浙商都表现不凡。2015年，时任浙江省省长李强又明确表示浙江省积极参与"一带一路"倡议[②]。浙江民营企业家们迅速抓住新的时代发展机遇，2016 年对"一带一路"沿线国家进出口 5401.3 亿元，同比增长 6.5%，贡献了全省对"一带一路"沿线国家近八成贸易额。[③] 在全球化的世界经济中纵横捭阖，浙商很多时候、很大程度上，成为当代中国商人的典型形象代表。

（4）社会责任。承担社会责任是企业家精神的重要内涵，也是新时代新型市场主体的重要特征。前有坚持了十余年"四个一万"工程的鲁冠球，后有积极投身乡村振兴、抗击疫情等公益事业的鲁

---

① 潘娣.唯改革者进唯创新者强[EB/OL].（2021-12-06）[2022-02-24].http://www.81.cn/jfjbmap/content/2021/12/06/content_304637.htm.

② 施佳秀.浙江省省长李强：提升浙江发展在全国战略地位[EB/OL].（2015-01-21）[2022-02-24].http://www.chinanews.com/gn/2015/01-21/6989761.shtml.

③ 南希.浙江打造"一带一路"样板　千亿身价的模范生们交出高分答卷[EB/OL].（2017-09-06）[2022-02-24].https://js.zjol.com.cn/ycxw_zxtf/201709/t20170906_4990187.shtml.

伟鼎，一代代浙商旗帜人物将对社会的贡献视为自己义不容辞的责任。根据《2020年浙商社会责任报告》，95％的浙商企业开展了形式多样的社会责任实践活动，在打造优质雇主品牌、投身新型慈善事业、参与环境保护治理、推动社会公益创新、引领产业创新变革、构建共赢生态网络等方面也都有突出的表现。在新冠肺炎疫情中，走遍天下、义利并行的浙商群体，更是表现出他们一贯的大爱大勇和责任担当。据浙江省工商联统计，浙商企业捐赠超万元的达7300多家，捐赠过百万元的有400余家，捐赠过千万元的有50多家。浙商企业设立基金和捐款捐物累计已超33亿元，其中设立基金14.57亿元，捐款捐物总额18.65亿元。①

在企业家精神的引领下，浙商敢闯敢试、敢为人先，以强烈的改革创新意识和实践开创了诸多全国第一，如第一批个体工商执照发放、第一批闻名全国的农村专业市场、第一座农民城、第一批股份合作制企业、第一个私营企业的地方性法规等②。截至2020年，浙江省全年民营经济增加值占全省生产总值的比重预计为66.3％，创造的税收占全省税收收入的73.9％。不管是工业还是服务业，民营企业的增速都远超行业平均值。民间投资和民营企业货物出口占比也大幅超过50％。③从各个方面来说，民营企业都是浙江经济发展当之无愧的领头羊，浙商也一直是中国民营企业的排头兵。

---

① 沈吟.弘扬光彩精神　浙江民企显担当[EB/OL].(2020-12-29)[2022-02-24].https://zjrb.zjol.com.cnhtml2020-12/29/content_3397580.htm？div＝－1.

② 任琦.走在前列，浙江精神的生动展现[EB/OL].(2006-02-14)[2022-02-24].http://zjnews.zjol.com.cn/05zjnews/system/2006/02/14/006475200.shtml.

③ 浙江省民营经济研究中心.2020年浙江省国民经济和社会发展统计公报[EB/OL].(2021-02-28)[2022-02-24].http://www.myjjzx.cn/cj/view.php？aid＝382.

◆◆◆【案例4-6】

万向集团:藏在万向节里的企业家精神

践行企业家精神、彰显浙商风貌的典范便是鲁冠球和他的万向集团(以下简称"万向")。习近平总书记曾指出,"鲁冠球同志是咱们最早的一批企业家,是民营企业中的改革先锋,那一批人里头做到现在仍然蓬勃发展的,万向比较典型。"万向脱胎于鲁冠球的起家产品万向节,汽车中十分不起眼的一个小配件。48年间,他将从农机厂起家的万向经营成为利润过百亿的现代化跨国企业集团,并做到全球行业规模第一。习近平总书记曾将万向的创业经历总结为两点:"一个是心无旁骛,主业把握得牢;再一个思想不落伍,总在前沿探索。"

心无旁骛做主业。万向起步于鲁冠球1969年7月8日筹办的宁围人民公社农机修理厂。当时一穷二白,没有资源也没有经验,没人知道修理厂具体该往哪儿走。经过十年摸索,1980年,鲁冠球精简了当时已颇具规模的"萧山宁围公社万向节厂"的产品线,集中力量生产汽车万向节。在此后的几十年间,万向在"万向节"这一基石上,始终坚守着汽车零部件这一发展路径,经营模式不断调整,经历了从人民公社到承包企业,从民营企业到上市公司的各发展阶段,最终完成了从农民工社向现代化企业的成功转型。

思想革新探前沿。引领我国民营企业发展变革的万向也很注重先进技术的发展。早在1996年之前,万向就有了自己的技术中心,后被批准为国家级技术中心。1998年,万向设立了专利工作机构,对整个集团专利进行集中管理,并在次年获批建设企业博士后科研工作站。为了在技术攻坚的同时"加深对市场需求的理解",2002 年,技术中心开始着重在有良好市场潜力的高新技术产业领域进行自主研发。以此为依托,万向发展出了拥有数百名专业研发技术人员的研究院,其拥有的国家级汽车零部件实验室,出具的实验报告获得 44 个国家和地区的互认资格,并作为国内万向节标准独立起草单位,参与起草国际标准 3 项、组织起草国家标准 9 项、行业标准 23 项,累计申请中国专利 2000 余项。

平流缓进向世界。万向的国际化之路始于 1984 年 4 月 24 日第一次试制美商多伊尔公司的万向节样品。同年 10 月,拥有世界上最多万向节专利的美国舍勒公司向万向下单,万向产品自此走出国门。短短两个月后,万向美国公司注册成立,落下万向整合海外资源的一枚重要棋子。此后,万向走向世界舞台的脚步不断加速:1997 年 8 月 18 日,万向正式获得美国通用汽车公司的生产订单,成为第一家进入美国一流主机配套市场的中国汽车零部件企业;1999—2003 年,万向密集收购了舍勒、洛克福特、GBC 等多家行业内知名美国企业,开创了中国民营企业收购海外上市公司的先河。2013—2014 年,万向正式收购美国 A123 系统公司及与特斯拉齐名的菲斯科,引起巨大的国际反响。至此,万向一步一个脚印,从一个万向节厂家成功蜕变为世界级汽车零部件企业。

舍我其谁承担当。正如鲁冠球强调的那样,"企业承担社会责任是必须。企业承担了责任,社会才需要你,所以,坚守社会责任,就是坚守企业生命"。从坚持投身"三农"建设到积极备战新能源的开发利用,在发展的几十年中,万向始终充分利用产业优势与服务产品,以负责任的商业动作带动社区及社会可持续发展。万向在金融危机关键时刻提出"不减薪、不裁员、不降福利"的人力资源方针,也切实做好"四个回馈"的社会责任承诺,把"四个一千"工程提升为"四个一万"工程。鲁冠球用一生践行了他作为企业家对社会的承诺,"企业家注定是要创造、奉献、牺牲的""真正的企业家都是奉献,都是在为社会工作"。

案例来源:

1. 华南.鲁冠球藏在万向节里的企业家精神[EB/OL].(2018-09-14)[2022-02-24]. http://elite.youth.cnxglj201809/t20180914_11727422.htm.

2. 邹伟,韩洁."民营企业和民营企业家是我们自己人":习近平总书记主持召开民营企业座谈会侧记[EB/OL].(2018-11-01)[2022-02-24].http://www.xinhuanet.com/politics/2018-11/01/c_1123649947.htm.

3. 习近平:创新是引领发展的第一动力[EB/OL].(2016-02-25)[2022-02-24]. http://www.scio.gov.cn/m/ztk/dtzt/2015/33681/33750/document/1469830/1469830.htm.

万向的案例完美地展现了习近平总书记对企业家精神在聚焦主业、自我提升、创新精神、国际视野和社会责任等方面的要求,浓墨重彩地刻画出在改革开放的浪潮中奋勇搏击的浙江企业家的时代肖像。以万向的鲁冠球为首,一批批浙江企业家的身影在各个领域闪耀光辉:秉持着"让天下没有难做的生意"的经营理念的马云,建立了阿里巴巴,带动了千千万万中小企业的发展,并直接推动了我国互联网行业的跃进;宗庆后,带领娃哈哈集团发展为全球第五大食品饮料生产企业,并在抗击新冠肺炎的阻击战中作出积极贡献,入选"浙商抗疫英雄榜";从冰箱配件起家的李书福,如今已将吉利集团发展为中国领先的汽车制造商,并立志成为最具竞争力和受人尊敬的中国汽车品牌;还有引领中国民营电器企业的正泰集团的南存辉,知名服饰品牌雅戈尔集团董事长李如成,中国保健品领军企业之一养生堂有限公司董事长钟睒睒……在重商文化中熏陶成长起来的浙江人从来不缺创业的头脑和欲望，但面对新的时代浪潮，浙江的创业者们对"企业家精神"应当要有更深刻的了解。以万向为标杆，遵循习近平总书记的指引，践行守法、专注、创新、国际视野和社会担当等方面的要求，相信海内外影响最大、实力最强的浙商群体，将继续成为浙江发展的中坚力量。

二、中小企业：做"专精特新"的隐形冠军

2018 年 10 月，习近平总书记在考察广州时曾说："中小企业能办大事！"[①]2020 年 3 月 29 日至 4 月 1 日，在调研浙江省的疫情防控和复工复产时，他又再次强调："民营企业、中小企业在我国发展特别是产业发展中具有重要地位。"[②]中小企业的韧性是我国经济韧性的重要基础，是保市场主体、保就业的主力军，是提升产业链与供应链稳定性和竞争力的关键环节，也是构建新发展格局的有力支撑。中小企业也是创新的重要发源地，是科技和经济紧密结合的重要力量，是技术创新决策、研发投入、科研组织、成果转化的主体[③]，也是落实我国创新创业政策的重要抓手。习近平总书记曾多次强调，创新创造创业离不开中小企业[④]，也曾在多个国际合作

---

① 张晓松，谢环驰.习近平：党中央高度重视中小企业发展［EB/OL］.（2018-10-25）［2022-02-24］.http://www.xinhuanet.com/politics/leaders/2018-10/25/c_1123611223.htm.

② 习近平在浙江考察时强调：统筹推进疫情防控和经济社会发展工作奋力实现今年经济社会发展目标任务［EB/OL］.（2020-04-02）［2022-02-24］.http://jhsjk.people.cn/article/31658252.

③ 习近平：为建设世界科技强国而奋斗——在全国科技创新大会、两院院士大会、中国科协第九次全国代表大会上的讲话（2016 年 5 月 30 日）［EB/OL］.（2016-06-01）［2022-02-24］.http://jhsjk.people.cn/article/28400179.

④ 习近平在广东再谈改革开放　这十句话旗帜鲜明［EB/OL］.（2018-10-26）［2022-02-24］.http://jhsjk.people.cn/article/30364904.

会议上将鼓励、扶持和加强我国与国际上其他国家和地区的中小企业之间的相互合作作为重要措施。正如习近平总书记所说,"我国中小企业有灵气、有活力,善于迎难而上、自强不息"①,无论是在推动经济发展、实现创新强国,还是促进国际合作等方面,都有着不可替代的作用。只有促进中小企业发展,才能够真正使我国经济全面发展、科学发展、高质量发展。

2019年8月26日,习近平总书记主持召开中央财经委员会第五次会议,确立"专精特新"为中小企业的发展方向,这四个字也成为中小企业所特有的企业家精神的内核。

"专精特新",即指"专业化、精细化、特色化、新颖化"。其中,"专业化"要求企业专注核心业务,提高专业化生产、服务和协作配套的能力,为大企业、大项目和产业链提供零部件、元器件、配套产品和配套服务;"精细化"要求企业做到精细化生产、精细化管理和精细化服务,以美誉度高、性价比好、品质精良的产品和服务在细分市场中占据优势;"特色化"要求企业利用特色资源,弘扬传统技艺和地域文化,采用独特工艺、技术、配方或原料,研制生产具有地方或企业特色的产品;"新颖化"则要求企业开展技术创新、管理创新和商业模式创新,培育新的增长点,形成新的竞争优势。

浙江是一个以中小企业为主体的经济体,而在中小企业之中,"隐形冠军"企业又属翘楚。为促进中小制造企业发展壮大,浙江省在规模以上工业中培育1000家左右国内细分市场占有率居前

---

① 习近平在浙江考察时强调:统筹推进疫情防控和经济社会发展工作奋力实现今年经济社会发展目标任务[EB/OL].(2020-04-02)[2022-02-24].http://jhsjk.people.cn/article/31658252.

的"隐形冠军"企业,以"专精特新"推动制造业高质量发展。截至
2020 年 10 月底,全省"专精特新"入库培育企业已达 5.3 万家;同
年年底,全省已认定"隐形冠军"企业共 122 家,隐形冠军培育企业
886 家,入围工信部第一批"专精特新""小巨人"企业 19 家,第二批
143 家,累计 162 家,居全国第一。[①] 可以说,"隐形冠军"企业既是
浙江的一张名片,也是其发展的重要基石。

浙江省灿若星辰的隐形冠军企业们自然不是凭空而来的。多
年以来,浙江全省上下以习近平新时代中国特色社会主义思想为
指导,认真学习贯彻习近平总书记在民营企业座谈会、企业家座谈
会和考察浙江重要讲话中做出的指示,全面贯彻落实新发展理念,
引导中小企业"专精特新"发展,浙江省制定出台《关于推进中小企
业"专精特新"发展的实施意见》(浙政办发〔2017〕15 号)和《关于开
展"雏鹰行动"培育隐形冠军企业的实施意见》(浙政办发〔2019〕28
号),实施十大工程,并由省、市、县三级联动,建立覆盖各培育阶段
的"雏鹰行动"企业培育库,每年筛选确定入库企业,开展分类指
导、精准服务、监测评价、动态跟踪,并采取了一系列扶企助企培育
措施,可以归纳为以下四个方面。

一是加大创新投入,加快技术成果产业化应用,推进工业"四
基"领域或制造强国战略明确的十大重点产业领域"补短板"和"锻
长板"。一方面,为加快培育创业创新主体,浙江省开展创新型创
业、质量标准提升、专业化发展、创新能力提升等多项工程,发布了
《浙江省促进科技成果转化条例》修订版和《浙江省鼓励支持事业

---

① 浙江省经济和信息化厅.回眸"十三五"④|浙江省中小企业发展成就[EB/OL].
(2020-12-25)[2022-02-24]. http://jxt.zj.gov.cn/art/2020/12/25/art_1659217_589256-
26.html.

单位科研人员离岗创业创新实施办法(试行)》等,鼓励高校科技人员创新创业。另一方面,鼓励中小企业加大研发投入,支持企业开展技术、产品、服务创新,以及生产、组织、管理和商业模式等创新。同时开展创业教育、创业辅导和中小企业经营管理人才培训,提高创业成功率。

二是推动行业龙头企业协同创新,产业链上下游协作配套,支撑产业链补链延链固链、提升产业链供应链稳定性和竞争力。启动大中小企业融通发展、产业集聚发展等两项工程,加快规划建设和改造提升一批科技企业孵化器、众创空间,同时先后出台《浙江省科技企业"双倍增"行动计划(2016—2020年)》和《浙江省高成长科技型中小企业评价指导性意见》,启动"千企攀高"计划,构建科技企业"微成长、小升高、高壮大"梯次培育机制,形成科技型中小企业铺天盖地、高新技术企业顶天立地的局面。

三是促进数字化、网络化、智能化改造,开展数字化改造提升工程,推进中小企业数字化赋能改造提升,支持企业提高研发设计、生产制造、运营管理、市场营销等各环节的数字化应用水平,鼓励业务系统向云端迁移,并通过工业设计促进提品质和创品牌。

四是改善金融服务,开展融资服务提升工程,疏通金融进入实体经济特别是中小企业、小微企业的管道。① 加大再贷款、再贴现等货币政策工具对民营和小微企业的定向支持力度,引导金融机构降低企业贷款利率。鼓励银行业金融机构创新融资产品和服务模式,加大信贷投放力度,定向增加小微企业贷款额度,确保单户授信总额1000万元以下小微企业贷款同比增速高于各项贷款增

---

① 习近平:加大支持力度增强内生动力加快东北老工业基地振兴发展[EB/OL]. (2015-07-20)[2022-02-24]. http://jhsjk.people.cn/article/27327821.

速,实现贷款户数有机增长。

另外,浙江省也开展了市场拓展、公共服务供给等工程,大力支持企业加快上市步伐,加强国际合作等,进一步增强企业发展潜力和国际竞争能力,[①]为中小企业创造更多的发展机遇和良好的发展环境。

以"隐形冠军"为代表的浙江中小企业可能只是不起眼的"螺丝钉企业",但他们和大规模的龙头企业一样是行业的领先者,一样是浙江经济发展的重要引擎。他们选择了与大企业不同的发展路径,也表现出了别具一格的企业家精神。一方面,他们敢想敢做,敢于背离主流市场另辟蹊径,敢于孤注一掷于默默无闻的领域,愿意舍掉"500强"的辉煌去争一个"500年"的长业,也不惮于瞄准核心技术、对标世界巨头;另一方面,他们愿意说"不"。不刻意追求规模,不聚焦增长速度,不追逐层层迭起的投资热点,对融资、扩张始终持有"保守"的心态,保持较低的融资杠杆。稳扎稳打,低调务实,严守自己的节奏,笃信"做专才能做强"。

面对经济新常态与信息经济、互联网蓬勃发展的机遇,一场更大规模的中小企业"双创"正在浙江酝酿。在浙商系、浙大系、海归系、阿里系组成的创新创业"新四军"全面崛起的同时,学生、普通市民、外来工作者等力量也在涌入。这一批"机会型"创业者传承了上一代浙江"草根精神",同时更具有"新四千精神",这为浙江中小企业发展走上新的台阶奠定了基础。

---

① 财政部.关于支持"专精特新"中小企业高质量发展的通知[EB/OL].(2021-01-23)[2022-02-24].http://www.gov.cn/zhengce/zhengceku/2021-02/03/content_558462-9.htm.

◆◆◆【案例 4-7】

丰虹:膨润土塑造的"小巨人"

浙江丰虹新材料股份有限公司(以下简称"丰虹")成立于 2008 年 12 月,下辖浙江华特新材料有限公司、杭州精益化工有限公司、朝阳丰虹膨润土有限公司、浙江丰虹生物科技有限公司等七家子公司。2019 年,丰虹入围 2019 年工信部第一批专精特新"小巨人"企业。

地尽其利显特色。丰虹的前身是浙江丰虹黏土化工有限公司,主要从事膨润土事业。膨润土又称"万能土",具备较好的黏结性、离子交换性、吸附性以及膨胀性,在二十多个工业领域和数百个部门都有应用。我国膨润土资源储量巨大,仅次于美国,居世界第二。根据膨润土矿床的聚集和分布特征,中国的膨润土矿床可归纳为 5 个主要矿带和 4 个主要产区,其中一条矿带便经过浙江省。凭借这一地理优势,丰虹形成了年有机膨润土产能达 5 万吨、无机系列膨润土 20 万吨的生产能力,目前已经拥有三个开采证、采面 2000 多亩、单体储量百万吨以上的膨润土矿山 8 座,可有效保证现有产能条件下 100 年的原矿需求,成功荣膺亚洲最大的精制膨润土生产企业,并跻身世界膨润土生产企业三强之一。

潜心笃志攻主业。丰虹聚焦于膨润土事业已经三十多年。在多年发展历程中,丰虹从生产单一的初级产品转变为生产技术含量较高的有机、无机膨润土系列产品,现已发展为集膨润土等非金属矿的高技术研发、规模化系列生产、内外销并重于一体的专业生产经营实体。丰虹的产品广泛应用于涂料、油墨、石油勘探、工程塑料、冶金建筑工程、精细化工、地质勘探等行业,行销全国 28 个省、自治区、直辖市,全国市场占有率近65%,并出口东南亚、欧美、中东等20多个国家和地区。

砥砺琢磨做精品。丰虹严格把控生产管理,通过 ISO 9001 国际质量管理体系认证、ISO 14001 环境管理体系认证、ISO 18001 安全管理体系认证,使公司系列产品在国内外涂料业界享有较高的美誉度。业已通过立邦、关西、阿克苏诺贝尔等全球著名企业的认证和合作,培育成就为互利双赢的合作伙伴,成功将"丰虹""华特"等打造为浙江省著名商标和名牌产品。

"标"新创异勇当先。丰虹十分重视科研创新,拥有企业自己独立的研究所、省级研发中心、浙江省膨润土实验(中试)基地,是国家高新技术企业。同时,丰虹十分注重联合研发,与中国科学院宁波材料所、浙江大学、华南理工大学、山东科技大学等建立了联合实验室。目前,丰虹已成为中国膨润土国家标准的起草单位和中国非矿协会膨润土专业委员会的理事长单位。公司开发了国家级重点新产品2项,负责承担国家火炬计划和科技型中小企业创新基金各1项,先后荣获石化总公司(部级)科技进步二等奖,浙江省科技进步三等奖、一等奖和国家科技进步二等奖。

案例来源:浙江丰虹:坚持走"绿色、环保、可持续性发展"的道路[EB/OL]. (2019-07-03)[2022-02-24]. https://www.hzeyun.com/detail/2443120.

浙江省较为发达的产业集群为中小制造企业专业化发展提供了强有力的产业协作支持,有效的政府服务又引导支持着中小制造企业坚定信心走向"单项冠军"①。在未来,浙江将继续忠实践行

---

① 习近平.干在实处　走在前列:推进浙江新发展的思考与实践[M].北京:中共中央党校出版社,2006:490.

"八八战略"，以全面推动中小企业高质量发展为主线，以中小企业梯度培育为抓手，培育"链主型"冠军企业，进一步完善扶持中小企业发展的政策体系，积极营造良好发展环境，持续赋能中小企业的创新创业和高质量发展。

第四节 "走出去"与"引进来"双轮并重，引领开放合作新格局

开放带来进步，封闭导致落后；创新带来活力，守旧导致腐朽。习近平同志指出："我们强调自主创新，绝不是要关起门来搞创新。在经济全球化深入发展的大背景下，创新资源在世界范围内加快流动，各国经济科技联系更加紧密，任何一个国家都不可能孤立依靠自己力量解决所有创新难题。要深化国际交流合作，充分利用全球创新资源，在更高起点上推进自主创新，并同国际科技界携手努力，为应对全球共同挑战作出应有贡献。"①改革开放特别是进入新世纪以来，面对全球化、信息化、网络化深入发展，浙江企业充分利用创新要素更具开放性、流动性的特点，在对外开放战略上坚持自主创新和开放创新的辩证统一，坚持"引进来"和"走出去"相结合，积极融入全球创新网络，走出一条创新发展之路。浙江在自主创新过程中进一步开放，在开放创新中实现更高层次的自主创新。

在浙江工作期间，习近平同志多次对浙江开放创新提出明确的要求。一是多次强调浙江必须深刻认识对外开放工作的"极端

---

① 习近平：敏锐把握世界科技创新发展趋势　切实把创新驱动发展战略实施好 [EB/OL].（2013-10-02）[2022-02-24]. http://cpc. people. com. cn/n/2013/1002/c64094-23096105. html.

重要性"。必须进一步增强责任感、主动性和创造性,把扩大对外开放上升到全局的战略高度。全国各地特别是一些周边地区对外开放力度的不断扩大已经对浙江形成了倒逼之势。机遇稍纵即逝,浙江必须牢固树立强烈的竞争意识,决不能有丝毫懈怠,决不能安于现状,要主动迎接世界科技革命的挑战,不断适应对外开放的新形势。二是坚持扩大开放与深化改革相结合。以开放促改革,深入学习先进国家、地区的经济、科技管理体制中的可取之处,为我所用;以改革促开放,进一步打破涉外体制中的思想障碍和制度藩篱,来拖动开放创新的进行。通过确立新的开放观、实施新的开放战略来开创新的开放格局,进而提高对外开放的质量和水平。三是充分利用全球优质创新资源。在 2006 年 3 月的全省自主创新大会上,习近平提出浙江要大力加强对外科技交流与合作,在全国乃至全球范围配置创新资源的要求。此外,习近平同志多次指示浙江要加大引进高层次、高素质创新型人才的力度,充分利用国际国内两个市场、两种资源,发展浙江成为区域性国际科技创新中心,努力打造更多具有国际竞争力的企业和品牌,不断提高浙江经济的国际竞争力。

近些年来,浙江始终按照习近平同志的指示,站在全球视野与时代发展的高度,抓住全球新一轮科技革命和产业变革的重大机遇,积极开展国际交流合作,不断拓展合作领域和空间,用好国际国内两种科技资源,谋划和推动浙江科技事业发展与创新驱动发展战略的实施。

一、全球整合,引领创新

"国际科技合作是大趋势。我们要更加主动地融入全球创新网络,在开放合作中提升自身科技创新能力。越是面临封锁打压,越不能搞自我封闭、自我隔绝,而是要实施更加开放包容、互惠共享的国际科技合作战略。"①在浙江工作期间,习近平同志十分重视扩大开放,提出"跳出浙江发展浙江、立足全国发展浙江",积极与省外和国外建立联系,通过合作弥补浙江的不足。在新时代,习近平总书记更是提出,"要坚持以全球视野谋划和推动科技创新,全方位加强国际科技创新合作,积极主动融入全球科技创新网络,提高国家科技计划对外开放水平,积极参与和主导国际大科学计划和工程,鼓励我国科学家发起和组织国际科技合作计划。要把'一带一路'建成创新之路,合作建设面向沿线国家的科技创新联盟和科技创新基地,为各国共同发展创造机遇和平台。要最大限度用好全球创新资源,全面提升我国在全球创新格局中的位势,提高我国在全球科技治理中的影响力和规则制定能力"②。

浙江省全面实施"八八战略",大力推进"走出去",围绕加快转变经济发展方式的主线,实施积极主动的开放战略,培育浙江企业参与国际经济竞争与合作的新优势。浙商网络和海外并购是浙江企业主动融入全球经济和构建创新网络的两个主要途径。浙商网络是浙江企业融入全球经济发展的重要载体。浙商"出海"具有悠久的历史,随着经济全球化的发展,浙商在"走出去"战略的引导下,进入新的发展阶段。自然资源匮乏的浙江,走出了大量的浙商在省外和海外创业。据统计,"2019 年有 800 多万浙商在省外,其中有 600 多万浙商在中国境内各省、市、自治区经商办企业,有 200 多万浙商在境外各个国家和地区投资创业"③。

---

① 关于科技创新和发展,读懂习近平强调的这三个要点[EB/OL]. (2020-09-18)[2022-02-24]. http://theory. people. com. cn/n1/2020/0918/c40531-31866102. html.

② 习近平. 努力成为世界主要科学中心和创新高地[J]. 共产党员,2021(3):6.

③ 马海燕. (新中国 70 年)200 多万浙商在境外投资创业[EB/OL]. (2019-07-12)[2022-02-24]. https://www. sohu. com/a/326389735_123753.

全球浙商网络是由浙江省内企业、省外浙商、海外浙商共同形成和搭建起来的,是浙江开放型经济的独特资源。浙商分布在全球各个国家和地区,包括欧洲、北美洲和亚洲等国际市场。浙商为浙江的企业融入全球经济起到了很好的桥梁和纽带作用。浙江政府主动利用这个资源,搭建平台和桥梁,推动浙江企业更积极、更深入地参与全球经济中。企业通过融入全球浙商网络可以进行信息共享、提升信誉背书和获取创新资源。全球浙商网络通过积累关联丰富的人才、技术和项目为浙江企业筛选出优质的海外创新资源。

海外并购是浙江企业融入全球经济发展的重要方式。为响应国家有关境外投资产业政策的号召,浙江省结合自身的产业优势和产业升级需求,鼓励企业抓住机遇,加快"走出去"步伐。浙江企业在经济全球化的大潮中经历了三个不同阶段:对外贸易阶段、资源获取阶段和战略资产寻求阶段。[①] 随着浙江企业家全球视野的开阔和经济全球化的发展,浙江企业的全球化不再满足于获取资源,而更加注重全球海外高端技术和知名品牌。

浙江涌现了大量优秀的企业,通过跨国并购获取了先进的技术和生产工艺,成长为全球型企业,融入全球经济发展中去。跨国并购的目的地主要分布在美国、日本、德国、意大利等国家。民营企业是浙江省海外并购投资的主体,传统制造业是并购项目的主要领域。例如,均胜电子并购德国普瑞、万向收购美国 A123、三花股份并购海利福克斯和吉利并购沃尔沃等。通过海外并购,浙江企业不仅提高了自身的技术水平、品牌知名度和市场竞争力,更重要的是实现了向上游研发设计和下游营销品牌等环节的扩张,成

---

① 杜健,吴晓波.“一带一路”与浙商全球化[M].杭州:浙江大学出版社,2018:5.

功地融入全球产业价值链中,也提升了浙江企业在机械、纺织和家电等行业在全球产业分工中的地位。

"自主创新是开放环境下的创新,绝不能关起门来搞,而是要聚四海之气、借八方之力。"①浙江企业的国际化实践,进一步证明了只有积极融入全球创新网络,企业才能不断提高创新水平,得以在全球市场中立足。在国际化的过程中,也应注意以下三点:第一,积极尝试海外研发。企业可以充分利用全球资本和资源重组的契机,通过海外并购优质创新资源、在海外建立研发中心以及建立合资公司等方式,不断提高本土企业的技术能力。第二,重视技术的消化吸收和再创新。企业可以通过海外并购等方式获得战略资产,但是并不意味着可以提升自身的技术能力,企业还需要提升自身的消化吸收能力。第三,加强国际合作。随着全球化的发展,国际合作已然成为科技进步的要求。企业可以积极利用海外的商会等资源,利用好已经搭建起的对外开放桥梁,实现高质量的国际合作。

二、借力海外,技术升级

随着全球经济一体化程度和全球价值链分工的不断深化,创新资源越来越明显地突破组织、地域、国家的界限,表现出在全球范围内自由流动的趋势。"走出去"为企业利用全球流通的优质资源以实现创新发展提供了关键借力点和新的引擎动力,其中对外投资成为企业获取所需新兴技术、更新扩充知识储备、弥补技术缺口的有效渠道。正如跳板理论所讲的,新兴经济体企业能够通过国际扩张主动获取成熟的跨国企业的核心资产(如先进的技术、管

---

① 习近平:在中国科学院第十九次院士大会、中国工程院第十四次院士大会上的讲话[EB/OL].(2018-05-28)[2022-02-24].http://jhsjk.people.cn/article/30019215.

理经验以及人才等）以弥补自身的竞争劣势、推动企业创新，继而在国际竞争中弹射到更高的位置。①

　　在指导企业如何借助国际化走得更远又更好中，习近平同志于 2006 年在浙江温州调研时提到："不能满足于简单的引进，而要利用外部力量积极开展自主创新，做到为我所用，于我有利。"②这具体包括两个方面：一是要利用外部力量，企业需要找到一块合适的跳板，比如积极参与对国际优质创新资源的收购和利用，取长补短、良好融合，借助海外优势实现快速的提升；二是企业不能完全依赖这块板子，科技创新依靠外部是不可持续的，核心技术靠"化缘"是要不来的。在利用外部力量的同时，企业需要积极开展自主创新，努力实现关键核心技术自主可控，把创新主动权、发展主动权牢牢掌握在自己手中，以实现真正的技术突破与持续发展。

　　"十一五"期间（2006—2010 年），浙江省企业积极地开展了海外投资活动，借外力、锻内核，实现技术升级。经核准的境外投资企业和机构共有 2377 家，总投资额为 73.34 亿美元，中方投资额为 63.62 亿美元。③ 境外企业和机构的数量连续多年居全国大陆省、市、区第一，境外投资国别地区分布最广。同时，浙江省企业特别是民营企业的海外并购热情日渐高涨，以传统制造业作为并购项目的主要领域，如吉利并购沃尔沃、三花股份并购海利福克斯等跨国并购案，大大提升了浙江省制造业的技术水平、品牌知名度及市场竞争力。浙江省企业通过海外并购，实现了向上端研发设计、

---

　　①　LUO Y, TUNG R L. International Expansion of Emerging Market Enterprises: A springboard perspective[J]. Journal of International Business Studies, 2007(38):481.

　　②　习近平. 干在实处　走在前列：推进浙江新发展的思考与实践[M]. 北京：中共中央党校出版社，2006:492.

　　③　吴晓波，杜健. 浙商全球化[M]. 杭州：浙江大学出版社，2011:38.

供应环节和下端营销、品牌环节实行垂直扩张,快速获得被收购方的技术装备、研发团队、本土品牌和销售渠道,并且不断开展自主创新以争取关键核心技术的自主可控。

这也是习近平总书记"凤凰涅槃"思想的体现。所谓"凤凰涅槃",就是要拿出壮士断腕的勇气……大力提高自主创新能力……变制造为创造,变贴牌为创牌,实现产业和企业的浴火重生、脱胎换骨。[①] 企业借力国际化实现凤凰涅槃,不仅能够更好地利用国内国外两个市场、两种资源,充分发挥自身在境外投资中的重要作用,而且通过自主创新能力的不断提升,企业可以加快提升国际化经营水平与创新发展,形成参与国际合作竞争的新优势。此外,企业在借外力时不能只顾自己的发展,也要努力争取实现共赢的更高格局。习近平总书记在 2014 年浦江创新论坛致贺信中提到,"创新不是一个国家的事情了,创新要打破传统狭隘的地域观点,既然是创新就要敞开怀抱,互相促进"[②]。在国际化过程中,企业需要在海外积极展开研发投资,抓住全球资本市场调整和资源配置重组的契机,共享创新资源、交流研发技术,以最终达成协同创新,向世界展现中国企业的大国风度。

◆◆【案例 4-8】

宁波慈星:走向世界的中国"智造"

宁波慈星股份有限公司(以下简称"慈星")始创于 1988 年,总部位于浙江省宁波市,是智能针织机械行业具有自主研发和持续

---

① 习近平.之江新语[M].杭州:浙江人民出版社,2007:184.

② 习近平用"协同创新"思维促发展[EB/OL].(2014-10-30)[2022-02-24].http://pinglun.youth.cn/wywy/shsz/201410/t20141030_5944054.htm.

技术创新能力的一家企业。

海外并购，技术升级。2010 年，慈星成功收购国际上第三大电脑横机制造商——瑞士事坦格集团及其旗下的意大利时尚设计中心和事坦格上海纺织机械有限公司共 3 家企业。通过并购，慈星充分利用事坦格的技术和人才优势，消化吸收了其世界顶尖级的无虚线提花技术和高密度成圈技术，成功实现自身技术的转型升级，并能与两大国际巨头德国托尔斯和日本岛精相互抗衡。

坚持自主创新。慈星充分意识到自主创新的重要性。在并购完成后，慈星积极开展了自主研发工作。慈星的技术总监每周都会主持与瑞士研发团队的视频会议，讨论研发问题，交流彼此的研发成果，不懈地自主创新为慈星跻身世界前列打下了坚实基础。慈星没有单纯依赖于外部的技术力量，而是选择以事坦格为助力，积极开展自主创新，真正实现技术的突破与企业的持续发展。

协同创新，共享共赢。凭借海外并购实现技术的升级和初步的国际战略布局后，慈星进一步建立了以瑞士研发基地为主的国际研发平台以及其他海外研发中心和针织控制技术研究中心，以集聚整合全球资源，实现协同创新。慈星借助国际研发平台充分利用全球技术人才等资源，不断吸收和引进国外先进的研发和生产模式，同时实现海外研发团队与国内技术中心的协同研发。依靠国际研发平台，慈星进一步构建起基于工业云和工业互联网的柔性供应链，公司的设计、制造、配送等环节已实现智能化。目前，慈星的"花型数据库"中已储存着数十万种针织产品的花型和款型，客户可以在设计针织产品前入库挑选组合、直接调用。目前，慈星以协同创新为驱动，针织装备行业实现从传统装备向智能装备再到平台的"二次腾飞"。

案例来源:

1. 梁龙,梁莉萍. 孙平范:走向世界的中国"智造"[J]. 中国纺织,2012(6):18-25.

2. 陈章升,杨绪忠. 慈星股份:创新驱动打造"纺织硅谷"[EB/OL]. (2020-08-31)[2022-02-24]. http://daily. cnnb. com. cn/nbrb/html/2020-08/31/content_1236670. htm? div=-1.

习近平总书记的相关思想主要反映了企业在借力国际化推动自身创新发展时,不仅需要注意"取长补短",还需要坚定"自主创新",并努力实现"协同创新、共享共赢"的更高格局。在该思想的引领下,慈星向我们展现了一条以国际化为跳板,成功实现技术升级的道路。慈星以全球为舞台、以创新为驱动,通过海外并购加快了技术整合的步伐,借力达到世界级顶尖纺织技术水平;同时,不断坚持自主创新以实现技术的真正突破和持续发展;此外,在国外积极开设研发中心、针织控制技术研究中心,以创新驱动打造"纺织硅谷",实现了"协同创新、共享共赢"。从手摇机到电脑横机,慈星用创新缔造了横机的革命式跨越;从本土崛起到享誉全球,慈星用创新向世界展现了"中国智造"的魅力。

从企业经营发展来看,海外并购其实是一种生产力,也是快速实现技术、管理升级的重要途径。在习近平总书记所说的"真正融合""为我所用,于我有利"等的带领下,其他的浙江企业,如宁波海天股份有限公司和万丰奥特控股集团,它们基于自身战略转型与技术升级的需要,也积极地展开了海外并购活动以获取先进的技术知识与管理经验。当然,为了实现长远持续的发展,这些企业都在并购的同时不断发展自身的自主创新能力,打造企业内部的研发团队,以突破核心技术难关。因此,政府应积极推进优势企业和产品在全球市场的合理布局;鼓励优势企业积极参与国际并购,努力获取技术、品牌、销售网络和资源渠道；强调提升自主创新能力。在未来，将会有更多的中国企业继续向世界展示中国科技力量的璀璨光芒。

三、以民引外，民外合璧

2002 年 12 月 23 日，时任浙江省委书记习近平在温州调研时说："我对温州有一个很大的希望，就是希望温州把这部创新史继续写下去，探索新的规律，创造新的业绩，总结新的经验，为全省带好头，也为全国作示范。"①改革开放以来，温州勇立时代潮头，大力发扬"特别能吃苦，敢为天下先"的精神，担当"引进来，走出去"发展的引领者，谱写了一部波澜壮阔的温州传奇。

2006 年，习近平同志在温州调研时积极鼓励企业要用"两条腿"走路，做好内源式与开放式发展的结合。内源发展不是封闭发展，加强与外部区域的联系是不同地区进行专业化分工、发挥各自优势的必然要求。这是落实科学发展观的体现，强调了企业想要实现发展与创新需要统筹国内发展和对外开放。对此，习近平同志在讲话中提出了"以民引外"的观点，即"不能满足于低端，而要发挥自身优势，在管理、技术、制度、市场、文化等各个方面找准与引进企业的结合点，以人之长，补己之短，使民营企业与外来企业真正融合，特别是将传统、支柱产业与世界 500 强、著名跨国公司、行业龙头企业进行嫁接，从而从根本上调整产业结构，提升产业档次"②

---

① 习近平. 干在实处 走在前列：推进浙江新发展的思考与实践[M]. 北京：中共中央党校出版社，2006：489.

② 习近平. 干在实处 走在前列：推进浙江新发展的思考与实践[M]. 北京：中共中央党校出版社，2006：492.

以及"选商引资要抓一个'合'字"①的战略思想。这引导企业通过推动自身与国外资本嫁接,以外力驱动内力,从而帮助自身实现向更高层次的转变。

其中,在茫茫海外市场中与谁结合、怎么结合最为关键。习近平同志进一步解释道,企业需要做到"民外合璧"并且主动营造"和合"②的文化氛围。所谓"民外合璧",就是鼓励中国的民营企业要以多种形式与外资企业进行合作,比如通过市场来吸引外方企业,在与其合作过程中做好融合共享,以不断实现自身的技术、管理、制度的创新发展,并将优质外资引入中国。结合的目的就是把企业自身优势与优质外资捆绑在一起,从而真正提升企业的档次。在科学发展观的指导下,依托高度发达的民营企业和民营经济,温州通过吸引外资企业推动民营企业与外资企业合作,进一步做大做强民营企业和民营经济,打造经济发展的双引擎,逐步形成民营企业和外资企业比翼齐飞的经济发展格局,实现产业结构提升、企业层次提升、竞争能力提升和发展后劲提升,把温州现代化进程推向一个新的发展阶段。③ 而"和合"的文化氛围是指"要实现新的发展,一定要摆脱狭隘观念的束缚,尊重外来的先进文化和观念,特别是尊重外来人才,形成一种按法治规则办事的社会氛围,一种大气开放的创业环境,一种多元和合的价值取向,一种大开大合的都市文化"④。世界大同、和合共生,这是中国几千年文明一直秉持的

① 习近平.干在实处 走在前列:推进浙江新发展的思考与实践[M].北京:中共中央党校出版社,2006:491.

② 习近平.干在实处 走在前列:推进浙江新发展的思考与实践[M].北京:中共中央党校出版社,2006:492.

③④ 中国社会科学院课题组."温州模式"的转型与发展:"以民引外,民外合璧"战略研究[J].中国工业经济,2006(6):52.

理念,企业在与外来企业合作的过程中需要做到彼此尊重、理解,做真诚合作的好伙伴,致力于共同持续的发展。

在习近平同志的引导下,温州广大民营企业在"民外合璧"过程中"借梯登高"。浙江人可工贸有限公司与国际制笔业顶尖企业瑞士凯兰帝公司合资;浙江三帆明胶厂同法国罗赛洛明胶集团合资的罗赛洛(温州)明胶有限公司,在一年里就获得了国际最严格的认证公司——挪威船级社颁发的多项体系认证,生产的明胶基本取代了进口产品。用正泰集团董事长南存辉的话说:"合资了才知道招商引资的意义与价值。"同时,在外力驱动下,温州民营企业自身做大做强的动作越来越多:瑞立集团作为汽摩配件领军企业,通过买壳在美国纳斯达克上市;康奈集团吹响了"创国际知名品牌"的号角,与法国一家连锁百货商店签约建立战略合作伙伴关系,外方承诺今后 5 年内帮助康奈进入欧盟 200 个中高档连锁商场;奥康联手国际大牌勇闯全球市场……温州民营经济透射出的活力,正吸引着越来越多国际巨头的眼光;而外资注入后,温州民营企业开始了新一轮的起飞。

◆◆◆【案例 4-9】

温州奥康:引优质外资,登国际舞台

浙江奥康鞋业股份有限公司(以下称"奥康")主动出击,选择与海外知名品牌进行战略合作,开启了全球化之旅,同时也为海外知名大牌进军中国开路。奥康是中国领先的皮鞋品牌运营商及零售商,创建于 1988 年,总部位于浙江省温州市。

以市场换市场。2003 年,奥康成为意大利第一休闲鞋品牌 GEOX 全球唯一的合作伙伴,双方在世界范围内实现资源共享。GEOX

公司将产品在中国的市场推广交由奥康,让奥康负责其销往亚洲和欧美市场的产品和辅助设计,这为万利威德、斯凯奇等国外知名品牌优质外资进入中国开路;同时,GEOX 帮助奥康进入国际一流品牌的全球销售网点,助其成功打入高端市场。

以市场换技术。在与 GEOX 的合作过程中,奥康既学习了其核心技术,使自己的生产能力翻了一倍;又获得了 GEOX 成熟先进的管理经验,有效改进了对人才与时间的管理。

以网络换网络。2017 年,奥康继续与 Cortina、Woodland 两大国际公司签署战略合作协议。建立合作关系后,奥康能够拥有 Cortina 集团及其旗下所有品牌在中国大陆地区的生产与销售渠道开发的权利;同时,奥康为 Cortina 提供采买规划等服务与要求,双方共同进行产品设计开发。在与 Woodland 合作的过程中,奥康与其达成双向借道、品牌共享、渠道共享的协议,并同意双方互相成为其产品投放营销渠道的独家经销商,共同承诺将通过传统多品牌零售店、专卖店和线上电子商务等渠道销售双方公司产品,以共拓市场。

形成"和合"的文化氛围。奥康与 GEOX 的成功合作建立在相互尊重、彼此平等的基础上。双方在各自的发展中努力维护、帮助对方品牌的发展。具体而言,奥康在国内努力宣传 GEOX,让其"会呼吸的鞋"被广泛熟识和认可;GEOX 也帮助奥康"MADE IN CHINA"的鞋子得到发达国家消费者的认可。两者通过平等合作、共同发展,努力营造出"和合"的文化氛围。这不仅帮助他们建立了良好的友谊,还帮助优质外资在中国生根发芽、茁壮成长,更助力奥康在国际舞台中发展得更快更好。作为中国领先的皮鞋品牌运营商及零售商,奥康借助"民""外"品牌的联合、网络的共享推动了自身品牌、技术与制度的升级;同时通过努力营造"和合"的文化氛围,彼此尊重、愉快共事,为企业持续性的发展打好了基石。由此可见,"民外合璧""和合文化"成为推动企业积极参与国际化以实现创新与发展的可靠途径。

案例来源:奥康携手两大国际鞋业巨头,加速推进国际化进程[EB/OL]. (2017-02-04)[2022-02-24]. https://www. aokang. com/akzx/zxzx/2018/10/30/217. html.

奥康通过与海外知名品牌联合,以市场换市场、以市场换技术、以网络换网络,不仅开辟了全球市场、学习了海外先进的管理经验与研发技术等,还为国外知名品牌等优质外资进入中国开路,真正做到了"民外合璧、共享共赢"。奥康启示企业在借力国际舞台推动自身的创新发展、提升企业档次的同时,需要注意做好融合。"民""外"双方不仅能力要相合,取长补短、相得益彰;文化更要相合,彼此尊重、心意相通,这样才能发挥出"1+1"大于2的效果。此外,除了市场、技术和网络以外,"民外合璧"还有着软资源、零土地、价值链等其他多种结合方式。习近平同志提出的"民外合璧",对于引导企业从内源封闭式的发展道路,转向基于世界资源、国际市场的更加开放式的发展新路径有着重要作用;为企业利用海外先进的技术、管理、制度、理念,以及高素质的人才和更高层次、更加广阔的国际市场,实现企业档次的提升与创新发展有着重要的借鉴意义。

同时,政府在支持企业实现"民外合璧、共享共赢"的过程中,应帮助激活民营经济活力,注重高质量的企业对接以带动地区经济,注重双向式的有进有出,并且强化内涵增长(如技术、品牌、声誉)[①]。

---

① 肖顺发.温州现代发展模式对欠发达地区承接珠三角产业转移的借鉴[J].探求, 2007(5):65.

未来,中国开放的大门不会关闭,只会越开越大;温州人走向世界的脚步不会停歇,只会越走越宽。中国企业同世界经济的联系将会更加紧密,为其他国家提供的市场机会将更加广阔,中国也会成为吸引国际商品和要素资源的巨大引力场。①

◆◆ **思考题**

1.结合你所了解的企业实际案例,谈谈企业如何贯彻和落实习近平总书记提出的人才战略?

2.简述中国企业实现"卡脖子"技术的突破,改变关键核心技术受制于人的被动局面,有哪些可以采用的创新手段?

3."专精特新"的具体含义是什么? 为了促进中小企业向着"专精特新"的路线发展,政府可以采取哪些有效举措?

4.在"民外合璧"的过程中需要注意哪些问题?"民外合璧"的形式还有哪些?

5.如何看待企业海外技术引进与自主创新的关系?

◆◆ **拓展阅读**

1.德鲁克.创新与企业家精神[M].蔡文燕,译.北京:机械工业出版社,2007.

2.克里斯坦森.创新者的窘境[M].胡建桥,译.北京:中信出版社,2010.

3.德博诺.六顶思考帽[M].马睿,译.北京:中信出版社,2016.

4.中共中央文献研究室.习近平关于科技创新论述摘编[M].北京:中央文献出版社,2016.

---

① 顾阳.发挥内需潜力,让国内国际市场更好联通[N].经济日报,2020-10-29(6).

功以才成,业由才广。世上一切事物中人是最可宝贵的,一切创新成果都是人做出来的。硬实力、软实力,归根到底要靠人才实力。全部科技史都证明,谁拥有了一流创新人才、拥有了一流科学家,谁就能在科技创新中占据优势。

——摘自习近平总书记在《求是》杂志上发表的文章①

第五章　塑造高水平创新人才队伍

❖❖ 本章要点

1.近年来,浙江省坚持以习近平新时代中国特色社会主义思想为指导,对标习近平总书记赋予浙江的新目标、新定位,通过加强高等院校建设、新型研发机构建设和创建特色园区,创新人才体制等措施,在创新人才队伍建设,特别是"培养造就一大批具有国际水平的战略科技人才、科技领军人才、青年科技人才和高水平创新团队"方面取得了重大发展。

2.企业专业创新人才影响企业创新活力和产业转型。在对创新人才的高度重视下,浙江省推广创业教育、产教融合,培养青年创业人才,以企业大学等形式培养战略型企业家人才和专业创新人才,依托企业平台提升创新人才专业技能,已经构筑了较为完善的战略企业家和企业创新人才培养体系。

3.多年来,浙江省深入贯彻习近平总书记关于人才工作重要论述,全力打造最优人才发展生态,高水平建设人才强省,创新人

① 习近平.努力成为世界主要科学中心和创新高地[J].求是,2021(6):11.

才政策,吸引产业化和专业化创新人才,飞地政策助力地方吸引各方创新人才,并面向市场,发挥高校科研院所的创新人才作用,让各类人才的创造活力竞相迸发,让智慧才华充分涌流,为实现"两个高水平"奋斗目标、建设"重要窗口"注入澎湃动力。

创新的事业呼唤创新的人才。创新人才是实现创新国家和创新区域的根本。本章分别从高技能创新人才培养、引进和使用三个环节,就科技领军人才队伍建设、战略型企业家和企业创新人才建设、产业化创新人才建设和作用发挥三个方面,结合实际案例具体阐述习近平总书记科技创新人才、企业创新人才和产业化创新人才培养、发展和用人机制建设和完善的理念以及浙江省践行这些理念的措施和经验。

创新人才是知识生产和知识运用的关键,它不仅肩负着支撑和引领区域经济社会发展的重要使命,还担负着科技成果突破及转化的重要职责。2006 年 3 月,习近平同志在浙江省自主创新大会上特别强调,要全面实施人才强省战略,加快教育结构调整,完善人才激励机制,加强人才引进工作,造就一支结构合理、素质优良、实力强劲的创新人才队伍。人才是最为宝贵的资源,要用好人才,充分发挥创新优势。就如诺贝尔经济学获得者罗默所提到的,新知识的产生依赖于人力资源,因而经济增长与技术创新应该是一个关于经过专门训练的科学家、工程师以及发明家数量的方程。

在习近平同志大力倡导和亲力亲为下,浙江人对于创新人才建设有了一种新的认知。几届浙江省委始终以"八八战略"为总纲,坚持一张蓝图绘到底,一以贯之抓落实。2010 年,浙江召开第二次全省人才工作会议,出台了省中长期人才发展规划纲要,推出了12项重大人才工程和8个方面的重大人才政策。2014年10月,浙江省委鲜明提出打造人才生态最优省份,不断推动人才强省建设向纵深发展。进入新时代,为实现"两个高水平"奋斗目标,浙江比以往任何时候都更加需要人才。2017年6月,浙江省第十四次党代会旗帜鲜明地将"人才强省"作为"四个强省"工作导向之一;2017年9月,浙江召开第三次全省人才工作会议,出台了高水平建设人才强省行动纲要……浙江进入了人才发展体制机制改革密集施工期,人才队伍建设迎来密集回报期,海外人才进入快速集聚期。浙江省逐渐打造和提升创新强省建设所需的高水平创新人才队伍。

第一节　培养和发展科技创新人才和科技领军人才

近年来,浙江省坚持以习近平新时代中国特色社会主义思想为指导,对标习近平总书记赋予浙江的新目标新定位,深入实施"八八战略",把人才强省、创新强省作为首位战略,逐渐优化全域创新体系和创新生态,在创新人才队伍建设,特别是"培养造就一大批具有国际水平的战略科技人才、科技领军人才、青年科技人才和高水平创新团队"方面取得了重大发展。

一、加强高等院校建设,培养战略科技人才和青年科技人才

2007年1月,习近平同志在浙江大学调研时指出,创新是世界一流大学的灵魂和核心竞争力,浙大要建成世界一流大学,必须按照"立足浙江、面向全国、走向世界"的要求,加快建设一流的学科、创造一流的成果、实现一流的效益、造就一流的人才,在科学发展

和自主创新中发挥骨干作用和引领作用。① 习近平总书记强调：
"创新是社会进步的灵魂，创业是推动经济社会发展、改善民生的
重要途径。青年学生富有想象力和创造力，是创新创业的有生力
量。"②在习近平新时代中国特色社会主义思想的指导下，浙江省对
标习近平总书记赋予浙江的新目标新定位，把人才强省、创新强省
作为首位战略。

近年来，浙江省委、省政府不断加强高等院校和科研院所建设
投入，培养战略科技人才和青年科技人才；改革高校建设，推动新
型研究型大学建设，吸引省外高校在浙设立研究院。浙江省 2019
年年鉴数据显示，全省共有 109 所高等院校，相较 2010 年增加了
29 所。在校本专科生 1074688 人、研究生 92368 人（见图 5-1）。相

图 5-1　浙江省高等学校基本情况（2010—2019 年）

来源：浙江统计年鉴

① 习近平与浙江大学：在浙工作时 18 次踏访　强调建成世界一流[EB/OL]. (2017-
05-21)[2022-02-24]. http://i. cztv. comview12533990. html.

② 习近平致 2013 年全球创业周中国站活动组委会的贺信[EB/OL]. (2013-11-08)
[2022-02-24]. http://www. xinhuanet. com/politics/2013-11/08/c_118069433. htm.

较 2010 年,本科生数增加 21.45％,研究生人数明显上涨,较 2010 年增长 92.47％。2019 年,研究生占比 7.91％,比 2010 年(5.14％)增长 2.77 个百分点,高等学校高学历学生比重上升也体现了人才结构的不断优化。根据我国统计年鉴的数据,2019 年,浙江省每十万人口中有大学专科以上学历(含大学专科、大学本科、研究生)约 15402 人,与 2010 年(9330 人)相比上升 65.08％。2019 年,浙江省高等学校科技活动机构 973 个,比 2018 年增长 15.1％。

❖【案例 5-1】

西湖大学复合型创新人才

2018 年 2 月 14 日,由社会力量举办、国家重点支持的新型研究型大学——西湖大学获教育部批准在杭州正式成立。中国科学院院士、结构生物学家施一公为首任校长。西湖大学学科人才建设坚持扬长避短,学校自成立以来一直广纳研究领域顶尖人才,以聚焦基础学术研究和科技转化应用,致力于创造影响世界、造福人类的科学知识和前沿技术发展,并在学科领军人才的带领下致力于培养能在基础科学研究、技术原始创新和科技成果转化等方面作出卓越贡献的科研学者。西湖大学以西湖高等研究院的理学、前沿技术、生物学、基础医学等 4 个人才研究所为基础,设置生物学、生物医学工程、药学、材料科学与工程、环境科学与工程等 13 个一级学科,并根据社会的需求进行相应调整,重点培养复合型拔尖创新人才。

西湖大学自创办以来,面向全球招聘优秀学术人才。截至 2021 年 8 月,学校已签约全职特聘研究员、博导 169 位,其中讲席教授 17 位。这 17 位讲席教授在加入西湖大学之前,大多已是海外知名大学或科研机构的讲席教授或教授。目前西湖大学共有600余位博士研究生，采用的是"申请—考核"制招生方式；采取独特的"寓教于研""兴趣先导""学科交叉"的培养模式，最大限度地激发学生创造力，培养富有社会责任感的拔尖创新人才。

案例来源：根据公开资料改编。

二、建设新型研发机构，集聚高层次科技领军人才

虽然浙江省在创新人才培养方面发展迅速，但是与上海、江苏、湖北等地相比，浙江省的国内知名高校和知名研究机构较少。浙江省大学专科以上学历人口占比低于以上海、江苏等为代表的人才培养先进沿海省市。内生不足，便通过引进的方式来解决。2004年，习近平同志推动与清华大学共建长三角研究院，开始了浙江省的引进大院名校共建创新载体，大力实施人才强省战略等工作，推动了浙江科技进步与创新呈现突破式发展态势。2015年，习近平总书记来浙考察时提到"人才是最为宝贵的资源"。在习近平同志的引领下，浙江各地进一步以引进高层次人才和核心技术为重点，与国内外大院名校共建各种形式的创新人才汇聚载体。从2016年开始，浙江省政府推动建设新型研发机构，为浙江省产业和科技发展集聚高层次科技领军人才。如在前述浙江大学案例中所提到，围绕建设"互联网＋"科技创新高地，浙江省政府、浙江大学、阿里巴巴三方于2017年9月合作共建之江实验室。在人才引进方面，之江实验室于2020年3月发布了两项重磅引才政策——中国博士后科学基金会站前资助之江实验室专项、之江实验室浙江大学联合引进海内外人才专项。作为混合所有制的事业单位，之江实验室至2020年已汇聚了1500余名高端人才，获批22项国家重大科研项目，项目总经费超过10亿元。

类脑计算与脑机融合、人工智能平台、多模态智能网络等 12 支创新人才团队均由国内外院士、IEEE Fellow 等顶尖科学家领衔,还集聚了一大批来自全球各地的优秀青年科研人才。此外,在"高原造峰""大兵团作战"等体制机制创新驱动下,之江实验室与北航、剑桥、电子科大、阿里巴巴等国内外优势创新力量开展实质性科研合作。

目前,浙江已经形成以鲲鹏计划、特级专家、万人计划、领军型团队等人才项目为主体,覆盖引进和培养、塔尖和塔基、个人和团队、创业和创新的高素质人才引进培育体系。截至 2020 年末,浙江省有两院院士 55 人,享受政府特殊津贴专家 2119 人,浙江省有突出贡献中青年专家 673 人,浙江省技能人才总量达 1031 万人[①]。

在一揽子人才政策的推动作用下,浙江省聚天下英才共建浙江、发展浙江,在"成为全球人才蓄水池"的目标道路上取得了初步进展,成为创新人才聚集洼地。例如 2020 年,浙江省引进各类人才 126 万人,新设立企业博士后工作站 169 家,新增博士后 1612 人。截至 2020 年底,浙江省研发人员投入为 58.28 万人年全时当量。按执行部门分,研究机构研发人员折合全时当量从 2010 年的 0.42 万人年提高到 2020 年的 0.98 万人年,高等院校研发人员从 2010 年的 1.30 万人年提高到 2020 年的 2.89 万人年,企业研发人员从 2010 年的 18.57 万人年提高到 2020 年的 48.05 万人年,其他研发人员从 2010 年的 2.05 万人年提高到 2020 年的 6.36 万人年(见表 5-1)。

---

① 2020 年度浙江省人力资源和社会保障事业发展统计公报[R/OL]. (2021-07-29) [2022-02-24]. http://rlsbt.zj.gov.cn/art/2021/7/29/art_1229249828_4695327.html.

表5-1　浙江省研发人员投入情况(2010—2020年)　单位:万人年

年份	研发人员	按执行部门分			
		研究机构	高等院校	工业企业	其他部门
2010	22.35	0.42	1.30	18.57	2.05
2011	26.29	0.46	1.29	21.71	2.82
2012	27.81	0.54	1.34	22.86	3.07
2013	31.10	0.51	1.42	26.35	2.82
2014	33.84	0.56	1.41	29.03	2.84
2015	36.47	0.71	1.61	31.67	2.48
2016	37.66	0.71	1.77	32.18	2.99
2017	39.81	0.78	2.00	33.36	3.66
2018	45.80	0.89	2.07	39.41	3.43
2019	53.47	0.88	2.68	45.18	4.73
2020	58.28	0.98	2.89	48.05	6.36

来源:浙江统计年鉴

◆◆【案例5-2】

浙江清华长三角研究院,为地方引进青年科技创新人才

如第二章所提到的,在习近平同志的亲自谋划、直接推动下,2004年,浙江省引入了第一所大院名校——浙江清华长三角研究院,于2005年4月10日,在浙江嘉兴正式落地。该研究院从人才引进和人才留驻两方面开展了一系列措施:一方面,人才引进主要是通过国家级引才计划和浙江省引才计划,以及联合浙江省各地市创新创业大赛,由院离岸孵化器统一推荐和申报,例如在美、英、德、澳等国建立了11家离岸孵化器,组织承办了12届"海外学子

浙江行"招才引智活动;另一方面,人才留驻是通过院人才制度、创新研发平台以及体制创新等激励手段,例如研究院自成立以来,在生命健康、数字创意、信息技术、生态环境等关键领域设立了50多个创新研发平台,建成了12家国家级、省级重点研发平台,27家国家级、省级创新创业孵化平台,以及科学家在线、科技母基金、科技保险、海纳英才支持计划等一系列综合创新服务平台。此外,浙江清华长三角研究院分析测试中心长期与清华大学、浙江大学、荷兰瓦赫宁根大学、杭州电子科技大学、上海师范大学、常州大学、中国计量大学等多所国内外知名高校联合培养研究生60名,所涵盖的专业包含食品、环境、生物、计算机、电子等多个领域,以及长期为学生提供暑期实习和毕业实习岗位。而浙江清华长三角研究院博士后工作站为国家级,主要是和清华大学联合培养为主,另外还有西安电子科技大学等。

以上举措对于人才引进成效卓著,为嘉兴市的创新发展注入了强大动力。自从研究院成立以来,现在总共有526人,已累计引进和培育省级及以上人才近300人。其中,引进国内人才250余人,引进海外人才40余人。不仅如此,研究院还为浙江省提供专业人才培训。自2017年申请到省级专业技术人员继续教育基地资格之后,近三年(2018—2020年)共组织召开高级研修班5期,普通继续教育课程班50期。培训内容涵盖环境保护、机械制造、电子信息、生物医药、经济,培训省市专业技术人员共计4400余人次。这不仅为院内专业技术人员提供了丰富的课程选择,同时也解决了区域范围内其他单位专业技术人员的课程需求。

案例来源:根据公开资料改编。

◆◆◆【案例 5-3】

之江实验室:高新技术领军人才高地

2020 年 6 月,浙江省公布的《关于建设高素质强大人才队伍打造高水平创新型省份的决定》第 11 条提到,大力推动之江实验室融入国家实验室布局,创新优化"一体双核多点"体制,打造国家战略科技力量。2020 年 7 月 17 日,在浙江省科技奖励大会上,之江实验室正式授牌成立。之江实验室是浙江省政府、浙江大学、阿里巴巴共同举办的混合所有制新型研发机构,以国家目标和战略需求为导向,以重大科技任务攻关和大型科技基础设施建设为主线,将牵头建设智能科学与技术浙江省实验室,并作为高新技术人才汇聚洼地发挥浙江数字经济产业、数据和人才优势,聚拢了一大批前沿技术领军人才围绕智能感知、智能网络、智能计算、大数据与区块链、智能系统五大方向开展研究。

之江实验室引才政策更注重人才的创新质量、实际贡献等"内涵"。2020—2022 年,之江实验室计划招聘 2000 名高层次人才,目标一半以上为海归人才。作为一家新型研发机构,之江实验室吸引海内外高新技术领军人才不断加盟。例如,2020 年 3 月 20 日下午,一场横跨美洲、欧洲、亚洲 6 个国家的视频连线的线上招聘,吸引了 50 余名高层次科研人才集中签约之江实验室。其中,8 位身处美国、英国、丹麦、挪威、乌克兰的海归 PI(项目负责人)以"云签约"的形式全职加盟。

正是在之江实验室的人才工作价值导向和配套制度的驱动下,之江实验室从创立之初的寥寥数人迅速发展成为集聚 1100 余名国内外人才的大平台,先后展开 30 余个重大科研项目,相继发布天枢人工智能开源开放平台、类脑芯片等一批重要成果。未来，之江实验室的人才硬件环境、人才服务软环境与政策兑现情况将进一步优化，为广大人才和专家提供更到位的服务和更全面的保障。

案例来源：王湛，吴荃雁，柯溢能. 底气十足的之江实验室首场校招不设人数上限［EB/OL］.（2017-11-07）［2022-02-24］. http://www. news. zju. edu. cn/2017/1107/c775a68-9519/page. htm.

三、国内外合作，创建特色园区，打造高水平创新团队

习近平同志在浙江工作期间，带领省有关部门负责人遍访北京大学、清华大学、中国人民大学、中国科学院等著名高校和科研院所，建立了长期战略合作关系。在习近平同志的引领下，浙江各地以引进团队式、高层次人才和核心技术为重点，与国内外大院名校共建各种形式的创新载体。积极探索更积极、更开放、更有效的人才政策，不断完善市场化、国际化、专业化、智慧化的引才育才机制，着力吸引国内外知名高校和科研院所设立分支机构，进一步打开对外开放通道，扎实推进人才管理改革，全方位打造一流的创业创新生态和人才生态，吸引广大海外创新人才，打造高水平创新团队，以人才引领发展，以产业集聚更多人才。

近年来浙江坚持高教平台、科创平台、产业平台一起抓，以超常规举措建设"顶天立地"的高能级平台体系，不断增强人才吸附力和承载力。自 2014 年启动领军型创新创业团队引进培育计划以来，浙江先后引进培育 118 个领军型创新创业团队，集聚高层次人才 1100 余人，共引进大院名校建设创新载体近1000 家。

浙江省深入学习贯彻习近平总书记"聚天下英才而用之"的战

略思想①，坚持以一流环境吸引一流人才、以一流人才建设一流城市，抢抓机遇，扎实推进特色园区建设。在特色园区建设战略的引导下，浙江省已经加快推进杭州城西科创大走廊、宁波甬江科创大走廊、嘉兴G60科创大走廊建设，温州环大罗山、台州湾、绍兴、金义等科创廊道逐步形成，"产学研用金、才政介美云"十联动的创新创业生态系统不断完善。作为全国四大未来科技城之一，杭州未来科技城自2011年创建以来，始终坚持以集聚海外人才为中心，探索"热带雨林式"人才环境，着力打造集聚海外人才的标志性平台。目前，已集聚万家创新企业、千家金融机构、千亿管理资本、百家国家级高新企业、百位领军人才。

◆◆【案例5-4】

杭州城西科创大走廊——创新人才平台集聚地

杭州城西科创大走廊是浙江省"面向未来、决胜未来"的科技创新重大战略平台。这一区域聚集了浙江大学、西湖大学、杭州师范大学、浙江农林大学、之江实验室等高校和研究机构，未来科技城、青山湖科技城等科技园区，阿里巴巴淘宝城等一批企业园区以及一大批高新技术企业，梦想小镇、云制造小镇、人工智能小镇等特色小镇，以及一批与创新创业紧密结合的金融机构；集聚了一大批高层次创新人才和创业人才；具备了打造全球人才创新创业新高地的区位优势、生态环境优势、人才优势和政策优势、体制优势。浙江省政府和杭州市政府出台了一系列政策推进杭州城西科创大走廊建设，希望通过杭州城西科创大走廊建设联动区域产学研资

---

① 习近平：聚天下英才而用之［EB/OL］．（2014-05-04）［2022-02-24］．http://cpc.people.com.cn/n/2014/0504/cb4094_24972730.html.

源,吸引和培养高层次人才,打造高水平创新团队。

2016 年 7 月 12 日,浙江省政府出台《浙江省人民政府办公厅关于推进杭州城西科创大走廊建设的若干意见》,自 2016 年至 2020 年,浙江省每年从省创新强省资金中安排 4.5 亿元支持杭州城西科创大走廊建设,打造创业创新生态体系。此后,为进一步集聚优质资源,加快科技产业发展,鼓励和吸引全球高层次人才到科创大走廊创新创业,杭州市政府于 2019 年又相继颁布了有关人才引进、创新发展专项资金管理等多项企业人才扶持和培养政策。

这些政策有助于更好地统筹科创大走廊区域产业和人才,助推科创大走廊成为具有国际水准的创新共同体。例如,2011 年底挂牌成立的浙江海外高层次人才创新园(海创园),是杭州城西科创产业集聚区的创新极核。围绕电子信息产业、生物医药研发、新能源新材料研发、装备制造研发、软件与创意设计、金融中介及生产性服务业等门类,海创园全力打造二三产融合发展的 2.5 产业集聚区,已形成了涵盖人才、研发及产业化的全方位的扶持政策体系,积极吸引和支持海外高层次人才创新创业,着力打造人才特区,建设产城融合发展的科技新城。自建设以来,海创园招商引才工作得到海内外投资者及高层次人才积极响应,高层次人才和高端项目快速聚集,城市建设和产业配套不断推进,与浙江大学的战略合作全面开启。海创园已与北京、天津、武汉等地未来科技城一起,列入中央企业集中建设人才基地。

浙江省委、省政府专门出台相关发展政策,集聚全省资源加快打造科技资源充分集聚、体制机制充满活力、公共服务便利优质、创业创新高度活跃的人才特区。位于城西科创大走廊的各机构也不断创新人才机制和科研制度。例如,海创园围绕人才集聚、平台建设、管理机制、服务保障等多方面内容提出了人才建设工作具体措施,强化人才资源的集聚力和支撑力,让政策既精准、接地气,又能做到爱才、识才、敬才、用才。又如,之江实验室实行项目负责人(principle investigator,PI)负责制、预算额度授权制、项目经理制等一系列新的科研制度。

有赖灵活高效的政策供给,高层次创新人才快速向大走廊汇聚。自 2016 年 8 月启建以来,杭州城西科创大走廊政策环境不断优化、人才集聚效应显著、平台建设成效卓越、人才生态日益完善。2019 年,杭州城西科创大走廊人才净流入率达 24.56%,成为全省密度最高、增长最快、最具活力的人才高地。杭州城西科创大走廊人才本科以上学历于 2019 年达到 84.5%。在互联网行业中,本科及以上学历人才占 88.3%,其中本科占 67.2%,硕士及以上占 21.1%,浙江省入选国家级杰青、优青的人才近九成在这里工作。至 2020 年,杭州城西科创大走廊已经汇聚了高校和科研机构 60 余家,集聚诺贝尔奖获得者和院士工作站 19 家,人才净流入率达 24.56%。其中,截至 2020 年 5 月,浙江海外高层次人才创新园已累计引进培育海外高层次人才 3640 名;"两院"院士 13 名、海外院士 5 名;国家级海外高层次人才 153 名,省级海外高层次人才 206 名,杭州市"521"人才 82 名;浙江省领军型创新创业团队 15 支。城西科创大走廊已经成为全省密度最高、增长最快、最具活力的人才高地。

案例来源:杭州城西科创大走廊发展"十四五"规划[EB/OL].(2021-07-13)[2022-02-24].http://cxkc.hangzhou.gov.cn/art/2021/7/13/art_1228936445_58895638.html.

四、创新人才体制，统筹培养"小青新"的本土青年英才

2005 年，习近平同志在中共浙江省委常委会听取工作汇报时讲道："教师是高等教育的基本力量。"大力培养新时代好教师，关系着教育的前途、学生的未来，关系着浙江的创新创业发展。浙江省认真学习贯彻落实党的十九大精神、习近平总书记的讲话精神，全面贯彻落实《中共中央　国务院关于全面深化新时代教师队伍建设改革的意见》，着力打造一支道德素质高尚、学科知识扎实、专业能力突出、教育情怀深厚的高素质复合型教师队伍，为浙江省教育现代化发展与双创事业提供强有力的人才支撑。

浙江大学以跨学科科研活动为抓手，着力构建多学科集成与交叉的培养环境与培养机制，近年来实施了"多学科交叉人才培养卓越中心"项目，在医学、工程、农科、人文等重大学科板块之间组织交叉培养平台，配以专项博士生名额，组建跨学科大类的博士生导师团队，并利用交叉培养的深度合作进一步推动了跨学科的深度融合，催生了新的汇聚型学科方向。以人工智能专业为例，本科专业依托图灵班，人工智能工程博士专业依托教育部人工智能协同创新中心进行培养。浙江大学 2019 年获批率先设立人工智能交叉学科，招收工程专业学位博士，研究方向包括"人工智能＋控制""人工智能＋创新技术""人工智能＋认知心理学逻辑认知伦理/法学/药学/教育学/金融学"等，采用学科交叉、组建交叉学科导师组等方式对研究生进行培养。

浙江省属高校聚焦"人才大厦塔基"，把本土人才作为人才队伍建设的根本，统筹培养"小青新"的本土青年英才。在浙江省委、省政府对创新人才的高度重视下，浙江省高校也在培养本土多元化创新人才方面作出了很大努力，充分发挥了创新人才培养摇篮

的作用，使浙江省成为创新人才的"聚宝盆"。浙江工业大学坚持多年分层分级梯度培育人才，通过院士结对培养计划等师徒型人才培养链，该校沈寅初院士团队 20 年来培育出院士、"国万""省万"、教学名师等一批领军人才。杭州电子科技大学分类评价破除"五唯"，让不擅长发表论文但有专业特长的老师也能当教授。该校"金牌教头"刘春英未发过 SCI 文章，但带领学生 5 次进入 ACM（国际计算机学会）国际总决赛并取得全球第 20 名的好成绩，被破格晋升为教学型教授。金华职业技术学院通过实施"百工首席、百师致远"项目，培养了百个工种的首席技师，并委派百名教师海外深造。浙江机电职业技术学院以项目研发技术要素为纽带，组织青年"双师"与企业开展产品研发、技术服务、项目推广等合作，校企协同推动科技创新。

第二节　打造战略企业家和企业创新人才队伍

　　企业是创新强省建设的主体之一。企业专业创新人才影响企业创新活力和产业转型。在浙江省委、省政府对创新人才的高度重视下，浙江省已经构筑了较为完善的战略企业家和企业创新型人才培养体系。企业专业技术人才逐年增加，从 2010 年的 107955 人增加到 2020 年的 191761 人。浙江省企业专业技术创新人才的发展也与产业结构调整和产业政策相对应。如浙江省围绕第三产业发展出台了相关政策（如 2011 年《关于进一步加快发展服务业的若干政策意见》、2016 年《浙江省服务业发展"十三五"规划》等），因此 2010 年到 2019 年的专业技术创新人才产业分布（见表 5-2）中，第三产业专业技术创新人才占比不断提高，从 2010 年的 58.09％到 2020 年的 65.67％。

表 5-2　浙江省企业专业技术创新人才数量及产业分布(2010—2020 年)

年份	企业专业技术人才数量/人	企业专业技术人才比例		
		第一产业	第二产业	第三产业
2010	107955	0.91%	41.00%	58.09%
2011	115132	1.06%	40.06%	58.88%
2012	120217	1.02%	39.36%	59.63%
2013	120203	0.66%	41.16%	58.17%
2014	130142	0.69%	40.88%	58.43%
2015	135377	0.76%	40.40%	58.84%
2016	139373	0.86%	39.45%	59.69%
2017	148420	0.72%	38.42%	60.86%
2018	156803	0.78%	38.94%	60.29%
2019	179279	0.75%	37.35%	61.90%
2020	191761	0.67%	33.66%	65.67%

来源:浙江统计年鉴

　　总体来看,2010 年,浙江省的企业专业技术人才中(排除未聘任专业技术职务),高级职务人才数、中级职务人才数、初级职务人才数分别占总人数的 5.81%、26.44%、47.90%,呈现金字塔形的结构。到 2015 年,这一比例调整为 7.13%、25.77%、41.82%。到 2020 年,这一比例又调整为 9.05%、25.76%、31.38%。浙江省的人才结构得到优化。

　　浙江省人才数量和质量的增加得益于多样化的人才培养模式,如推广创业教育、产教融合,培养青年创业人才;以企业大学等形式培养专业化的企业创新人才;培养战略性企业家人才和企业创新工程师;依托企业平台提升创新人才专业技能等。这些培养模式充分调动了企业和高校参与的积极性,也为浙江省人才培养开辟了良好平台。

一、推广创业教育、产教融合,培养青年创业人才

习近平总书记强调:"创新是社会进步的灵魂,创业是推动经济社会发展、改善民生的重要途径。青年学生富有想象力和创造力,是创新创业的有生力量。"[①]专业技术人才培养是我国高校服务创新驱动发展战略和"双一流"建设的关键内容。随着创新驱动发展战略和双创的深度推进,创新创业人才培养成为浙江省高校创新人才培养改革的主战场。浙江省《关于推进高等学校创新创业教育的实施意见》要求,全省普通高校已普遍建设创业学院,并完善相应的管理体制和运行机制。浙江省内各大高校响应政策,纷纷整合校内资源成立创业学院,探索创业学院模式的创新创业教育。截至 2017 年,浙江省已有包括浙江大学、中国美术学院在内的 102 所高校成立了创业学院。创业学院负责统筹全校的创业教学、创业实践和创业研究工作,整合原本分散的创新创业教育职能,更系统地培养优秀双创人才,同时统筹推进创新创业教学改革、创新创业实践训练、创新创业项目培育孵化、创新创业特色人才培养等工作。

浙江大学把创新创业教育纳入院系改革发展的重要工作内容,依托院系推进双创人才培养平台建设,推进创业教育与专业教育的深度融合。在"以创新引领创业,以创业带动就业"的发展战略下,学校以创新驱动为支撑,将创新创业教育深植于整体人才培养,在政策、课程设置、平台建设等方面多管齐下,并辅以创业训练

---

① 习近平.致 2013 年全球创业周中国站活动组委会的贺信[N].人民日报,2013-11-09(1).

营、技能竞赛、创新创业大赛等形式,加强学生创新思维及创业能力的培养。在 2020 届毕业生中,自主创业的有 36 人,其中本科毕业生 13 人,硕士毕业生 21 人,博士毕业生 2 人。

中国美术学院一直十分重视对创新创业人才的深入培养。2011 年,学校制定、实施《关于加强大学生创新创业教育的实施意见》,并于 2015 年成立创业学院。中国美术学院依托创业学院发挥学科优势和艺术专业特色,加强与地方政府、企业、各类园区的合作,争取社会各方面的支持,积极开展了多方创新创业联合课程。这是在"双创"大背景下的一次积极探索与尝试,同时也将作为今后艺术院校创业学院创新创业示范课程改革的一种新模式。

此外,浙江省高校注重服务区域经济社会发展和创新驱动发展,通过产教融合,让高校人才顶天立地,共同培育基于创新的创业人才。如浙江大学与杭州市西湖区人民政府合作创建了紫金众创小镇。浙江理工大学与杭州梦航投资管理有限公司合作共建面向文化创意产业的"汇梦空间";与上虞市政府合作共建"上虞工业技术研究院众创空间";与浙江华鼎集团控股有限公司合作共建"菲妮迪时尚产业园大学生孵化器",构建服装、设计产业纵向垂直型众创空间。浙江传媒大学积极参与杭州市下沙经济开发区"大创小镇"建设,与桐乡市政府共建创业教育实践基地,推进"互联网＋文化"创意产业建设。温州大学与苍南市政府共建温州大学苍南研究院,与浙南科技城共建温州大学激光与光电智能制造研究院等,强化县市联动,与温州市文广新局、市体育局等部门开展战略合作,与浙江正泰电器股份有限公司等企业签订合作框架协议,打通创新创业教育生态链。

◆◆◆【案例 5-5】

浙江大学的基于创新创业的年轻企业家培养项目

传承当年竺可桢老校长"教育的目的，不但是在改进个人，还要能影响于社会"的理念。浙江大学于 1999 年创办了创新与创业管理强化班(intensive training program，简称 ITP)，开展了基于创新的创业教育。创新与创业管理强化班旨在培养具有扎实的专业知识、强力创新意识、优秀创新素质及创新技能的高科技产业经营管理创业型人才；培养具有国际视野、本土智慧，足以担起民族兴衰重任的未来企业家。经过二十余年的培养，创新与创业管理强化班建设取得了丰硕成果，班级创业率达 20%，培养了一大批高科技企业的创业人才。个推创始人兼 CEO 方毅、穿衣助手创始人兼 CEO 顾莹樱、杭州回车电子科技有限公司创始人兼 CEO 易昊翔等均是浙江大学创新与创业管理强化班的毕业生。此外，浙江大学管理学院于 2014 年还成立了 ZTVP 硅谷创业实验室(Venture Lab)，现为浙江大学管理学院科技创业中心(ZTVP)旗下的标志性品牌项目之一。浙大系是杭州当之无愧的高科技企业的创业军团。

案例来源：马宇丹.为有源头活水来！浙江大学用精神文化引领铸魂[EB/OL].(2021-01-14)[2022-02-24]. https://www.thepaper.cn/newsDetail_forward_10788020.

二、以企业大学等形式培养战略型企业家人才和专业化的企业创新人才

企业大学和企业内训是浙江企业常采用的经营管理人才培养形式。其中，企业大学又称公司大学，是指由企业出资，以企业高级管理人员、一流的商学院教授及专业培训师为师资，通过实战模

拟、案例研讨、互动教学等实效性教育手段,以培养企业内部中、高级管理人才和企业合作者为目的,满足人们终身学习需要的一种新型教育、培训体系。目前已有类似的企业高等学府,如吉利汽车创办的吉利学院、大红鹰集团资助创办的宁波财经学院等。

◆◆【案例 5-6】

浙江吉利集团投资专业教育,培养汽车专业人才

浙江吉利控股集团(以下简称"浙江吉利")在发展过程中深刻体会到汽车产业发展需要大量的专业技术人才。于是,浙江吉利于 1999 年创办北京吉利学院(2020 年搬迁到成都,改名为吉利学院)。之后,浙江吉利陆续投资数十亿元建立了吉利学院、三亚学院、湖南吉利汽车职业技术学院、浙江吉利技师学院等高等院校。此外,受汽车工程学会委托,投资建立的浙江汽车工程学院,是专门培养汽车车辆工程硕士、博士的研究生院。吉利汽车创办的企业大学以项目制运行为主,基于业务需求成立专项的项目,进行有针对性的人才培养。通常一个项目周期为 6~8 个月,十几个项目并行。项目一开始,会采用"1+X"的模式制定人才画像(1 是通用的能力,X 是各个条线的专业能力),通过选拔进入储备池,再基于层层任务的设置,来激发学员的能力。此外,吉利也会基于轮岗、导师、一线锻炼、课题研究等多元形式,丰富项目的过程。这样的培养方式,大大缩短了培养出符合企业要求的人才周期,也即从原来的 3~5 年,缩短到 2 年。经过多年建设,浙江吉利创办的院校在校学生超过 5 万人;每年有近万名本科毕业生走上工作岗位,为汽车工业和社会输送宝贵人才,也已为汽车产业培养了超 166 名的研究生高层次汽车人才。

案例来源:"从造车到树人" 吉利的 24 年教育路[EB/OL]. (2021-07-21)[2022-02-24]. https://china. huanqiu. com/article/441fAJhdE30.

除了企业大学的形式之外,浙江企业还会采取企业内训的形式来培养企业创新人才。企业内训是指企业或针对企业开展的一种为了提高人员素质、工作绩效和组织贡献,而实施的有计划、有系统的培养和训练活动,常见的内训形式包括企业培训、各类 EMBA 研修及 CEO12 篇领导力提升等。目前,浙江省已有许多企业采纳这种培训方式,加强企业创新工程师等人才培养,如浙江大华技术股份有限公司的创新工程师培训。浙江大华技术股份有限公司,是全球领先的以视频为核心的智慧物联解决方案提供商和运营服务商,以创新作为公司发展的重要原动力与核心竞争力。为提高研发创新能力,大华公司着力强化研发人员创新方法培训。2017 年,大华公司将创新方法列入每年人才培养重点工作,已培育大批国家创新工程师,并自主建立企业创新方法讲师队伍。企业内部开展各类普及培训,以及同步开发 9 门网上课程,累计浏览次数超过 6 万人,近 5000 人完成自主学习。

浙江省高校积极参与企业内训活动,为企业量身定制专业课程,提高企业家的能力。例如,40 年来,浙江大学管理学院一些优秀毕业生已经成为数十家上市公司领军人物和为数众多的各行各业优秀创业者。2019 年发布的《2019 浙江大学管理学院校友创业风云榜》中显示,浙江大学管理学院创业校友企业样本数 350 家,其中由浙江大学管理学院校友创办或联合创办的独角兽(估值 10 亿美金及以上)及准独角兽(估值 1 亿美金及以上)企业有 16 家。为了提升创业者和企业家的创新能力,推动企业战略转型,浙江大学管理学院推出了以"M＋STEP"课程体系为内核的战略性企业家项目,重打造以"商学＋"为教育理念的跨界学习、一流大学和企业深度访学、顾问问诊的行动学习新生态链,为国家培养通晓科技、引领创新、贡献社会的商业领袖。

三、依托企业平台提升创新人才专业技能

在创新人才队伍建设中,人才专业技能提升是重要环节。近年来,浙江借助电商直播带货等"风口",推动"网红"等各类新业态培训,丰富创业带动就业模式。例如,为了提升电商创业者的能力,2007 年,阿里巴巴成立了淘宝大学,立足电商创业者的成长所需。历经十余年的发展,淘宝大学整合了阿里巴巴内外及行业内优势资源,为 133 个国家的近千万用户搭建了一个线上线下多元化、全方位、全球化的电商学习平台,为不同阶段的电商从业者提供 24 小时不间断学习机会。淘宝大学借助全国当地的特色资源,在重庆、广州等地新建立了多家分校。淘宝大学基于分校所在地的产业带、商家,设置具有区域产业特色的课程,助力打造具有地方特色的农业创新系统。此外,为助力农村产业振兴,阿里巴巴还将电商培训学院建在了农村地区。在 2020 年,淘宝直播"村播"项目在全国 16 个省打造 100 所"村播学院"[①],通过电商带动乡村脱贫致富,实现共同富裕。同时,浙江省也涌现了如遂昌农村电子商务人才培训的遂昌模式等结合农村地区特色的农村创新创业人才培训和成长模式。这些扎根农村的创新创业人才培养,将促进美丽乡村建设,进一步推动浙江省共同富裕示范地区建设目标的实现。

---

① 张瀚祥.签约揭牌,淘宝大学电商直播西南分校落户重庆啦[EB/OL].(2020-06-15)[2022-02-24].https://www.cqcb.com/shuangcheng/2020-06-15/2536756.html.

◆◆◆【案例 5-7】

"赶街"模式——培养农村电子商务人才

浙江赶街电子商务有限公司（以下简称"赶街"）成立于 2014 年，是一家从事农村电子商务的公司。赶街前身是成立于 2010 年的遂昌网店协会，为遂昌广大农户提供培训支持，帮助其熟悉了解电商平台的使用流程，熟练运用电商平台，实现乡村农产品的快速流通，通过当地农村电子商务的发展促进地区经济的发展。以网商培训为基础，随着农村电商人员增加，赶街的商业模式也不断发展和变化，赶街的业务也不断扩展。赶街已经推出了电子商务、本地生活、农村创业三大业务板块和 20 多项具体业务。赶街已经建立了以完善供应链管理为重心的农产品上行体系，让更多"山货"走出"山门"，同时建立了以村级服务站体系为重心的消费品下行体系，有效节约农民生产生活成本，从而实现"消费品下乡"和"农产品进城"的双向流通功能。到 2020 年底，赶街服务体系已在全国 17 个省、49 个县（其中含 16 个国家级贫困县）、12000 多个行政村落地，服务覆盖 1600 多万村民。

结合网店协会的职责，赶街已经探索出一套针对县域农村电商人才培育机制，且与相关院校联合成立遂昌县农村电子商务学院，开展青年电子商务创业大赛，为相关服务业提供大量电商理论知识培训。到 2020 年底，经过赶街的培训，遂昌本地已有网店 2000 多家，网店供应商 300 多家，第三方服务商 40 多家，农村电商从业人员 8000 多人。除了为本地农户培训之外，赶街自 2018 年以来开展了四川等地区的农村电商结对帮扶活动。例如通过赶街的培训，四川省通江县已经培育电商致富带头人 200 余名、电商从业人员 6000 余人。由此可见,赶街的培训流程扩大了农村电商人才的储备,促进了农村创业的蓬勃发展。

案例来源:遂昌县农业农村局.遂昌农村电商"赶街模式"助力精准扶贫[EB/OL].
(2021-03-31)[2022-02-24].http://www.suichang.gov.cn/art/2021/3/31/art_1229370544
_59818033.html.

第三节　吸引和激发产业化人才活力

"加快培养和引进一大批高素质的科技创新人才,建设创新活动新载体,构筑创新人才新高地"[①],习近平同志在 2005 年 7 月 28 日省委十一届八次全会上的报告中提到。该讲话中明确了引进创新人才的重要意义。

多年来,浙江省深入贯彻习近平总书记关于人才工作重要论述,全力打造最优人才发展生态,高水平建设人才强省,让各类人才的创造活力竞相迸发,让智慧才华充分涌流,加快形成天下英才汇聚之江、钱塘人才灿若星河的盛况,为实现"两个高水平"奋斗目标、建设"重要窗口"注入澎湃动力。2019 年,浙江省 11 个市全部实现人才净流入,其中,杭州、宁波两市的中高端人才净流入率分别居全国第一和第二位(见表 5-3),人才集聚上扬态势强劲。

表 5-3　2019 年全国中高端人才净流入率前十名城市

排名	城市	净流入比率/%
1	杭州	8.82
2	宁波	8.27

---

① 习近平.干在实处 走在前列:推进浙江新发展的思考与实践[M].北京:中共中央党校出版社,2006:344.

续　表

排名	城市	净流入比率/%
3	长沙	5.38
4	西安	5.07
5	武汉	3.75
6	成都	3.68
7	佛山	3.33
8	深圳	2.62
9	贵阳	2.34
10	郑州	1.92

来源:猎聘大数据研究院

一、创新人才政策,吸引产业化和专业化创新人才

为把握长三角一体化发展契机,以更优的生态吸引集聚各类人才,浙江省多地纷纷出台了多项人才培养政策。2006 年,习近平同志在宁波市主持自主创新专题调研时强调,提高自主创新能力、努力建设创新型省份是浙江省的一个重大战略,事关全省经济社会发展大局。历经十余年的发展,秉承习近平同志在宁波的讲话精神,宁波市委和市政府于 2015 年发布了《关于实施人才发展新政策的意见》,其中对于加大宁波市人才培养力度的意见中提到 6 项关键政策,例如"现有人才经自主培养申报成为两院院士等顶尖人才的,给予一次性 200 万元奖励;成为特优人才的,给予一次性 50 万元奖励","对市领军和拔尖人才工程第一层次培养人选,在培养周期内给予每人 10 万元的经费资助","深化技术技能人才培养工程,对列入政府补贴的项目,按取得职业技能等级给予相应的培训资助。在甬高校、职业院校、技工院校学生和宁波生源在校学

生,在毕业学年参加技能培训、创业培训,并取得相应证书的,按规定给予培训资助"等。而后,2018年12月,宁波政府又进一步颁布了《宁波市关于进一步加强技能人才队伍建设打造技能强市的实施意见》,为创新创业人才队伍建设保驾护航。该实施意见共包含八大方面工作,包括实施高技能人才增量提质计划、大力推行终身职业技能培训制度、切实提高技能人才待遇、加强技能人才培养平台建设、大力推进职业(技工)院校发展、推动技能人才规范化和多元化评价、打造"技能宁波"竞赛高地、加强组织领导资金投入等保障工作等方面。

在政策吸引下,宁波人才成绩分外亮眼。《2020中国城市人才生态指数报告》发布显示,宁波人才生态排名居全国各大城市第六,第二梯队城市榜首;新一批国家级和省级领军人才建议入选数均为历年最高,其中国家级人才培养工程数居全省第一;入选年度国家"杰青"、省特级专家、省两创团队数,均居全省首位;市级人才计划吸引包括143名国家级领军人才在内的1923个高端人才项目申报,逆势增长27.9%;新建国家级博士后工作站14家、省级博士后工作站35家,数量均居全省首位;新引进大学生16.6万人,同比增长20.3%,其中硕士、博士首次超万人;新引进海外留学生同比增长24.7%。

【案例5-8】

杭州高新区(滨江)人才政策,支持人才发展,激发创新动力

在杭州,高新区(滨江)成了不少人的创业首选地。杭州高新区(滨江)因产业而生,早在2004年就在全国率先以地方性法规的形式确定每年从财政支出中安排不低于15%的比例设立产业扶持

资金，用于支持高新技术产业发展和中小企业从事创新创业活动。自 2011 年以来，滨江区紧紧围绕"高"和"新"，根据企业成长的不同阶段特点和实际需求，连续推出三轮"1＋X"产业政策体系，加大对不同类别产业、不同发展阶段企业和不同功能平台的差别化政策扶持，产业政策导向始终站在国内产业发展的前沿。2018 年，滨江区"1＋X"产业政策 3.0 版正式出台。"1"，就是指一个综合性产业扶持政策，即《关于建设国家自主创新示范区核心区打造世界一流高科技园区的若干意见》，从宏观层面明确了此次产业政策体系制定的目标任务、基本原则、扶持政策。"X"指 11 个具体配套政策，包括为加强人才工作、促进领军企业跨越式发展、支持瞪羚企业加快发展、促进科技企业创新创业、扶持文化创意产业发展、推进企业上市和并购重组、支持科技型企业融资、推进产业国际化以及人才激励政策等具体配套政策。2019 年，滨江区政府在《关于进一步加强人才工作的实施意见》中，进一步明确了滨江关于鼓励企业培育人才方面的政策，包括支持企业建立院士专家工作站、支持企业设立博士后科研工作站、鼓励企业联合高校开展科研合作、鼓励企业柔性引进海外工程师和外国专家等切实有效的人才培养措施。在人才政策的吸引下，截至 2020 年，共有 2 万名高层次人才先后扎根滨江，1000 个人才项目落户滨江，并培育了 12 家上市企业。

案例来源：张留，肖鳕桐. 杭州高新区：锚定世界一流　而立之年再冲锋［EB/OL］.（2020-10-16）［2022-02-24］. https://zj. zjol. com. cn/news. html？ id＝1542924.

二、飞地政策助力地方吸引各方创新人才

作为改革开放先行地，浙江各级党政领导深谙人才引进的重要性，在全国率先探索"星期天工程师""飞行院士""候鸟教授"等机制，吸引众多人才来浙创业创新，合力推动浙江省从资源小省迅

速发展成为经济大省。[①] 其中较为典型的是,浙江省利用"飞地"引进了无数创新人才,充分体现了浙江省优化人才资源配置,引导各类人才面向改革发展主战场建功立业,促进人才发展与经济社会发展深度融合、互促共进。"飞地经济"是指发达地区与欠发达地区双方政府打破行政区划限制,把"飞出地"的资金和项目放到行政上互不隶属的"飞入地"的工业基地,通过规划、建设、管理和税收分配等合作机制,从而实现互利共赢的持续或跨越式发展的经济模式,落户飞地的高层次人才,在子女入学、购房落户等公共服务方面,可享受"飞入地"同城待遇。从而,飞地政策是指"飞入地"为发展飞地经济而制定的一系列税收、土地、服务等政策。

水积而鱼聚,木茂而鸟集。"飞地"是地区经济发展的助推器和中转站,而拥有众多高端人才的浙江省省会城市——杭州,无疑是众多地方建造"创新飞地"的首选。由此,"飞地"充分发挥了杭甬嘉城市综合能级优势,浙江省建设了浙江人才大厦、浙江创新中心等"创新共同体",支持各地建设"人才飞地"[②]。截至 2020 年 10月,浙江省淳安、诸暨、上虞、金华、长兴等地纷纷在杭州设立"创新飞地"。其中,2012 年 8 月,浙江省衢州市政府与杭州未来科技城管委会签订投资合作协议,衢州市将空余的水田指标置换给杭州余杭区,余杭区则从未来科技城里拿出 26 亩土地,供衢州市建立海创园。不仅如此,由诸暨市政府 2017 年出资建设的"诸暨岛"位

---

① 郑文纲,马跃明,邵玩玩,等.聚天下英才富强浙江:浙江高水平建设人才强省综述[EB/OL]. (2020-07-20)[2022-02-24]. http://www.qstheory.cn/llqikan/2020-07/20/c_1126261360.htm.

② 浙江省数字经济发展领导小组办公室关于公布第一批省级数字经济"飞地"示范基地名单的通知[EB/OL]. (2020-11-27)[2022-02-24]. http://jxt.zj.gov.cn/art/2020/12/8/art_1582900_22450.html.

于杭州滨江区,入驻企业 25 家,总产值 2.36 亿元;引进国家、省领军人才 9 人、博士以上 30 人;累计引进 11 家国家高新技术企业,累计研发投入 2215 万元。

◆◆【案例 5-9】

"飞地"助推丽水人才引进

设立"产业园飞地",是省内沿海县市帮扶丽水山区发展的重要举措。浙江省内沿海地区拥有制造业优势,还有港口、市场等资源,与丽水的资源、生态、后发优势紧密结合,将为丽水推进产业转型升级,引进高端人才形成巨大助力。目前"山海协作"飞地平台已成为丽水招商引资的主渠道和开放发展的大平台。例如,2019年宁波与丽水签订协议,宁波注资 1 亿元,合资成立丽甬生态发展有限公司,合力打造山海协作工程升级版的标杆和样板。目前,地处宁波杭州湾新区的丽水工业园(飞地)一期项目,2020 年已完成主体工程的 65%,2021 年 12 月底将完成整体验收;地处杭州市余杭区的丽水首个"科创飞地"数字大厦已投入运营,63 家数字经济企业入园,成为丽水高端人才和高科技项目引进的桥头堡……

据统计,"十三五"期间,丽水市共实施"飞出去"飞地 20 个,开展"山海协作"项目 890 个、到位资金 910.58 亿元,引进大量人才。最新统计数据显示,仅 2021 年上半年,丽水市共引进高校毕业生21544 人,其中博士 149 人、硕士 497 人。

案例来源:阮春生. 山海"飞地"助推丽水共同富裕[N]. 丽水日报,2021-04-09(1).

三、面向市场,发挥高校科研院所的创新人才作用

早在 2002 年,习近平同志刚到浙江,就勉励浙江大学面向市场,通过积极主动为地方经济建设服务,赢得地方政府、企业及各

方面的大力支持,实现学校发展和地方建设的"双赢"。在习近平同志的推动下,2004 年 11 月 16 日,以"科技·人才·发展"为主题的浙江大学——浙江省、市、县合作峰会在浙大紫金港校区举行。"这一次会议的召开,对加强浙江大学与我省各县(市)的交流和合作,促进教学科研更好地面向市场,面向生产实践,加快科技成果转化为现实生产力,实现浙江经济社会与教育科研双向互动发展,产生了积极的推动作用。"习近平同志向大会发来贺信。

此后,浙江大学在发挥高校创新人才作用的道路上,持续进行了一系列探索。浙江大学充分发挥自身人才优势,在面向市场需求输出创新人才资源,以及促进浙江省科技成果转化方面交出了一份令人满意的答卷。近年来,浙江省着力优化人才资源配置,引导各类人才面向改革发展主战场建功立业,促进人才发展与经济社会发展深度融合、互促共进。浙江省通过发挥市场在科技成果生态链条上的驱动作用,有助于建立以市场需求为导向的成果产出机制,引导高校、科研院所面向世界科技前沿、面向经济主战场、面向国家重大需求展开科技攻关。

◆◆ 思考题

1. 浙江省创新人才政策主要从哪几个方面入手?

2. 创新区域建设需要哪几个方面的人才?

3. 怎样构建创新人才体系?

4. 如何发挥高校在创新人才建设中的作用?

5. 如何吸引各地人才并发挥他们在本地创新体系建设中的作用?

◆◆ **拓展阅读**

1.习近平.习近平谈治国理政：第三卷［M］.北京：外文出版社,2020.

2.毛泽东.大量吸收知识分子［M］//毛泽东选集：第二卷.北京：人民出版社,1991:618-620.

3.杜红亮,赵志耘.中国海外高层次科技人才政策研究［M］.北京：中国人民大学出版社,2014.

4.王拓,高子平,等.高层次创新创业人才评价工作研究［M］.上海：上海社会科学院出版社,2015.

5.孙雷.校企合作新探索［M］.南京：南京大学出版社,2017.

进入 21 世纪以来,全球科技创新进入空前密集活跃的时期,新一轮科技革命和产业变革正在重构全球创新版图、重塑全球经济结构……中国要强盛、要复兴,就一定要大力发展科学技术,努力成为世界主要科学中心和创新高地。我们比历史上任何时期都更接近中华民族伟大复兴的目标,我们比历史上任何时期都更需要建设世界科技强国。

——摘自习近平总书记在中国科学院第十九次院士大会、中国工程院第十四次院士大会上的讲话①

第六章　推动科技创新高质量发展

◆◆ 本章要点

1.关键核心技术是推动科技创新发展的重要引擎。为改善关键核心技术受制于人、"卡脖子"问题,浙江省将关键核心技术攻关与产业优化升级紧密结合,培育发展互联网、生命健康、新材料等新兴产业,引领关键核心技术攻关,辐射制造业、农业和服务业等传统行业优化升级,实现技术突破与产业发展互惠互利。

2.企业是科技创新的重要主体,进入新一轮科技革命和产业变革同我国转变发展方式的历史性交汇期,需进一步释放企业创新活力、全面提升企业创新能力。浙江省通过实施多层次、针对性的创新激励政策,促进各类企业创新能力全面提升;支持龙头骨干建设发展企业研究院,释放企业在核心技术攻关、前沿技术研发中的主体作用。

---

① 习近平.习近平谈治国理政:第三卷[M].北京:外文出版社,2020:245-246.

3. 企业、高校与科研院所等创新载体是开展基础前沿研究与科技创新的重要力量。浙江省大胆实施机制体制创新，集合高校、科研院所、企业、政府优势资源，引导浙江大学等高校建立了一批高能级创新创业中心，打造西湖大学、之江实验室等新型研究机构，推进基础前沿研究突破，强化科学成果对技术创新的引领作用。

4. 创新平台在集聚创新要素、促进知识流动、推动技术扩散等技术创新的重要环节发挥着关键作用。浙江省通过高水平建设杭州、宁波、温州国家自主创新示范区，基于省内各市传统的"块状经济"打造一批高科技产业特色小镇，助力新兴产业集群建设与传统产业集群升级，实现全省产业空间的系统布局、特色发展。

5. 构建创新创业生态系统是实现创新主体互补协同发展的重要途径。浙江省着力构建"产学研用金、才政介美云"十联动创新创业生态系统，从科技成果转化机制、技术要素交易市场化、推进科技创新创业等多维度，打造产、学、研、用联动的创新链条，构建高水平科创金融体系，为创新创业群体提供理想栖息地和价值实现地。

科技创新是提高社会生产力和综合国力的战略支撑。21 世纪以来，浙江省全面实施创新驱动发展战略，加快开展关键核心技术攻关，推动企业全面提升创新能力。大胆开展机制体制创新，通过打造高能级创新载体、强化区域协同创新、构建创新创业生态系统，推进企业、高校、科研院所等创新主体协同合作、优势互补，在加快建设创新型省份的过程中探索出了一条独具特色的实践道路。

　　早在 2006 年,习近平同志在浙江工作期间便指出"加强科技进步和自主创新,是转变增长方式,破解资源环境约束,推动经济社会又快又好发展的根本之计……这种粗放型的增长方式,已经遇到了严峻挑战……只有坚定不移地走自主创新之路,不断增强自主创新能力,才能突破资源环境的瓶颈制约,保持经济稳定较快增长;才能从根本上改变产业层次低和产品附加值低的状况,实现'腾笼换鸟'和'浴火重生';才能不断提高人民生活质量和水平,促进人与自然和谐共处,走出一条科学发展的新路子"①。2013 年,中共浙江省委发布《关于全面实施创新驱动发展战略加快建设创新型省份的决定》,就深入实施"八八战略"和"创业富民、创新强省"总战略进行全面部署。浙江省从产业结构优化、提升企业创新主体地位、搭建创新平台载体、推进产学研协同创新、拓展创新发展空间等方面积极探索,积极开展机制体制创新实践,为现代化浙江建设搭建起了以科技创新为动力的强大引擎。

第一节　开展关键核心技术攻关

　　新一轮科技革命与产业革命加速推进,科学技术对经济发展的影响达到了前所未有的高度,新一代信息技术、生命科学技术、先进制造、现代化能源等关键核心技术成为经济发展的新引擎。但在一些关键核心技术领域,浙江省较依赖引进国外技术,自主研发能力较薄弱。2018 年以来中美贸易摩擦升级,美国频繁针对核心关键技术对我国发起攻击,对中兴禁售芯片、将华为列入

---

　　① 习近平.干在实处 走在前列:推进浙江新发展的思考与实践[M].北京:中共中央党校出版社,2006:131.

"实体清单"等事件进一步凸显出突破关键核心技术的重要性与紧迫性。2018年5月28日,习近平总书记在中国科学院第十九次院士大会、中国工程院第十四次院士大会上的讲话中指出:"关键核心技术是要不来、买不来、讨不来的。只有把关键核心技术掌握在自己手中,才能从根本上保障国家经济安全、国防安全和其他安全。"①浙江省围绕新一代信息技术、生命健康等领域,积极培育发展战略性新兴产业,开展关键核心技术攻关项目,逐步实现自主创新国产替代;同时以互联网、数字经济带动传统产业改革,实现产业结构的优化升级。通过推进关键核心技术层层突破,辐射各类产业发展,为经济增长增添强大动力。

一、培育发展新兴产业

战略性新兴产业是引导未来经济社会发展的重要力量。发展战略性新兴产业已成为世界主要国家抢占新一轮经济和科技发展制高点,实施关键核心技术攻关的重大战略。2005年4月18日,习近平同志在浙江省委常委会一季度经济形势分析会上的讲话中提到,"效益增幅下滑问题……从长期看,关键还是要调整产业结构,宜轻则轻,宜重则重,加快传统产业技术改造,大力发展高技术产业"②。2010年,《国务院关于加快培育和发展战略性新兴产业的决定》指出,坚持创新发展,将战略性新兴产业加快培育成为先导产业和支柱产业,重点培育和发展节能环保、新一代信息技术、生物、高端装备制造、新能源、新材料、新能源汽车等产业。2021年,中共中央、国务院发布的《关于支持浙江高质量发展建设共同富裕示范

---

① 习近平.习近平谈治国理政:第三卷[M].北京:外文出版社,2020:248.

② 习近平.干在实处 走在前列:推进浙江新发展的思考与实践[M].北京:中共中央党校出版社,2006:127.

区的意见》将大力提升自主创新能力、塑造产业竞争新优势列为重点任务,提高发展质量效益、夯实共同富裕的物质基础。

浙江省认真贯彻党中央有关精神,深入实施"八八战略",围绕"互联网＋"、生命健康和新材料三大科创高地建设,积极培育新兴产业,推动关键核心技术攻关。重视新兴产业发展顶层设计,2017年,浙江省印发了《浙江省培育发展战略性新兴产业行动计划(2017—2020年)》,对培育战略性新兴产业进行了详细部署。明确十大重点发展产业,包括信息技术产业、物联网产业、人工智能产业、高端装备制造业、新材料产业、生物产业、新能源汽车产业、新能源产业、节能环保产业以及数字创意产业。聚焦产业核心技术、前沿技术、"卡脖子"技术规划各产业发展重点任务,统筹规划产业发展方向。

一方面,实施五大策略推进落实战略性新兴产业发展任务。第一,加快试点示范建设:推进浙江省国家信息经济示范区、杭州省级自主创新示范区建设,加快建设杭州(滨江)国家高新技术产业开发区等战略性新兴产业示范区;培育战略性新兴产业示范企业,深入推进"互联网＋"行动计划,实施重大技术和产品应用示范工程,加快建设标准强省、质量强省、品牌强省,打造"浙江制造"品牌"三强一制造"。第二,实施重大项目:建设大科学装置(设施),推进重大科技专项研究,招引评选新兴产业技术项目进行产业化,梯度筛选企业鼓励其在境内外上市,鼓励企业并购重组整合产业链。第三,推动集聚发展:培育战略性新兴产业策源地、特色优势产业基地和战略性新兴产业特色小镇,依托自主创新示范区、高新园区、"双创"平台等产业集聚区,整合利用资源,推动技术研发与市场化。第四,深化开放合作:推动"走出去、请进来",鼓励本土企业积极参与"一带一路"建设,培育本土民营跨国公司;实施"请进来"计划,鼓励引进先进技术、海外资金、海外人才。第五,集聚高端人才:加大人才引进力度,设立引才工作站、离岸孵化器;提升人才培养能力,深入实施"浙江工匠"等人才培育项目;搭建人才发展平台,推进杭州未来科技城、西湖大学等平台建设;优化人才发展环境,完善人才扶持政策,健全人才激励评价保障体系。

另一方面,开展关键核心技术攻关,助推战略性新兴产业发展。首先,根据产业发展战略目标、关键问题、行业需求、企业需要,对关键核心技术进行梳理,形成以应用研究倒逼基础研究清单、以基础研究引领应用研究清单、国产替代清单、成果转化清单等四张清单,明确核心关键技术攻关内容与目标。2021年,浙江省发布的《浙江省科技创新发展"十四五"规划》详细列出了涉及关键核心技术的智能计算、新一代通信网络、新一代智能芯片、精准医疗、新药创制与医疗器械等13项重大科学问题,以及新一代信息技术、生命健康技术、新材料技术、先进制造与重大装备技术、现代能源技术、现代农业技术、生态环境与公共安全技术、海洋技术、现代服务业技术、传统产业改造提升技术等十个重大技术领域,指明关键核心技术攻关方向。其次,紧密结合关键核心技术"四张清单",实施"尖峰、尖兵、领雁、领航"四大攻关计划,创造性地引入"揭榜挂帅""赛马制""悬赏制"等科研组织方式提升技术攻关成效。"尖峰、尖兵、领雁、领航"重大技术研发攻关项目通过"揭榜挂帅"发布关键核心技术项目榜单,动员各类创新主体公开竞争、揭榜攻关。其中,"尖兵计划"榜单项目申报"不设门槛",对项目牵头申报单位和参与单位注册时间不作要求,重点依据单位研发投入和研发能力进行遴选,立项后通过签订"军令状""里程碑"节点考核方式监督促进项目推进,从而更广泛地吸纳技术创新优势单位参与核心技术攻关。攻关项目在组织方式上大胆创新,对特定关键任务、紧急需求项目实行"悬赏制",即采用事后补助方式,不需推荐、事前不立项,只需在系统申报备案即可参与项目攻关,攻关时限内最先达成任务目标的予以事后奖励性补助。同时,对优势单位相当、存在多种技术路线可能且战略急需的项目开展"赛马制"竞争,并行立项、限时攻关、好中选优;赛马项目实施过程中,定期考核,优胜劣汰或组织多家单位"强强联合"共同攻关。① 基础研究"尖峰计划"也实行"揭榜挂帅"机制,充分调动高校、重点科研院所和龙头平台企业积极性,开展面向未来的重大基础研究项目,推进核心关键技术原始创新。

"十三五"以来,浙江战略性新兴产业发展蓬勃,产业结构优化成效显著。2020 年,规模以上工业中,高技术、高新技术产业增加值占比已达到 15.6％、59.6％,战略性新兴产业增加值占比提升至 33.1％;与 2015 年相比,浙江省着力发展的数字经济核心产业、环保、健康、旅游、时尚、金融、高端装备制造业和文化产业("八大万亿产业")增加值占 GDP 比重从 43.6％提升至 2019 年的 50.7％,以新产业、新业态、新模式为核心的"三新"经济增加值占比则由 21.2％提升至 25.7％。数字经济快速发展,2019 年,浙江数字经济增加值增达 2.7 万亿元,与 2015 年的 1.48 万亿元相比增加了 82％,占 GDP 的比重为 43.3％,比 2015 年提高了 8.7 个百分点。②

---

① 浙江省科学技术厅.关于组织申报 2022 年度"尖兵""领雁"研发攻关计划项目的通知[EB/OL].(2021-07-27)[2022-02-24].http://kjt.zj.gov.cn/art/2021/7/27/art_1229225203_4694583.html.

② 浙江省统计局."十三五"时期浙江经济社会发展报告[R/OL].(2021-01-27)[2022-02-24].http://tjj.zj.gov.cn/art/2021h/27/art_1229129214_4441185.html.

"互联网＋"、生命健康、新材料三大科创高地建设成效显著,聚集了60％左右的国家和省科技奖、70％以上的科技企业和科技人才、80％以上的省级科研攻关项目、90％以上的重大创新平台。① 关键核心技术攻关成效凸显。实施基础研究"尖峰"计划100余项,促进量子信息、智能计算基础理论和算法等前瞻性、引领性科学问题突破;实施"尖峰、尖兵、领雁、领航"重大攻关项目300余项,推进新一代信息技术、生物与医药健康等技术攻关。② 2020年,浙江省形成73项自主可控进口替代成果。2020年度浙江省科学技术奖中多项自主研发成果达到国际先进水平,驶入技术"无人区"。中国科学院宁波材料技术与工程研究所研发的"阻变存储器的电阻态精准调控及功能集成"成果技术,突破传统存储器运用电荷存储信息的思路,借助电阻特性研发成功新型存储器,实现存储和运算功能集成,登上相关技术领域的"青藏高原"。成立不到三年的平头哥(杭州)半导体有限公司联合湖畔实验室研发的"自主指令集嵌入式CPU研发与产业化"成果技术达到国际领先水准,并积极推进RISC-V芯片开源指令集生态建设,大幅降低全行业嵌入式CPU获取成本③。浙江大学牵头研发实施的"网源友好型智能光储系统关键技术及产业化"技术成果,整合分布式光伏与储能技术、"互联网＋"综合调控技术,实现光伏技术零弃光,为达成"碳中和"目标提供有力支持,不仅在国内实现产业化,还推广销售至英、

---

① 刘玉发.浙江省科技厅厅长高鹰忠:紧抓三大科创高地建设[EB/OL].(2020-12-30)[2022-02-24].http://www.cinn.cndfgyzhe jiang/202012/t20201230_237229.html.

② 299项成果(项目)登榜2020年度浙江省科学技术奖:科技创新"浙"样美[EB/OL].(2021-06-16)[2022-02-24].http://kjt.zj.gov.cn/art/2021/6/16/art_1229514957_58997648.html.

③ 浙江省统计局."十三五"时期浙江经济社会发展报告[R/OL].(2021-01-27)[2022-02-24].http://tjj.zj.gov.cn/art/2021h/27/art_1229129214_4441185.html.

美、德、日和"一带一路"沿线等 100 多个国家①。2020 年,在新冠肺炎疫情应急科研攻关过程中,浙江取得了"全省首个""全国首次""全球首例"的硬核成果:浙江省疾控中心成为全国省级最早分离得到新冠病毒毒株的单位,西湖大学全球首次利用冷冻电镜技术成功解析新冠病毒细胞表面受体—ACE2 的全长结构,杭州优思达和浙江东方基因分别研发的核酸检测产品获批注册。② 通过积极开展核心技术攻关,浙江在基础研发"无人区""卡脖子"技术领域、紧急需求方面都实现了突破。

二、改造升级传统产业

2003 年,习近平同志在浙江省工业大会上就指出,"坚持改造提升传统产业和发展高新技术产业并重……必须加快运用高新技术和先进适用技术改造提升传统产业"③。浙江省人民政府在2016 年、2018 年和 2019 年先后发布《浙江省"互联网＋"行动计划》《浙江省数字经济五年倍增计划》和《浙江省关于深化制造业与互联网融合发展的实施意见》,就制造业、农业和服务业等传统产业的信息化建设和改造升级进行了全方位部署。

1.推动制造业与互联网融合发展

第一,推进基于互联网的制造业"双创"平台建设:开展省级制造业"双创"平台试点示范企业评选,鼓励制造企业搭建互联网"双

---

① 浙江开启"碳达峰、碳中和"科普专项行动,省科技进步奖一等奖成果为"碳"索绿色未来贡献中国智慧[EB/OL].(2021-08-10)[2022-02-24]. https://www. thepaper. cn/newsDetail_forward_13990697.

② 浙江省科学技术厅 2020 年工作总结和 2021 年工作思路[EB/OL].(2021-03-05)[2022-02-24]. http://kjt. zj. gov. cn/art/2021/3/5/art_1229225190_58994489.html.

③ 习近平.干在实处 走在前列:推进浙江新发展的思考与实践[M].北京:中共中央党校出版社,2006:120.

创"平台，以促进要素汇聚、能力开放、模式创新；打造互联网企业"双创"服务体系，构建"双创"生态系统，助力制造企业与互联网企业资源共享、优势互补、跨界融合。第二，推进中小企业互联网融合应用：推进制造企业上云计划，帮助企业突破地理区位限制，借助云计算、大数据等技术，获取海量信息资源，精益管理流程，提升管理效率；深化中小企业电子商务应用，促进中小制造企业与电商、物流、金融企业协同发展，促进线上线下数据流动资源整合，培育新型电子商务模式。第三，发展以工业互联网为核心的智能制造：一方面加快工业互联网技术研发与应用，推进研发智能传感器车联网等智能产品，加快建设发展智能机器人、数控装备等高端装备，促进智能生产线、智能工厂等工业互联网落地应用，加快开发精细管控、智能决策等工业大数据应用；同时加大"两化"融合（信息化和工业化融合）政策支持力度，推进企业"两化"融合登高计划，推广企业"两化"融合管理体系，完善"两化"融合发展评估制度。第四，培育基于互联网的制造业新模式：发展网络协同制造、个性化定制、服务型制造，推进企业流程创新、商业模式创新、服务创新。第五，增强制造业与互联网融合的支撑能力：加快制造业与互联网融合关键技术突破，加快建设工业信息工程服务体系，培育工业信息工程、云工程、云服务公司，激活软件和信息服务业发展动能。第六，提升工业信息系统安全水平：构建数据资源安全防护、灾难备份系统，加强工业信息系统安全评估，提升工业控制系统安全保障能力，推进工业信息安全核心技术产品产业化。

制造业与互联网融合发展政策实施以来，浙江打造了国内首个"1＋N"工业互联网平台体系，其中"1"代表具备国际水准的国家级工业互联网平台 supET，该平台实现了跨行业、跨领域融合；以

supET 平台为依托,培育"N"个针对不同行业、技术领域的行业级工业互联网平台。[①] 此外,制造业企业信息化水平显著提升,2019年,浙江新增上云企业 8.84 万家,制造业占 47.79%,累计上云企业已达到 37.78 万家,累计目标任务超额完成 11.11%。[②]

2.推进"互联网＋农业"提质增效

推广物联网在农业中的应用:借助物联网设备提升农业种植效率,依托"智慧农业"基地,推广光温水自动控制系统等智能技术装备;运用物联网对粮食储运进行监管,进一步铺开农业物联网试点建设范围。健全农产品流通体系,运用电子商务助力农产品销售:搭建应用淘宝网"特色馆"农产品电子商务平台、地域性农产品销售网络、大型农业基地网上交易平台等多维度跨层级的销售体系,帮助农业生产经营主体打通电商平台合作渠道。运用区块链等技术,建立农产品追溯体系,强化农产品质量监管:2014 年起全面建设推广全省统一的农产品质量安全监管追溯平台,实现农产品用肥用药实时查询。搭建智慧农业服务体系,推广智慧农业生产设备与信息化服务:打造农业资源要素数据监测体系,实现对全省农业耕地、林地、水利设施、农业设施设备、新型经营主体、农业劳动力、金融资本等要素的数字化管理;通过"智慧农资"服务平台与益农信息服务社,普及电商 App 等农业信息化服务。

浙江"互联网＋农业"政策成效显著。2017 年,浙江入选全国唯一现代生态循环农业发展试点省份,率先获批创建国家农产品

---

① 浙江省科学技术厅.浙江建首个工业互联网平台体系[EB/OL].(2018-07-04)[2022-02-24].http://www.most.gov.cndfkjjzxdt201807/t20180703_140435.htm.

② 浙江省经济和信息化厅.浙江企业上云势头喜人,累计上云企业已达 37.78 万家[EB/OL].(2020-06-01)[2022-02-24].http://jxt.zj.gov.cn/art/2020/6/1/art_1657979_44422991.html.

质量安全示范省、全国农业"机器换人"示范省、畜牧业绿色发展示范省。农业农村部市场与信息化司和农业农村部信息中心联合发布的《2020全国县域数字农业农村发展水平评价报告》显示,2019年浙江省数字农业农村发展总体水平高达68.8%,高居全国榜首,高出全国总体水平32.8个百分点,浙江省84个涉农参评县(市、区)均高于全国总体水平。[①] 2019年,浙江省县域农产品网络零售额达819亿元,形成淘宝村1573个、淘宝镇240个,位列全国第一,农产品网络销售率27.6%,高出全国平均水平17.6个百分点。[②]

3. 推进"互联网+服务业"数字化转型

金融业积极开发基于互联网的普惠金融,推动互联网金融信用体系构建;旅游业搭建智慧旅游综合服务平台,扩展智慧景区服务覆盖面,培育智慧旅游企业。交通运输业借助互联网相关技术,强化交通智能感知体系建设,完善交通运输资源在线管理体系,实现对交通拥堵的实时监测与优化;加强交通运输服务模式创新,推广互联网技术在智能停车、智能交通等服务领域的应用。在健康领域推进健康服务信息基础网络建设,鼓励探索网络诊断、智能在线监测等健康服务新业态;完善健康服务产业链,建设智慧医疗系统,将中医药大数据开发、医疗终端设备、健康管理服务等列入重点培育领域。在教育文化产业开展"智慧教育"试点建设,推进公共文化服务的数字化转变,依托文化创意产业集群激发网络文化

---

① 全国县域数字农业农村发展水平评价报告发布数字乡村,浙江领跑全国[EB/OL].(2020-12-04)[2022-02-24].https://kjt.zj.gov.cn/art/2020/12/4/art_1228971345_58961651.html.

② 农业数字化改造 农村数字化治理 农民数字化生活 浙江打造数字三农生态圈[EB/OL].(2021-01-21)[2022-02-24].http://zj.people.com.cn/n2/2021/0121/c228592-34541034.html.

产业活力。推进"互联网＋社会治理",以构建"城市大脑"为核心建设"智慧城市",促进城市管理现代化、智能化,推进公共安全信息化建设。

【案例 6-1】

杭州城市大脑

2020 年 3 月 31 日,习近平总书记在杭州城市大脑运营指挥中心调研时指出:"推进国家治理体系和治理能力现代化,必须抓好城市治理体系和治理能力现代化。"作为城市治理数字化的排头兵,2016 年,杭州在全国首次提出"城市大脑"的概念,以"交通治堵"为起点,着手建设新型城市数字基础设施。城市大脑为城市治理体系建设和治理能力现代化的实现提供了一套系统性的数字化解决方案。杭州城市大脑建设五年以来,已从交通管理的单一应用拓展成了助力城市治理的综合系统,并于 2020 年 4 月 30 日成立了城市大脑指挥部、城市大脑研究院、杭州城市大脑有限公司。城市大脑建设有序推进城市治理的数字化与智能化,是杭州市为推进城市数字化,全面打造数字经济第一城,实现"全国治理第一城"奋斗目标开展的重要工作,也是未来杭州城市发展所依托的重要基础设施。

杭州城市大脑搭建了"五位一体"的顶层构架,通过一个体系实现经济、政治、文化、社会、生态五大领域全覆盖。城市大脑的核心为"一整两通三同直达"的中枢系统。中枢系统可实现对政府各级、各部门海量数据的全面整合,打通不同部门的信息管理系统与数据系统,推动数据、业务、政企三大协同,运用数字驾驶舱直达社会治理的政府各级部门,通过丰富应用场景直达民生、惠企。杭州城市大脑实施"一脑治全城，两端同赋能"的运行模式，通过"驾驶端"帮助治理者精准管理、辅助决策、效率提升，通过"乘客端"的丰富应用场景，便捷市民生活，促进两端同向发力、交互赋能，共创幸福城市生活。杭州城市大脑通过中枢、系统（平台）、数字驾驶舱、场景四要素，实现民生、惠企和治理的整合与协同，帮助政府提升治理能力与服务能力。

杭州城市大脑构建了"531"的逻辑体系。其中，"5"即"五个一"：构建一张数据网，统一各单位、各部门数据标准，实现数据实时更新，汇聚支撑城市大脑的海量数据资源；形成一朵逻辑云，实现各类云资源的紧密连接，既保持政务数据安全，又支持对外互联互通；搭建一个数据仓库，整合各部门、外部数据，形成城市级数据仓库，便于数据治理；建设一个中枢，作为城市大脑的核心，集中整合数据与各子系统，实现系统接入、数据融合、反馈执行；形成一个大脑，促进全市设施一体化，运用统一架构实现不同系统对接，打通市、区两级部门，减少信息系统建设冗余。"3"即"三个通"：第一，促进市、区、部门间互联互通，整合各级政府部门信息，减少条块分割，推进政府数字治理系统一体化。第二，促进中枢、系统、数字驾驶舱、场景四要素互联互通，形成覆盖全市各级部门、集合多元公共服务应用场景的多功能、整合性系统。第三，促进政府与市场的互联互通，采用政府主导、市场化运营的建设机制，吸引科技企业参与构建数字化城市基础设施，为各领域企业数字化转型提供渠道。"1"即"一个新的城市基础设施"：城市大脑通过数据互联互通、业务系统接入整合，借助融合计算技术，形成数字化、智能化、现代化的新型城市基础设施。

目前，杭州城市大脑已搭建了办事服务、应用场景、数字新闻等一体化界面,形成了警务、交通、文旅、健康等 11 大系统和 48 个应用场景,市民可使用手机办理政务、便捷泊车、舒心就医等业务。依托城市大脑还成立了云栖城市大脑公司、城市大脑停车运营公司、城市大脑云医公司等,实施市场化运作,政府主导、市场化运营的建设机制已初见成效。通过"城市大脑"应用场景建设,杭州成为全国首个建成推广"无杆停车场"的城市、首个以"延误指数"开展交通治理的城市、首个实现"入园入住,无须排队"的城市、首个推出"医后最多付一次"的城市。新冠肺炎疫情暴发后,杭州也依托城市大脑,成为全国首推"健康码"的城市。

案例来源:侯瑞.城市会思考,生活更美好:杭州"城市大脑"发布 11 大系统、48 个应用场景[J].信息化建设,2019(7):26-28.

第二节　全面提升企业创新能力

浙江省 20 多年来经济高速增长,企业创新意识不断增强、创新能力取得了长足进步,从技术追赶者逐渐朝并跑者、领先者迈进。当前,中国经济正处于从数量追赶、规模扩张向质量追赶、结构升级转变的关键时期,经济发展动力正从要素驱动、投资驱动逐渐转向创新驱动。企业是科技创新的主体,进一步提升企业创新能力是实现经济高质量发展的关键。我国企业长期以来遵循"引进—消化—吸收—再创新"的创新模式,较依赖国外技术供给,自主创新能力较薄弱。浙江省积极采取工作举措,实施梯度培育激励政策,全面激发各类企业创新活力,加速培育一流创新企业、"隐形冠军"企业;发展企业研究院,推动民营科研机构建设,鼓励更多企业自主创新、自立自强地走创新发展道路,向实现高质量发展加速迈进。

一、激发企业创新活力

2005 年 12 月 19 日，习近平同志在浙江省经济工作会议上的讲话中提到，提高自主创新能力，要以市场为导向，充分发挥市场集聚和配置创新资源的基础作用，突出企业创新主体地位，围绕市场需求和重点领域、关键技术，开展创新活动，促进成果产业化。① 2018 年，习近平总书记在中国科学院第十九次院士大会、中国工程院第十四次院士大会上再次强调，企业是创新的主体，是推动创新的生力军……要推动企业成为技术创新决策、研发投入、科研组织和成果转化的主体，培育一批核心技术能力突出、集成创新能力强的创新型领军企业。② 强化企业核心技术研发，全面提升企业创新能力，加强科技进步和自主创新，是顺应经济全球化趋势，加快提高国际竞争力的关键所在。③

浙江省深入贯彻党中央精神，部署了多层次的激励政策和措施，激发企业创新活力，促进企业创新能力提升。2018 年，浙江省发布了《关于全面加快科技创新推动高质量发展的若干意见》，将强化企业主体地位，全面提升企业创新能力列为重点任务。实施科技企业"双倍增"行动与企业技术创新赶超工程，推动规模以上工业企业研发活动、研发机构、发明专利全覆盖，运用开放合作模式推动科技创新，鼓励企业参与、主导科技成果转化，推进创新型重大产业项目落地建设，引导企业进一步加大创新投入，完善科技创新券制度、创新产品政府采购政策等辅助性政策，加快推进专利

---

① 习近平.干在实处 走在前列：推进浙江新发展的思考与实践[M].北京：中共中央党校出版社,2006:132.

② 习近平.习近平谈治国理政：第三卷[M].北京：外文出版社,2020:251.

③ 习近平.干在实处 走在前列：推进浙江新发展的思考与实践[M].北京：中共中央党校出版社,2006:131-132.

和标准国际化战略。

在政策实施过程中,浙江省充分考虑企业技术创新能力不均衡的实际情况,按照分类指导、个性帮扶和精准服务的思路,进行企业梯度培育,实施"雄鹰行动""雏鹰行动",为不同类型的企业运用针对性的创新激励政策,帮助不同企业寻找技术定位、创新目标,从而激发企业创新活力,全面提升各类企业创新能力。一方面,针对行业领先企业实施"雄鹰行动",培育具有全球竞争力的一流企业。围绕绿色石化、汽车制造、数字经济、高端装备、医药加工、时尚消费等领域,推进企业使用信息技术、数字技术进行技术创新、工艺创新、管理创新和模式创新,实现设计、制造、营销、服务多维度能力提升,争创具有全球竞争力的一流企业。对标国际先进水平,以突破核心技术为目标,优化资本结构,实施并购重组,打造自主品牌,推进国际化战略,增强全球资源配置能力,深度融入全球产业链、价值链,争创全球行业标杆。从突破核心技术前瞻技术、强化产业链主导优势地位、推进产业与金融结合、支持并购重组实践、加大招商引智力度、加快国际品牌建设、深化国际精准合作七大维度,全面开展全球一流企业培育任务。分年度评选100家企业入选"雄鹰行动"培育计划,对每家企业就资金、人才、税收、建设用地、环境容量、能耗指标等资源要素给予针对性支持,通过指导服务组提供培育咨询服务。另一方面,针对中小微企业开展"雏鹰行动",培育"隐形冠军"企业。推动中小微企业创新创业、开展数字化改造、建设质量标准、打造制造品牌,实现在精专细分领域的专业化发展,推动中小微企业全面提升创新能力,作为细分领域的佼佼者积极开拓全球市场,逐步在全球价值链中占领优势地位;同时完善保障机制,建设配套融资服务、推进大中小微企业融通发展、促进产业空间集聚建设、优化公共服务供给,建立健全中小微企业梯度培育机制,打造创新创业的良好生态体系,引导企业走"专精特新"发展之路,培育细分行业的"隐形冠军"企业,推动中小微企业高质量发展。

在以上政策推动下,浙江省企业创新能力、核心技术研发能力得到大幅度提升。2020年,浙江省政府工作报告数据显示,"十三五"期间,浙江省研发经费支出占生产总值比重从2.3%提高到2.8%,高新技术企业数量已从6437家增加至22158家,高新技术产业增加值占规模以上工业比重已由37.2%提高到59.6%;新增上市公司86家,入围世界500强企业5家,新增单项冠军企业33家、科技型中小企业16032家。企业技术创新能力显著提升,装备首台(套)、材料首批次、软件首版次应用成果丰富,新增首台(套)产品263项。[①]

二、建设发展企业研究院

企业研究院在聚集整合创新要素、组织开展科技创新、支撑企业持续发展、引领行业技术进步方面具有重要作用。习近平同志在浙江工作期间便提出发展企业研究院,深化科研体制改革,鼓励发展民营科研机构,做强做大一批重点科研院所。[②] 自2011年以来,浙江省为鼓励企业科技创新,促进以企业为主体的技术创新体系建设,推动全省经济转型升级和发展方式转变,积极推进企业研究院建设。

一方面,浙江省重视顶层设计,加强政策引导。首先,规范省

---

① 郑栅洁.2021年浙江省政府工作报告[N].浙江日报,2021-02-02(1).
② 习近平.干在实处 走在前列:推进浙江新发展的思考与实践[M].北京:中共中央党校出版社,2006:136.

级企业研究院、省级重点企业研究院的申报、评选与监管工作。浙江省于 2014 年印发《浙江省企业研究院管理办法》,鼓励以企业自建、企业同高等院校科研院合建等多种方式组建企业研究院,引导战略性新兴产业的大型企业、行业龙头骨干企业带头建设企业研究院。其次,评选省级重点企业研究院,制定帮扶政策。2014 年,《浙江省重点企业研究院建设与管理试行办法》出台,明确对省重点研究院的比选、建设、管理要求,对省级重点企业研究院主办企业的技术创新工作给予针对性支持。通过省战略性新兴产业专项资金与有关财政科技资金对省级重点企业研究院给予补助,支持省重点企业研究院实施重大科技攻关项目,制订实施青年科学家培养计划,支持省重点企业研究院引进海外工程师并享受相关优惠支持政策。

另一方面,推进重点企业研究院建设,浙江勇于创新,积极探索管理机制体制改革。第一,建立责任书管理制度,省级重点企业研究院主办企业同省科技厅、归口科技管理部门签订省级重点企业研究院建设责任书,详细制订 3 年内的建设目标、主要任务、经费等计划,加强过程管理,构建起对市场需求、政府资助、效果评价进行动态监测的管理机制。第二,实行"三合一"的经费支持制度,将重点企业研究院纳入产学研结合的"三位一体"新兴产业技术创新综合试点建设项目,集合省重大科技攻关项目、青年科学家培养和企业重点研究院建设专项经费支持重点企业研究院建设。第三,产学研协同推进企业研究院建设,充分发挥重点企业研究院在核心技术攻关、推进前沿技术研发中的主体作用,培育创新人才,集聚"国千""省千"人才,深化企业同高校科研院所合作,加强与国内国际领先企业互动交流。第四,推行单个部门牵头,多部门配合的管理机制，例如省科技厅牵头推进现代农业装备、工业流程装备产业，发改委、经信委等部门推进配合；省科技厅负责重大瓶颈技术攻关任务落实，省人力社保厅、省教育厅等推进落实青年科学家培养计划等。第五，推行省、市、县（区）三级联动建设，省级政府部门牵头计划，市、县（区）配套推进实施，形成各层级梯次培育建设机制。①

自推动建立企业研究院以来，核心关键技术突破效果显著，企业创新能力得到提升。例如，诸暨菲达研究院在燃煤电站 PM2.5 控制技术上取得重大突破，其研发的低温电除尘器、电凝聚器、旋转电极电除尘器、湿式电除尘器均已达到 100 万千瓦机组级别。② 超威研究院开发了高储能容量、长使用寿命的智能电池，通过增加控制软件，监测控制各组成模块的蓄能衰减程度，及时停止蓄能衰减最多模块的工作，从而增强了电池蓄能水平，拓展了电池寿命。新昌康立研究院引入电动驱动技术、计算机技术，对传统纺织设备进行改造，开发了"基于嵌入式处理器的络筒成型及纱线检测控制系统"，在大幅度降低纺织设备能耗的同时提高了纺织产品质量，可用于对各类纱线卷绕成型的纺机装备进行优化改造。

◆◆◆ 【案例 6-2】

吉利汽车研究院

吉利汽车作为国内领先的自主品牌汽车制造企业，建立了目前本土企业中规模最大的企业研究院——吉利汽车研究院。该研

---

①② 浙江省科学技术厅.浙江围绕重点企业研究院建设展开改革创新［EB/OL］.（2014-09-11）［2022-02-24］. http://www. most. gov. cndfkjzj/zxdt/201409/t20140910_115467. htm.

究院于 2017 年 5 月全面启用，坐落在宁波杭州湾新区，总投资 62 亿元，占地面积 415 亩，既是吉利汽车的研发大本营，也是国内领先、世界一流的汽车研发中心，与瑞典哥德堡和英国考文垂的研发中心一起，构成了吉利汽车的全球化研发体系。

吉利汽车研究院以"自主研发、广泛合作，掌控核心技术"的研发理念为指导，构建了完备的研发体系，涵盖综合管理、整车开发、总成开发、开发支持和产品工程等环节，为研发项目的开展提供了强有力支撑。截至 2020 年 1 月，吉利汽车研究院已有研发人员 10000 余名，其中包括外籍专家逾百人，已成为吉利汽车实施"技术领先战略"的重要基地。

吉利汽车研究院的建设，充分汲取了来自吉利瑞典、英国研发中心以及沃尔沃的先进技术与管理理念，架构、管理参照国际一流标准，划分了整车研究院、汽车动力总成研究院、新能源汽车研究院、汽车创意设计四大板块。吉利汽车研究院搭建使用了先进的设施设备体系，研发技术中心、整车试验中心、动力总成试验中心和整车试制中心均为目前国内最高水准，集合了设计研发、试验试制、质量控制、供应商协同开发等多项功能，在一个基地便可集中完成汽车关键零部件试验和总成试验、新能源电机的性能试验、底盘耐久试验、整车分析评价、结构研究及测量等工作。

吉利汽车研究院搭载了完备的研发设备系统。整车试验中心可完成整车和零部件可靠性、平顺性、安全健康、环境适应性、动力性经济性、电子电器/EMC、空调系统、排放等性能的试验开发与验证工作。动力总成试验中心汇聚了消防、试验运行、试验计划、试验管理、数据管理、设备管理、试验体系，通过集中运行控制实现对相关研发试验的综合管控。该试验中心集合了国内外领先的试验测量设备，发动机、变速器试验开发精测能力已达到国内领先水平。整车试制中心用于进行样车试制产品、工艺和管理三方面的预验证工作，可实现10款车型柔性化混线精益制造，可实现单班年产2400台的小批量生产，是目前国内最大、最先进的试制中心。

依托吉利汽车研究院，吉利集团不断完善研发体系，提升技术储备，以车辆架构为代表的基础技术不断升级，同时不断推进向电动智能汽车等前沿领域的扩张。在技术储备方面，截至2020年6月30日，吉利及其控股子公司已获得专利授权9332件，其中中国专利9241件，2097件为发明专利，境外已授权专利累计达91件；已登记的与生产经营相关的计算机软件著作权42个；获得了国家技术发明奖二等奖、中国汽车工业科学技术进步奖一等奖在内的36项科技奖励；承担国家级及省部级研发项目9项，其中4项为国家科技重大专项。在车辆架构方面，汽车研究院成立三年多以来，吉利实现了对面向全球工业4.0的CMA架构的更新升级，于2020年正式发布"CMA超级母体"和运用该架构的首款车型吉利兴瑞PREFACE。同时，吉利还与沃尔沃联合研发了DMA架构，整车项目已落户宁波杭州湾新区。吉利在电动智能汽车领域也实现了多点开花，于2017年、2018年先后发布了技术品牌"iNTEC人性化智驾科技""GKUI"吉客智能生态系统；2017年5月在汽车研究院所在地宁波杭州湾新区完成了无人驾驶试验；2019年5月，吉利发布了实现自主泊车的"爬行者智能系统"，进一步拓宽了智能汽车技术布局。

案例来源：

1.何晨薇.湾区打造中国汽车工业全新坐标[N].慈溪日报,2017-05-11(2).

2.吉利汽车两大总部项目落户宁波背后:扎根在梦想起航的地方[EB/OL].(2020-

01-09)［2022-02-24］. http：//news. cnnb. com. cn/xinwen/system/2020/01/09/030115969. shtml.

3. 吉利在杭州湾的故事［EB/OL］.（2019-06-23）［2022-02-24］. https：//www. sohu. com/a/319151935_100272654.

4. 樊俊卿."全线开花"的吉利汽车再次展示科技向上的力量［EB/OL］.（2020-10-02）［2022-02-24］. https：//smart. huanqiu. com/article/407ZhS8phQc.

第三节　打造高能级创新载体

以高校和科研院所为代表的创新载体是我国科技发展的主要基地,是开展基础科学研究与技术创新活动的重要力量。随着新一轮科技革命的深入推进,学科之间、技术之间、科学与技术之间的交叉融合趋势加深,科技创新模式发生着重大变革,研究型大学和科研院所等创新载体需要进一步提升研究能力、优化资源配置、创新体制政策来适应科技创新的最新发展。浙江省大力支持调动高校科技创新优势与校友、企业、政府资源,将"双一流"高校建设工作同科创平台建设紧密结合,促进已有研究机构跨越式发展。同时,大胆实施机制体制改革,集高校、企业、政府之所长,筹建了西湖大学、之江实验室等一批新型研究机构,面向国家重大战略、区域发展重大需求和国际科学前沿领域,探索科技创新新路径。

一、支持已有研究机构的跨越式发展

高校是基础研究的重要基地,在探索前沿技术、攻克关键核心技术过程中发挥着关键作用。2006 年 3 月 20 日,习近平同志在全省自主创新大会上的讲话中强调,"加快高校重点学科建设,支持浙江大学和中国美术学院向世界一流大学发展,支持有条件的省

属高校建设成为研究型大学或教学研究型大学"①。2016 年 5 月
30 日,在全国科技创新大会、中国科学院第十八次院士大会和中国
工程院第十三次院士大会、中国科学技术协会第九次全国代表大
会上,习近平总书记进一步提到,"成为世界科技强国,成为世界主
要科学中心和创新高地,必须拥有一批世界一流科研机构、研究型
大学、创新型企业,能够持续涌现一批重大原创性科学成果"②。
2015 年 10 月,国务院印发《统筹推进世界一流大学和一流学科建
设总体方案》,统筹推进世界一流大学和一流学科建设,实现我国
从高等教育大国到高等教育强国的历史性跨越。推进"双一流"建
设,进一步发挥高校在基础研究、技术创新中的作用已成为创新驱
动发展的重要任务。

　　浙江省积极制定、实施相关政策,推进世界一流大学建设。早
在 2013 年,中共浙江省委《关于全面实施创新驱动发展战略加快建
设创新型省份的决定》便强调推进"高水平大学建设工程",支持浙江
大学、中国美术学院建设世界一流大学。2014 年,浙江省人民政府
《关于实施省重点高校建设计划的意见》则进一步提出,从体制机制
创新、建设优势特色学科、培育高素质教师队伍、深化教育教学改革、
提升自主创新能力、促进国际合作与交流六大方面全面推进高水平
大学建设任务。2021 年发布的《浙江省科技创新发展"十四五"规
划》也将加快推进高水平高校和科研院所建设列为重要任务,并设
立建设目标"到 2025 年,高水平大学数量达到 12 所,50 个以上学科
(领域、方向)达到国家一流学科建设标准,80 个以上学科进入基本科

---

　　① 习近平.干在实处 走在前列:推进浙江新发展的思考与实践[M].北京:中共中
央党校出版社,2006:136.

　　② 习近平.习近平谈治国理政:第二卷[M].北京:外文出版社,2017:270.

学指标数据库(ESI)学科前 1‰,若干学科进入世界一流学科行列"。①

　　2020 年,浙江省委对一流高校建设任务进行详细布局,发布《关于建设高素质强大人才队伍打造高水平创新型省份的决定》,提出以一流学科创建引领高水平大学建设。一流高校建设方面,根据省内高校发展水平,分类制订培育计划。支持浙江大学建设世界一流的综合型、研究型、创新型大学,支持西湖大学开展新型省部共建、建设世界一流新型研究型大学,支持中国美术学院、宁波大学等省重点建设高校的世界一流学科培育建设。支持各市推进大院名校引进计划,鼓励具备国际一流水平学科的大院名校来浙共建创新载体。推进一流学科建设,加快推进"学科登峰"工程,聚焦聚力做强数字经济、生物医药、新材料等特色学科,鼓励省重点建设高校冲刺国家"双一流"或 A＋学科,完善高水平学科专业建设体系。鼓励高校与科研院所合作创新,构建学科协同、学科交叉融合发展机制,鼓励尝试跨校跨院整合促进优势特色学科提升,设立科教协同、产教融合改革试点,促进教学、科研、产业化链条培育。优化高等教育财政政策,加大财政资金对"双一流"建设高校和学科、省重点建设高校、特色优势学科等重点项目的支持力度。探索高校人才编制管理方式和收入分配制度创新,以高水平大学为试点,优化住房保障体系与引才引智机制,助力高校引进高端人才、急需人才;支持省重点建设高校、一流学科成立"杰出人才工作室",在全球范围内遴选学术校长、学术院长。

　　浙江大学作为浙江高校的排头兵,就一流大学建设进行了全

---

　　① 浙江省人民政府关于印发浙江省科技创新发展"十四五"规划的通知[EB/OL].(2021-06-11)[2022-02-24].http://kjt.zj.gov.cn/art/2021/8/6/art_1229247517_46988-25.html.

面规划布局,于 2017 年底发布了一流大学建设高校建设方案。建设方案提出,浙江大学通过构建开环整合的人才培养体系、人尽其才的人才队伍体系、开放协同的创新生态系统、全球链接的国际合作网络、开源创新的思想文化高地、高强辐射的社会服务网络六个方面来推进世界一流高校建设任务。同时,加强一流学科建设,发挥中国特色,以世界一流为目标,优化结构布局,凝练发展重点和发展方向,形成学科自我发展机制,通过一流学科建设带动学科板块和学校整体优势特色发展。根据不同学科特点与发展现状,制定了学科分类分层发展方针。分类实施"高峰学科建设支持计划""一流骨干基础学科建设支持计划""优势特色学科发展计划",汇聚发展资源、激活内源性发展动力,构建良好学科生态体系。推进学科板块发展,在七大学部基础上,构筑文、理、工、信、农、医协同发展的学科板块结构,聚力发展重点学科、优先领域,同时鼓励引导学科融合与板块间互动,积极探索构建学科交叉融合、资源成果共享、组织协调有序的学科发展新模式。推进汇聚型学科领域发展,对接国家战略部署,发挥本校学科综合优势,进一步强化战略性、前瞻性、针对性问题研究,推进重大原始创新和颠覆性创新,支撑与推动一批高水平学科领域进入世界一流行列。2017 年,浙江大学成功入选教育部一流大学建设 A 类高校。①

二、对标世界一流水平,建设一批新型研究机构

科研院所和研究型大学是我国科技发展的主要基础所在,也是科技创新人才的摇篮。② 习近平同志在浙江工作期间,高度重视

① 浙江大学一流大学建设高校建设方案[EB/OL].(2017-12-29)[2022-02-24].http://www.zju.edu.cn/xxgk/2020/0506/c17948a2092838/page.htm.

② 习近平.习近平谈治国理政:第二卷[M].北京:外文出版社,2017:274.

研究机构在推动技术创新，加快创新型省份建设中发挥的作用。2006 年 3 月 20 日，他在全省自主创新大会上提出，"引进大院名校，有重点地培育一批自主创新能力居全国同行前列的科研机构，建设一批国家和省部级重点实验室和试验基地，不断集聚和增强科技创新力量"①。浙江对标世界一流水平，大胆创新，成立之江实验室、西湖大学等新型研究机构，加快建设省级实验室，完善引进大院名校协同创新之载体，多维度推进新型研究机构建设。

首先，浙江积极开展制度创新，探索研究机构建设制度与管理新模式。2017 年 9 月 6 日，由浙江省政府牵头，联合浙江大学、阿里巴巴共同成立全国首家混合所有制事业单位性质的新型研发机构——之江实验室。通过政府、高校、企业协同合作，集聚多样化的资源，充分促进产学政优势互补，推动关键核心技术攻关与基础前沿研究突破。2018 年 10 月 20 日，西湖大学正式成立，它是一所由社会力量举办、国家重点支持的非营利性的新型研究型大学。西湖大学制定了"高起点、小而精、研究型"的定位，邀请顶尖科学家领衔，以博士研究生培养为起点；精专发展有限学科，培养拔尖创新人才；聚焦基础前沿科学研究，致力尖端科技突破，注重学科交叉融合，努力为国家科教兴国和创新驱动发展战略作出突出贡献。西湖大学积极探索适合中国国情的新型现代大学治理制度，以鼓励创新为核心，实施新型科技评价标准和科研管理机制，努力培养富有社会责任感的拔尖创新人才，是浙江省推进新型研究机构建设中的重大创新。

其次，浙江大力推动省级实验室建设，结合战略性新兴技术发

---

① 习近平.干在实处　走在前列：推进浙江新发展的思考与实践[M].北京：中共中央党校出版社，2006：137.

展方向,截至 2021 年 8 月,已培育建设了之江实验室、良渚实验室、西湖实验室、湖畔实验室、甬江实验室、瓯江实验室等 6 个浙江省实验室,充分调动高校、企业、研发机构优势资源,分别在智能科学、医学诊疗、生命科学、数据科学四大领域搭建前沿技术研发核心高地,为建设国家科技创新基地积累后备力量。之江实验室已获批牵头建设智能科学与技术浙江省实验室,以强化浙江在全国智能科学与技术领域竞争力为核心,围绕智能感知、智能网络、智能计算、大数据与区块链、智能系统五大方向推进前沿基础研究。浙江大学牵头成立良渚实验室(系统医学与精准诊治浙江省实验室),依托浙江大学科技创新实力推进重大临床问题研究,打造"浙江省医学科技策源地,生命健康产业主引擎"。西湖大学牵头建设西湖实验室(生命科学和生物医学浙江省实验室),围绕代谢与衰老疾病、肿瘤机制研究两大方向,推进转化应用和应急医学研究,建立生命健康领域引领性高能级基础应用研究平台。由阿里巴巴达摩院牵头建设湖畔实验室(数据科学与应用浙江省实验室),以突破世界数据科学与应用领域前沿技术为目标,推动浙江成为世界数字经济创新策源地。由宁波市政府牵头,依托中国科学院宁波材料所成立甬江实验室,围绕新材料研究、应用转化和关键共性技术研究,旨在突破关键核心材料技术,抢占多学科交叉前沿材料领域的战略制高点①。在温州环大罗山科创走廊核心区建设瓯江实验室(再生调控与眼脑健康浙江省实验室),聚焦组织器官再生与重塑、眼疾病与视觉功能康复、脑疾病与认知功能康复、再生医学材料、高端医疗器械(装备)等研究方向,培育建设"国内第一、世

---

① 甬江实验室揭牌成立[EB/OL]. (2021-05-20)[2022-02-24]. http://www. ningbo. gov.cn/art/2021/5/20/art_1229099769_59028883.html.

界一流"的再生调控与眼脑健康重大科技创新平台。^① 同时,《浙江省科技创新发展"十四五"规划》提出进一步谋划建设海洋、能源、农业等领域的高水平省实验室。

此外,浙江大力推进大院名校引进项目,推动共建创新载体。积极引进一流大学、科研院所和世界 500 强企业来浙设立分支机构、研发中心和科技成果转化基地,鼓励其与省内高校、科研院所开展合作。中国科学院宁波材料所、浙江清华长三角研究院、浙江大学海宁国际校区、国家海洋科技国际创新园、香港大学浙江研究院等创新载体已发展成为浙江省重要的研发机构。2019 年,浙江省科技厅出台《浙江省引进大院名校共建高端创新载体实施意见》,从资金、人才、基本建设等方面进一步制定了详细的保障措施。例如,在浙江设立研发机构和研发总部从事竞争前技术研发,浙江省财政最高给予 3000 万元资金支持;同时在税收、人才待遇、承担各类科技计划与科技成果转化收入分配方面也给予了优惠扶持。

◈◈【案例 6-3】

之江实验室

2017 年 9 月 6 日,坐落在杭州城西科创大走廊核心地带的之江实验室正式成立。之江实验室是浙江省委、省政府深入实施创新驱动发展战略、探索新型举国体制浙江路径建设的重大科技创新平台,由浙江省政府、浙江大学、阿里巴巴共同创建,是浙江省重点建设的省级网络信息实验室,也是全国首家混合所有制事业单位性质的新型研发机构。之江实验室以国家目标和战略需求为导

---

① 瓯江实验室正式揭牌［EB/OL］. (2021-05-21)［2022-02-24］. https://www. wenzhou. gov. cn/art/2021/5/21/art_1217828_59051579. html.

向,以重大科技任务公关和大型科技基础设施建设为主线,聚焦智能科学与技术领域,打造世界一流的基础研究和技术创新中心。

之江实验室作为新型研发机构,其"新"体现在三大方面:其一,研究领域新。之江实验室的研究方向紧密围绕国家实验室布局领域以及国家实施重大科技专项的重点领域,充分发挥浙江现有的科研基础与数字信息优势产业,围绕网络信息领域前沿技术,就智能感知、智能计算、智能网络、智能系统四大领域开展前沿基础研究、关键技术攻关和核心系统研发。之江实验室通过打造世界领先的基础研究和技术创新中心,为浙江推进国家安全、数字经济和社会治理等重大战略领域的发展提供了扎实的底层技术支撑。其二,机制体制新。之江实验室在组织构架方面大胆创新,作为全国首家混合所有制事业单位性质的新型研发机构,实行由政府、高校、企业开放协同的混合所有制。之江实验室按照"一体、双核、多点"的架构组建。由浙江省政府、浙江大学、阿里巴巴集团共同出资、共同管理,聚产、学、政资源为一体,形成具有独立法人资格、实体化运行的混合所有制单位;以浙江大学、阿里巴巴集团为双核,汇聚前沿科研力量,推进实验室建设与核心前沿技术攻关;以国内外高校院所、央企民企优质创新资源为多点,通过省级重点实验室的优质平台,广泛吸纳网络信息领域科研人才与创新资源。其三,机构功能新。之江实验室集合了三重功能:承担核心前沿技术突破任务,负责重大前沿基础研究与技术攻关、建设大学科装置和科研平台、承担国家战略性人工智能创新项目;扮演科研交流平台角色,吸纳培育高层次科研人才,推进国内外科研交流合作;推进科技成果转化,推动基础研究成果产业化。通过整合政府、高校、企业三个领域的优质资源,促进创新主体互补协同,之江实验室为浙江省关键核心技术创新、前沿基础研究突破提供了坚实的技术保障。

自 2017 年成立以来，经过三年多的探索与实践，之江实验室已取得了丰富的成果。截至 2021 年 3 月，之江实验室已聚集了超 1800 名优秀人才，其中全职学术带头人达 85 人；科技攻关初见成效，承担国家级项目 52 项，研发成功了亿级神经元类脑计算机、之江天枢人工智能开源平台等一批重大科技成果，与浙江大学合作研发的仿生深海软体机器人成果在国际顶级期刊 *Science*（《自然》）封面发表；科技成果转化加快，已与一批龙头企业建立合作，共同推进科研攻关与成果转化，累计吸引社会资本超 9 亿元；实验室基础设施建设已取得阶段性成效，员工已入驻园区一期工程，若干大科学装置与科研平台也已启动建设。

案例来源：肖乐，徐画，周立超，等.新起点　开新局｜之江实验室召开 2021 年度工作会议［EB/OL］.（2021-03-11）［2022-02-24］. https://www. zhejianglab. com/index. php？m＝content＆c＝index＆a＝show＆catid＝53＆id＝2227.

第四节　建设创新平台体系

创新平台在集聚创新资源、激活创新要素、提供创新服务、促进知识流动、技术扩散以及科技成果转化等方面发挥着重要作用，是科技资源的"配置器"和"转化器"；它吸纳、集聚和整合人才、知识、信息、技术等各种创新主体与创新资源，同时促进和实现创新资源的流动、扩散和成果转化，为各个创新主体提供公共创新服务，是实现科技创新的"助推器"①。浙江省高度重视创新平台体系

---

① 陆立军，郑小碧.区域创新平台的企业参与机制研究［J］.科研管理，2008(2):122.

建设,积极建设杭州、宁波、温州三大国家自主创新示范区,引领"互联网＋"、新材料、生命健康三大科创高地发展;同时着力打造高科技产业特色小镇,将高新科技与传统"块状经济"有机融合,推动产业集聚、产业创新和产业升级。通过建设创新平台体系,推动全省各区域经济各具特色协调发展。

一、高水平建设国家自主创新示范区

国家自主创新示范区是支撑引领区域发展的创新高地,培育壮大新产业、新动能的重要引擎,汇聚高端创新资源和要素的重要载体,开展国际科技竞争与创新合作的前沿阵地。2006年,习近平同志在全国科学技术大会小组会议上指出,要"以增强自主创新能力,打造开放型区域创新体系为中心任务,强化自主创新意识,完善创新体制机制,培养引进创新人才,优化创新发展环境,加快创新型省份建设"①。2016年,国务院印发的《"十三五"国家科技创新规划》指出,"大力提升国家自主创新示范区创新能力,发挥科教资源集聚优势,释放高等学校和科研院所创新效能,整合国内外创新资源,深化企业主导的产学研合作,着力提升战略性新兴产业竞争力,发挥在创新发展中的引领示范和辐射带动作用"。自2009年3月国务院批复建设中关村国家自主创新示范区以来,截至2021年3月,国家自主创新示范区数量已达到21家。国家自主创新示范区已成为我国创新发展、转型升级的重要引擎,形成了系统布局、多点辐射、全面带动、引领发展的良好态势。

浙江认真贯彻中央有关精神,加快实施创新驱动发展战略,推动经济高质量发展,积极推动国家自主创新示范区建设,2015年杭

---

① 习近平.干在实处 走在前列:推进浙江新发展的思考与实践[M].北京:中共中央党校出版社,2006:133.

州高新区(滨江)和萧山临江 2 个国家高新技术产业开发区(统称杭州国家级高新区)获国务院批复建设国家自主创新示范区,2018年获批建设宁波温州国家自主创新示范区。浙江省 2016 年印发《关于加快杭州国家自主创新示范区建设的若干意见》,2018 年印发《关于推进宁波温州国家自主创新示范区建设的若干意见》,对推进杭州国家自主创新示范区和宁波温州国家自主创新示范区建设进行了详细部署。以杭州高新区(滨江)、萧山临江国家高新区为核心,将杭州国家自主创新示范区打造成为"互联网+"科技创新中心;以宁波国家高新区为核心建设国际一流的新材料和智能制造创新中心;以温州国家高新区为核心建设具有全国影响力的生命健康创新中心和智能装备基地。三个国家自主创新示范区分别瞄准"互联网+"、新材料、生命健康三大科创高地,在全省三市形成各具特色的科技创新布局。

推进国家自主创新示范区建设,浙江积极开展机制体制创新,提升自主创新能力,发展建设产业集群,集聚创新创业资源,推进开放合作区域协同,探索出运用新型举国体制开展科技创新的浙江路径。

第一,开展体制机制创新,创新环境不断优化。首先,优化融资环境,全面深化财政科研资金管理改革。杭州在财政资金引导、创新主体认定、科技金融服务三方面制订相关政策;宁波对企业技术创新提供税收优惠和研发补助;温州支持发展科技信贷,加大两大主导产业领域的科技企业融资支持。其次,激励科技成果转化,全面深化科技成果转化体制机制改革,提出浙江"科技新政",探索赋予职务科技成果所有权或长期使用权,对完成科技成果作出重要贡献的人员可给予 70% 以上的权属奖励。再次,完善知识产权制度,加强知识产权创造、保护和运用,做实做强知识产权保护中心、交易中心。2018 年 4 月,温州高新区知识产权中心启动,汇聚30 多家知识产权服务机构,形成知识产权人才培养、信息预警、数据挖掘分析及利用、专利导航与布局等知识产权全产业链"一站式"服务。2019 年 6 月,杭州高新区(滨江)知识产权综合服务中心启用,它是全国首个全门类知识产权综合服务中心,实现知识产权业务"一门受理"。

第二,提高自主创新能力,创新成果不断涌现。杭州、宁波、温州国家自主创新示范区创新能力建设初具成效。2020 年,杭州市全社会研发投入强度增幅居全国重点城市第 7 位,高新技术企业数和科技型中小企业数三年倍增目标超额完成,连续十年入选"外籍人才眼中最具吸引力的中国城市",全球创新指数科技活动集群排名跃升至第 25 位,位居国内地区第五,国家创新型城市创新能力评价位居第三,科技创新综合实力保持全省第一。宁波市创新创业管理服务中心已打造 14 个双创基地和 12 个国家级平台,集聚了宁波市 2/3 的检测认证机构和 1/2 的公共技术服务平台,培育了上市企业 3 家、甬股交挂牌企业 125 家、规模以上企业 392家。温州市围绕产业链布局创新链,签约落地科思技术(温州)研究院、光子集成创新研究院等创新平台,推进研发平台及孵化平台专业化提升;与上海嘉定菊园新区合作共建,推进科技合作飞地建设。温州市高新区共集聚新型研发机构 13 家,建成省级及以上孵化器 5 家、众创空间 15 家。①

第三,大力发展创新产业,产业集群不断扩大。杭州、宁波、温

---

① 陈蜜.温州高新区综合排名创新高[EB/OL].(2021-02-05)[2022-02-24].http://www.wenzhou.gov.cn/art/2021/2/5/art_1217831_59044613.html.

州分别聚焦"互联网＋"、生命健康、新材料三大科创高地,建立高质量发展的创新型现代产业体系,加快培育世界级先进制造业集群,打造高能级产业平台。杭州高新区(滨江)聚焦数字经济全产业生态体系,以物联网产业园、互联网产业园为大产业平台,围绕关键控制芯片设计与研发、传感器、终端设备制造、网络通信设备、信息软件、物联网系统集成、电子商务、网络运营服务、大数据等领域,打造了一条全网络信息技术领军企业和细分行业企业相对完备的产业体系,培育了以阿里巴巴、网易为代表的电子商务产业集群,以海康威视、大华股份、宇视科技为代表的数字安防产业集群,以安恒信息、迪普科技、宏杉科技为代表的网络信息安全产业集群,以创业慧康、和仁科技为代表的智慧医疗产业集群。宁波温州国家自主创新示范区聚焦新材料和生命健康,建立了宁波新材料联合研究院、北航宁波创新研究院、复旦大学温州生命科学创新中心等创新载体,形成了一批在集成电路用高纯溅射靶材、材料基因工程、新型显示材料等领跑全国和突破国外技术封锁的关键核心技术及产品,落地了北斗产业基地、数字经济产业中心等重大项目。

第四,创新资源充分集聚,创新创业蔚然成风。浙江大力引进以人才、资本、技术为核心的创新要素和资源。首先,统筹推进各类人才队伍建设,出台"高精尖缺"人才培养引进政策,引导各类高层次人才创新创业。其次,全面深化科技金融创新,促进产业和资本紧密结合。鼓励开展专利权质押项目,拓宽企业融资渠道。引导各类创投基金股权投资,实施企业股改上市"凤凰行动"。此外,运用校企合作、创新孵化机制,吸纳先进技术资源带动创新创业。建设一批联合大学、共享实验室、共同研究中心、协同创新基金、科创走廊等创新平台,推动创新平台实现由科学共同体向创新共同体转变。杭州高新区(滨江)拥有中国科学院上海分院国家技术转移中心(杭州)、5G联合创新中心和开放实验室、华为鲲鹏创新中心等高端创新和科研平台,与浙江大学、中国科学院、浙江工业大学、北京航空航天大学等院校达成合作,积极探索"共同投入、共担风险、共享收益"的合作模式。完善双创孵化载体建设,布局产业创新服务综合体,形成从众创空间、孵化器、加速器到产业园区的完整创新链条和良好创新生态。宁波新材料国际创新中心对孵化成功的项目给予持续的关注和支持,推动项目与市场接轨,引导企业独立运作,将创业项目培育成新材料细分行业的龙头企业,真正实现产业培育。

第五,开放合作持续深化,区域协同不断拓展。深化区域协同创新,建立高效的协同创新机制和开放共享机制。首先,积极参与长三角区域合作,挖掘各地互补优势,发挥协同效应。杭州国家自主创新示范区全面融入长三角科技创新共同体、G60科创走廊,与长三角都市圈互动互促。宁波、温州高新区充分发挥宁波、温州的区位优势、民营经济优势和开放发展优势,带动台州、舟山等浙东南地区创新创业,支撑浙江大湾区建设,打造民营经济创新创业新高地。其次,积极融入全球创新网络,开展更高水平、更广领域、更深层次的创新合作。高度重视发挥外资在技术创新中的作用,鼓励外资企业利用海外集团的技术优势进行基础性、原创性研究,并通过科研项目的共同开发、加强向优秀外资企业学习以及吸引国外专业人才等多种形式,带动研发和创新活动水平的提升。

浙江紧紧围绕"高"和"新"持续创新,高水平建设杭州、宁波、温州国家自主创新示范区,加快各市科创大走廊建设,支持杭州国家自主创新示范区打造全球有影响力的"互联网＋"创新中心。"十三五"以来,浙江区域创新能力居全国第5位、省区第3位,企业技术创新能力居全国第3位。① 不论是产业链、经济结构、项目带动、众创空间建设,还是人才引进、政策创新,浙江都走在了前列。

二、建设一批高科技产业的特色小镇

改革开放以来,浙江形成了全国瞩目的"块状经济"。然而,"块状经济"在发展的过程中出现了污染严重、效率低下、无自主品牌等问题。习近平总书记指出,要"充分认识创新是第一动力,提供高质量科技供给,着力支撑现代化经济体系建设"[②]。2015年1月,浙江省政府工作报告明确指出,要将建设特色小镇作为推动经济转型和统筹城乡发展的重大举措。建设特色小镇,是加快创新发展的战略选择,对于浙江产业转型有重要意义。[③] 特色小镇集"产、城、人、文"四位一体,汇聚创新要素,对促进浙江"块状经济"转型具有重要意义。

浙江按照企业主体、资源整合、项目组合、产业融合原则,建设了一批以高新技术产业为主导的特色小镇,以新理念、新机制、新载体推进产业集聚、产业创新和产业升级。浙江特色小镇的发展,时间线上承"八八战略",下接新农村建设与乡村振兴计划,为浙江原有八大万亿级产业分布的供给侧结构性改革提供了新的发展机遇。浙江省政府在建设特色小镇时,注重特色小镇发展的可持续

---

① 浙江省人民政府关于印发浙江省科技创新发展"十四五"规划的通知[EB/OL].(2021-08-06)[2022-02-24].http://kjt.zj.gov.cn/art/2021/8/6/art_1229247517_4698825.html.

② 习近平.习近平谈治国理政:第三卷[M].北京:外文出版社,2017:247.

③ 李强.政府工作报告[N].浙江日报,2015-01-27(1).

性,发挥顶层设计的规划引领作用,加强产业规划和空间规划的有效衔接,促进生态和产业协同发展。2015年,浙江省发布《关于加快特色小镇规划建设的指导意见》,指出特色小镇的规划建设将加快推动全省经济转型升级和城乡统筹发展。2016年,浙江省发布《关于高质量加快推进特色小镇建设的通知》指出,推动建设一批示范性特色小镇、引导聚集高水平资源、加强统计监测制度、完善动态整体规划等一系列要求。2018年,浙江省政府工作报告提出了"高水平建设100个特色小镇,打造全面践行新发展理念的高端平台"精神。

一方面,发掘产业特色,立足高端引领。产业选择和产业定位是特色小镇发展的关键,特色小镇在突出区域特色的同时更加注重高端引领,以科技为支撑,促进产业由"制造"向"智造"转型。云栖小镇前身为杭州市云栖工业园,2013年与阿里云达成战略合作,基于原有工业园区进行改造,打造以云计算、大数据为核心的特色小镇。云栖小镇每年召开云栖大会和2050大会,其中2050大会是我国云计算领域科技水平最高、规模最大的开发者盛会。德清地理信息小镇积极举办各类大型高水平学术会议、产品推介会和学术竞赛,强化集群优势、整合环境资源、延伸产业链。2018年11月,首届联合国世界地理信息大会在德清地理信息小镇召开,这次大会是测绘地理信息领域迄今为止在中国举行的层次最高、覆盖面最广的重大国际多边活动,极大提升了德清地理信息小镇的知名度,促进人才引进和企业入驻及小镇的国际化。

另一方面,集聚高端要素,促进协同创新。传统科技园区高端创新要素不足、创新主体之间交流不畅等现象突出,而高科技特色小镇的本质是协同创新的生态系统,人才、技术和资本等创新要素自由流动,企业、科研院所等主体协同发展。2020 年末,101 个创建小镇和 42 个命名小镇共入驻企业 9 万余家,吸纳就业 150 万人。实施"尖峰、尖兵、领雁、领航"计划,形成 73 项自主可控进口替代成果;实施"鲲鹏行动",新引进培育领军型创新创业团队 35 个。云栖小镇依托阿里巴巴的云服务能力,淘宝天猫的互联网营销资源,富士康的工业 4.0 制造能力,以及 Intel、中航工业、洛可可等大企业的核心能力,打造创新服务基础设施,构建"创新牧场—产业黑土—科技蓝天"的全新创新生态。

　　浙江特色小镇的建设和发展,体现了浙江通过政府指导、市场调节、社会推进等方式,在政治、经济、文化、产业、城市建设等多个领域的创新。特色小镇的发展,反映了浙江对新兴产业发展以人为中心的特征及科技创新与经济社会关联日趋紧密的深刻认识,体现了政府部门在推进创新驱动发展战略中整体理念及实施路径的系统变革。特色小镇的"特"是推动小镇高质量发展的起点,集聚创新创业资源、促进科技型创新创业是特色小镇高质量发展的鲜明导向。浙江不断突出特色小镇创新生态示范区的高定位,深化特色小镇改革试验田的探索机制,推动特色小镇发展融入全球创新体系。小镇虽小,谋的却是大事。不同定位的特色小镇正在解决科技创新、城市发展中的诸多难题。这是深入改革的一场伟大实践,也是对社会主义未来发展道路的一种探索。

【案例 6-4】

杭州余杭梦想小镇

　　梦想小镇位于杭州市余杭区仓前街道,占地面积约 3 平方公里,于 2014 年 9 月正式启动建设。梦想小镇涵盖了互联网创业小镇和天使小镇两大内容,其中,互联网创业小镇重点鼓励和支持"泛大学生"群体创办电子商务、软件设计、信息服务、集成电路、大数据、云计算、网络安全、动漫设计等互联网相关领域产品研发、生产、经营和技术(工程)服务的企业;天使小镇重点培育和发展科技金融、互联网金融,集聚天使投资基金、股权投资机构、财富管理机构,着力构建覆盖企业发展初创期、成长期、成熟期等各个不同发展阶段的金融服务体系。梦想小镇锁定人才和资本两大关键创新要素,确定"资智融合"的发展路径,构筑"孵化—加速—产业化"的全程接力式产业链条,为"有梦想、有激情、有知识、有创意"的"泛大学生"创业群体提供富有激情的创业生态系统。

促进资源集聚,产业集群效应初显。在人才方面,梦想小镇提供了一系列优惠政策,如人才租房补助政策、天使梦想基金政策、创新创业活动补助政策、云服务补助、奖励政策等,为创业者解决了"无资本、无经验、无市场"的三大创业难题,吸引了上万名创业者,形成了一支以阿里系、浙大系、海归系、浙商系为代表的创业队伍。在技术方面,梦想小镇与浙江大学合作,共享浙江大学实验室和技术平台,共建健康医疗公共技术平台。在资本方面,梦想小镇通过天使梦想基金、大学生创业贷风险池为创业的大学生、创业的企业提供低成本借款,重点培育和发展各种金融机构,构建覆盖企业发展全链条的金融服务体系。在产业方面,梦想小镇通过提高企业入驻标准,聚焦核心发展特色产业集群。初创公司进入梦想小镇有两种方式:一是参加每月一次的入园比赛;二是与位于现场的孵化器进行非正式互动,已经吸引了北京36氪、深圳紫金港创客等1000余个互联网创业项目落户梦想小镇。

创新运营模式,服务更加畅通便捷。梦想小镇为创业者提供全方位的创业服务,包括共享办公空间、会议室、实验室等设施,创业导师指导、创业团队资源对接等,财务、法务、人力资源、知识产权、商标代理等各类中介服务机构,全方位打造创业生态环境。结合仓前街道的江南特色,对地域文化底蕴进行深入挖掘,依据互联网产业需求对存量空间进行改造提升。注重保护当地历史悠久的旧粮仓、仓前老街、章太炎故居等。其中,12个大粮仓被一一改造成独具特色、环境优美的创客空间,仓前老街建筑被改造为咖啡店等休闲场所。

构筑产业链条,拓宽产业发展路径。按照有核无边、辐射带动思路,以小镇为点、以周边区域为面,积极打通小镇与周边区域之间在空间、配套、产业、政策、招商方面的隔膜,构筑起"孵化—加速—产业化"的全景式产业链条和企业迁徙图。孵化器负责指导和培育初创项目,当项目成长到一定程度时进入加速器,腾退出来的空间继续引入新项目进行孵化,形成滚动开发的产业良性发展路径。周边15个产业园正在申报小镇拓展区,期望在小镇的品牌和政策支撑下向新型孵化器加速器转型,手游村、电商村、健康产业村、物联网村已初步成型。

案例来源:根据公开资料改编。

第五节 构建创新创业生态系统

创新创业生态系统的涌现正颠覆着传统的科技创新模式,科技创新不再仅仅依靠单一主体各自为战,越来越需要高校、企业、中介、政府等不同创新主体的合作联动来共创价值。构建创新创业生态系统,发挥不同创新主体互补性优势,促进主体间有机联动、协同高效,是当前促进科技创新高质量发展的重要途径。浙江一方面需要打通产学研用的创新链条,调动高校、科研院所、技术交易中介、创新创业企业的联动,促进基础前沿科技成果的市场化应用;另一方面,浙江着力构建高水平科创金融体系,为创新创业生态系统的运行提供资金保障。通过加快构建创新创业生态系统,打通"产学研用金、才政介美云"等主体与要素,构建创新链、产业链、资金链、人才链、服务链闭环模式,为创新创业群体提供理想栖息地和价值实现地。

一、打造产学研用联动的创新链条

创新创业生态系统能够促进系统内各主体实现价值共同创造和开放创新,对国家和区域经济发展至关重要。习近平总书记指出:"要着力加强科技创新统筹协调,努力克服各领域、各部门、各方面科技创新活动中存在的分散封闭、交叉重复等碎片化现象,避免创新中的'孤岛'现象,加快建立健全各主体、各方面、各环节有机互动、协同高效的国家创新体系。"[①]2018 年,《浙江省人民政府关于全面加快科技创新推动高质量发展的若干意见》强调,为加快创新强省建设,需着力构建"产学研用金、才政介美云"十联动创新创业生态系统。统筹政府、产业、高校、科研、金融、中介、用户等力量,整合技术、资金、人才、政策、环境、服务等要素,形成创新链、产业链、资金链、人才链、服务链闭环模式,打造创新人才、创业企业、创投资本、科技中介等创新创业群体的理想栖息地和价值实现地。[②]浙江大胆发挥政府的统筹规划优势,从科技成果转化机制、

---

① 习近平.在中国科学院第十七次院士大会、中国工程院第十二次院士大会上的讲话[N].人民日报,2014-06-10(2).

② 浙江省人民政府办公厅.浙江省人民政府关于全面加快科技创新推动高质量发展的若干意见[EB/OL].(2018-12-03)[2022-02-24].https://www.zj.gov.cn/art/2018/12/3/art_1229017138_64698.html.

技术要素交易市场化、推进科技创新创业等角度入手开展机制体制创新,颁布实施一系列政策举措促进高校、科研院所、中介平台等创新参与者发挥优势,创造互补协同效应,积极打造产学研用联动的创新链条。

首先,激励高校、科研院所参与科技成果转化、创新创业,实施新型科技成果转化机制体制,激活科学研究对技术发展、产业发展的助推作用。1999 年,浙江在全国率先颁布《浙江鼓励技术要素参与收益分配的若干规定》,允许高校、科研院所科技成果拥有者在科技开发和成果转化时,选择适合技术特点与发展要求的收益分配方式,科技人员可兼职创办科技型企业[①]。2017 年,浙江省第十二届人大常委会第三十九次会议修订《浙江省促进科技成果转化条例》,将对完成、转化职务科技成果作出重要贡献的人员的奖励比例下限从上位法的 50% 提高到 70%。[②] 2021 年,浙江省发布的《浙江省科技创新发展"十四五"规划》将科技成果转化列为重要工作内容,提出支持国家设立的高校和科研院所依法对其持有的科技成果自主决定转让、许可或者作价投资,健全科技成果评价机制;完善科研人员职务发明成果权益分享机制,支持试点单位赋予科研人员职务科技成果所有权和不低于 10 年的长期使用权。[③] 从科技成果评价机制、转化权利、收益分配等方面降低科技成果转化成本、提高重要人员转化收益分配比例,激励高校、科研院所主动

---

① 浙江省科技厅.浙江实行技术要素参与收益分配[EB/OL].(2008-09-28)[2022-02-24].https://zjnews.zjol.com.cn/05zjnews/system/2008/08/28/009884900.shtml.

② 浙江省促进科技成果转化条例[EB/OL].(2017-03-30)[2022-02-24].http://kjt.zj.gov.cn/art/2017/3/30/art_1229080139_650306.html.

③ 浙江省人民政府关于印发浙江省科技创新发展"十四五"规划的通知[EB/OL].(2020-06-23)[2022-02-24].http://kjt.zj.gov.cn/art/2021/8/6/art_1229080135_23168-26.html.

参与科技成果转化与科技创业活动。

其次，推进技术要素交易市场化，建设技术交易市场等中介平台，促进技术要素流动。2002年，中国浙江网上技术市场投入运行，经过十几年的发展已形成了省级中心、11个市级市场、94个县分市场和29个专业市场，在线企业近10万家，高校、科研机构3万多家，中介机构1万家，成为全国访问量最大的技术市场①。该市场2012年推出浙江科技大市场，打通线上线下技术交易市场，承办浙江科技成果竞价（拍卖）——"浙江拍"。2020年，"浙江拍"累计竞拍科技成果338项，总成交价超4.0935亿元，增值率超38.83%。②2016年8月，浙江省科学技术厅与浙江大学联合发起成立浙江知识产权交易中心，截至2021年8月中旬，该平台已累计达成交易5841笔，累计交易金额超过12亿元。2021年，《浙江省科技创新发展"十四五"规划》也提出，将完善技术要素市场化配置机制、构建技术交易体系列为重要工作任务，进一步建设网上技术市场3.0版和"浙江拍"品牌，构建辐射全国、链接全球的技术交易体系。

再次，开展产学研用机制体制创新，推广实施新型创新模式，打通技术研发到产业化的创新链条。推广"企业出题、高校解题、政府助题"的产学研合作"新昌模式"，以市场需求为导向，整合高校、政府、企业优势资源，共同培育专业人才，组织高校教师及研究生团队协助企业攻克技术难关③。推广清华长三角研究院"北斗七星"校地

---

① 方堃.2017中国浙江网上技术市场活动周开幕（图）[EB/OL].（2017-12-08）[2022-02-24].https://www.chinanews.com.cn/it/2017/12-08/8395995.shtml.

② "浙江拍"品牌展现浙江成果转化[EB/OL].（2020-12-25）[2022-02-24].https://kjt.zj.gov.cn/art/2020/12/25/art_1228971345_58993001.html.

③ 浙江理工大学践行"企业出题、高校解题、政府助题"专业学位研究生培养模式[EB/OL].（2019-09-11）[2022-02-24].http://grs.zju.edu.cn/redir.php?catalog_id=112893&object_id=190549.

合作模式,集"政、产、学、研、金、介、用"七位一体,"以政府为支撑、以大学为依托,注重开展应用性技术研究,以满足市场服务用户为落脚点,实行企业化管理的运行方式,金融机构与中介机构充分参与和密切配合",通过引入金融机构,研究院自建孵化器,将产学研合作科技成果推向市场应用。① 探索"一园一院一基金"创新发展模式,集合特色产业园、研究院、产业基金三要素,带动技术研发到产业化的创新链条建设。2019年,杭州应用该模式在钱江世纪城核心区打造了"中国(杭州)5G创新谷",助力杭州"5G产业第一城"建设。

此外,发展科技创新创业,打造创新主体和谐共生的成果研发与转化平台。第一,完善"众创空间—孵化器—加速器—产业园"的全链条孵化体系,发展具备产业细分领域垂直整合能力的专业化众创空间。② 截至2020年12月初,杭州市已累计建设孵化器176家,其中省级107家、国家级41家,国家级孵化器数量连续8年位列全国省会城市和副省级城市第一。③ 第二,推进以杭州城西科创大走廊为代表的科技创新重大战略平台建设,突出浙江大学等高校基础研发引领作用,发挥阿里巴巴、杭氧、杭叉、西子富沃德等龙头企业科创引领作用,突出特色小镇创新创业孵化作用,发挥海创园创新创业平台等专业化科创服务平台作用,集聚创新创业

---

① 陈晓伟.被寄予厚望的新型创新载体! 清华长三院"新"在哪[EB/OL]. (2017-08-24)[2022-02-24]. https://zj. zjol. com. cn/news/733614. html? ismobilephone=1&t=1554176629628.

② 浙江省人民政府关于印发浙江省科技创新发展"十四五"规划的通知[EB/OL]. (2020-06-11)[2022-02-24]. http://kjt. zj. gov. cn/art/2021/8/6/art_1229080135_23168-26. html.

③ 孵化器30周年|产孵投形成闭环　产学研深度融合"孵"出杭州新经验[EB/OL]. (2020-12-10)[2022-02-24]. https://baijiahao. baidu. com/s? id=168568864472023-0563&wfr=spider&for=pc.

人才,打造国际性、开放式的产学研成果研发与转化大平台。① 加快推进甬江、环大罗山、浙中、G60等科创走廊建设,推动全省科技创新生态系统建设。

◆◆【案例6-5】

杭州城西科创大走廊

杭州城西科创大走廊位于杭州城市西部,东起浙江大学紫金港校区,经西湖区紫金港科技城、余杭区未来科技城、临安区青山湖科技城,西至浙江农林大学,坐拥西溪国家湿地公园、青山湖国家森林公园等自然资源,生态优美。杭州城西科创大走廊致力于建设成为国际水准的创新共同体、国家级科技创新策源地和浙江创新发展的主引擎。

目前,杭州城西科创大走廊初步形成了高能级科创平台集群化。之江实验室、良渚实验室、西湖实验室、湖畔实验室等4家浙江省实验室瞄准关键性、共同性、瓶颈性技术问题开展科研攻关;浙江大学、西湖大学打造国家战略科技力量,浙江工业大学、浙江工商大学、浙江科技学院、杭州师范大学等高校形成"智库联盟";梦想小镇、人工智能小镇、云谷小镇、微纳智造小镇等培育了大量科创企业;阿里巴巴"五新"基地、云计算产业园、中国移动互联网产业园、独角兽产业园及智慧产业园等吸引注册企业爆发增长;浙江人才之家、国际人才创新创业板、外籍人才申请在华永居"直通车"等改革举措聚焦高层次人才的引进、培育和扶持。其集聚各类

---

① 杭州市人民政府 浙江省发展和改革委员会 浙江省科学技术厅关于印发《杭州城西科创大走廊规划》的通知(杭政函〔2016〕119号)[EB/OL].(2016-09-30)[2022-02-24].http://www.hangzhou.gov.cn/art/2016/9/30/art_1228236_3889.html.

人才超 50 万人。

杭州城西科创大走廊正在推进政府数字化转型、企业数字化运营和社会数字化治理，为人才服务政策、产业布局决策、基础配套建设等提供数据支撑，全面赋能未来产业、未来城市、未来生活，打造整体智治示范区。

案例来源：根据公开资料改编。

二、构建高水平科创金融体系

随着全球范围内金融市场的成熟和科技创新的活跃，建设创新型国家的战略部署对科创金融体系的建设提出了更高的要求。习近平总书记指出："金融是实体经济的血脉，为实体经济服务是金融的天职，是金融的宗旨。"[①]近年来，浙江省不断探索科技与金融结合的道路，构建自主创新、特色鲜明的科创金融体系，促进创新链、产业链、资金链的紧密结合，加快浙江经济转型升级和发展方式转变。

浙江在探索建设科创金融体系的过程中，先后制定出台了《浙江省鼓励发展风险投资的若干意见》和《浙江省专利权质押贷款管理办法》等一系列相关政策文件。2011 年，浙江省科学技术厅、财政厅等多家单位联合颁布的《浙江省科技厅关于进一步促进科技与金融结合的若干意见》，为科技金融的发展提供了有力的政策性指引。2016 年，《浙江人民政府办公厅关于推进钱塘江金融港湾建设的若干意见》将钱塘江金融港湾发展规划列为"十三五"规划、七个"万亿产业"中的重要产业。作为省、市、区倾力打造的钱塘江金融城，钱江世纪城头部企业、优质资本、科技人才等高端要素汇聚，

---

① 习近平.习近平谈治国理政：第二卷[M].北京：外文出版社，2017：279.

"金融＋产业"的有机生态基本形成。

第一，加强政府对科技金融的支持力度。浙江积极探索建立科技金融、创业金融体系独特的"浙江模式"，建立健全政府部门之间、各级政府之间、政府与金融机构之间、金融机构之间的联动和战略合作机制。建立政策保障体系。浙江设立了由科技、财政、人民银行等多个部门参与的科技金融试点工作领导小组，研究制定科技金融相关政策和制度。创新财政投入使用方式，促进商业科技贷款与政策性科技贷款投入重大科技专项、国家级和省级高新技术产业开发区等科技领域。对科技类贷款投放力度大、科技金融工作成效好的金融机构给予财政奖励，对商业银行的科技类贷款给予一定比例的风险补偿，对科技型中小企业发行债券提供财政资金信用增进支持。引导社会资金进入创业投资领域，引导基金重点投资对浙江省经济社会发展具有明显带动作用的重大创新项目和创新型企业，形成财政资金引导放大机制。

第二，创新科技信贷模式，发展专营机构。组建科技信贷专营机构，支持商业银行在国家高新区、国家高新技术产业化基地等科技资源集聚区建立科技支行。目前，浙江已设立杭州银行科技支行、中行宁波科技支行、德清农商银行科技支行等科技支行，通过制定单独的客户准入标准、单独的信贷审批机制、单独的业务协同政策等为科技型中小企业提供科技贷款。同时，在国家和省级高新区积极组建科技小额贷款公司，引导小额贷款公司按照"小额、分散"原则，向小微科技企业提供科技贷款服务。

第三，建设多元化的融资体系，完善参与主体结构。促进高新技术企业发行各类债务融资工具，简化发债流程。中国人民银行杭州中心支行积极推动科技企业发行短期融资券、中期票据、中小企业集合票据等债务融资工具,拓宽直接融资渠道,充分发挥资本市场的资源配置作用。浙商证券是浙江首家国有控股的上市券商,致力于综合投融资服务,逐步构建综合金融产业布局,旗下全资控股了浙商期货、浙商资本、浙商资管三家子公司,百余家分支机构遍布全国 22 个省份,服务覆盖珠三角、长三角和环渤海三大经济区,形成了全国性的财富管理网络布局,是钱塘江金融港湾核心区总部经济的新标杆。2012 年 9 月,浙江成立了区域性股权交易市场——浙江股权交易中心。该中心专设创新板,鼓励科技型企业,包括未经股改的有限责任公司挂牌,为企业引进投资、并购等融资活动提供平台。支持发展创业风险投资,设立创业投资引导基金,引入风险投资、私募基金等为企业提供资金支持。创立于 2015 年的浙江民营企业联合投资股份有限公司,由正泰集团、富通集团、巨星控股集团等八家浙江民营龙头企业和中国工商银行浙江分行共同发起设立,开启了浙江民营资本在投资领域抱团发展、跨界经营的先河。浙江民营企业联合投资股份有限公司采用"项目直接投资＋母基金投资＋市场化基金"的创新投资模式,主要专注于先进制造、高端装备、节能环保、医疗健康、科技金融和国有企业改革等领域的投资。

第四,丰富金融创新产品体系,为科技创新提供资金支持。积极引导金融机构将有形资产和无形资产结合打包,拓展贷款、保险、财政风险补偿捆绑的专利权、商标权等质押融资业务。浙江创新的科技金融产品包括专利权质押、融资周转金、集合贷款、债权融资等。杭州市高科技担保有限公司创新推出"联合天使担保风险池""投贷结合跟进保证担保"等模式,支持科技型初创期和成长期企业。中小企业和服务业企业由于缺少抵押品,很难获得银行贷款。中国人民银行杭州中心支行联合省知识产权局出台《浙江省专利权质押贷款管理办法》，引导金融机构开展专利权质押贷款业务。引导科技金融行业组建行业协会，加快发展技术评估、科技成果认证、知识产权代理、技术经纪、技术交易等中介业务，帮助科技投融资机构更好地把握风险。

第五，培养高端科技和金融人才，成立创新科技金融服务平台。加大科技金融人才的引进力度，重点引进各类科技管理人才、股权投资人才、信贷管理人才，促进科技金融人才发展的职业化、专业化、制度化。大力发展科技类的政策性担保机构和再担保机构，强化产业政策导向，专门为科技型中小企业提供融资担保服务。2014 年，杭州市高新区（滨江）成立杭州高新区科技金融服务中心，整合金融服务资源，创新金融服务，倾力打造具有高新区规律和滨江特色专业的科技金融服务平台。该平台参与主体主要包括创业投资引导基金、信托基金、创投服务中心、商业银行、证券机构和科技担保公司、金融中介、融资方等；具有创业辅导、银行融资、创业投资、路演服务、上市服务五大核心功能。由浙江大学互联网金融研究院与杭州市江干区政府合作共建的浙大AIF（江干）产研中心，系全国首个政校合作金融科技孵化基地，它结合自身特色为"港湾联盟"专家库组建提供支持的同时，还发挥自身优势对金融科技类企业统筹引导，精准服务。浙大 AIF（江干）设立了"钱塘金科"5 亿政府引导基金，围绕金融科技、大数据、人工智能、区块链、云计算等领域进行重点投资，推动相关产业的创新升级和杭州市江干区相关创新企业的发展，成功孵化浙江邦盛科技有限公司、杭州趣链科技有限公司、杭州金智塔科技有限公司等企业。

思考题

1. 浙江省战略性新兴产业培育工作从哪些方面展开？

2. 就各类传统产业改造升级,浙江省采取了哪些针对性措施？

3. 企业创新能力提升需要从哪些方面着手？

4. 打造高能级创新载体,浙江省如何展开工作布局？

5. 构建区域创新生态系统,浙江省从哪些方面开展工作？

6. 浙江省采取了哪些措施助推产学研用合作联动？

7. 浙江省在促进科创金融方面做了哪些努力？

拓展阅读

1. 习近平. 习近平谈治国理政:第二卷[M]. 北京:外文出版社,2017.

2. 习近平. 习近平谈治国理政:第三卷[M]. 北京:外文出版社,2020.

3. 习近平. 干在实处　走在前列:推进浙江新发展的思考与实践[M]. 北京:中共中央党校出版社,2006.

后 记

虽然浙江大学在创新管理和科技政策领域的学术水平和学科实力是享誉海内外的,但当我领命负责编写"新思想在浙江的萌发与实践"系列教材之一的《创新强省》时,还是备感压力。于是,在2020年10月,我组织了来自浙江大学管理学院和中国科教战略研究院在创新管理和创新政策研究领域的青年骨干,组成了《创新强省》写作团队。我编写了写作提纲和写作计划,递交专家组审定后,便组织写作团队经过三轮研讨,反复打磨,形成了本书的完整体系和基本内容框架。

之后,写作团队经过七轮反复修改,历时14个月,终于在2021年12月完成了本书。本书由我总体设计、组织讨论、与专家组研讨并最后审定。浙江大学中国科教战略研究院的吴伟副研究员和李飞副研究员分别负责第一章创新强省的渊源和第二章优化区域创新生态的撰写,浙江大学管理学院的刘洋研究员、杜健副教授、金珺副教授和黄灿教授分别负责第三章创新驱动先进制造业发展、第四章推进企业创新主体建设、第五章塑造高水平创新人才队伍和第六章推动科技创新高质量发展的撰写。

本书完成之际,正值2021年12月中央经济工作会议胜利召开。作为高质量发展建设共同富裕示范区和"碳达峰""碳中和"目标实现的先进地区,浙江全省上下凝心聚力,积极谋划,扎实推进各方面工作,以实际行动把党中央的决策部署落实到位,在全面建

成社会主义现代化国家、向第二个百年奋斗目标进军的新征程上
开拓前行。写作团队在未来研究工作中,将继续深化对浙江改革
发展的创新实践梳理和总结,以期形成并持续完善具有浙江特色
的创新强省建设的理论体系。

　　写作团队感谢"新思想在浙江的萌发与实践"系列教材编委会
专家和浙江大学出版社编辑在本书写作过程中给予的多轮指导和
翔实的修改意见。感谢浙江大学研究生陈赞、董久钰、段兴鹏、李
猛、李诗婧、鲁婕、卢柯颖、庞宁婧、徐戈、郑秋霞、郑心怡、朱珊等
(按姓首字母排序)参与本书章节的撰写。

　　　　　　　　　　　　　　　　　　　　魏江@求真湖畔

　　　　　　　　　　　　　　　　　　　　2022 年 2 月 20 日

图书在版编目(CIP)数据

创新强省：浙江的探索与实践 / 魏江等著. —杭
州：浙江大学出版社，2022.5(2025.1重印)
ISBN 978-7-308-22562-5

Ⅰ. ①创… Ⅱ. ①魏… Ⅲ. ①区域经济－技术革新－
研究－浙江 Ⅳ. ①F127.55

中国版本图书馆 CIP 数据核字(2022)第 072792 号

创新强省：浙江的探索与实践

魏　江　黄　灿　等著

出 品 人	褚超孚
总 编 辑	袁亚春
策划编辑	黄娟琴
责任编辑	汪荣丽　黄娟琴
责任校对	高士吟
封面设计	程　晨
出版发行	浙江大学出版社
	（杭州市天目山路148号　邮政编码310007）
	（网址：http://www.zjupress.com）
排　　版	杭州朝曦图文设计有限公司
印　　刷	浙江新华数码印务有限公司
开　　本	710mm×1000mm　1/16
印　　张	16.5
字　　数	205 千
版 印 次	2022 年 5 月第 1 版　2025 年 1 月第 3 次印刷
书　　号	ISBN 978-7-308-22562-5
定　　价	39.00 元